그 집에서 만난 복음

당신이 하나님을 더 깊이 알아 가고 더 널리 알리는 사람이 되는 것, 이 책에 담겨진 예수전도단의 마음입니다. 말씀을 통해 저자가 깨닫고, 원고를 통해 저희가 누릴 수 있었던 그 감동이 책을 통해 당신에게도 전해지기 원합니다. 그리고 당신을 통해 그 기쁨과 은혜가 더 많은 이들에게 계속해서 흘러가기를 기도하겠습니다. 이 책을 통해 당신이 받은 은혜를 다른 분들에게도 나눠 주십시오. 사랑하고 축복합니다.

ⓒ 김진호, 2014

본 저작물의 한국어판 저작권은 도서출판 예수전도단에 있습니다.
저작권법에 의해 보호받는 저작물이므로 무단 전재와 복제를 금합니다.

그리스도의
십자가 앞에
서게 하는
성막 묵상

그 집에서 만난 복음

김진호 지음

예수전도단

'숫자 우상'을 내려놓고,
용장 같은 예배자를 세우는 일에
마음과 삶을 함께 실어 준, 마치 실험실과 같았던
뉴저지 '예수마을교회'의 성도들과
이제 2014년 부활절을 기점으로
주님이 세우신 뉴욕 맨해튼의 '킹스웨이 채플'(Kingsway Chapel)에서
예배에 생명을 걸고 도시 선교를 위해 함께 달려갈
자랑스러운 믿음의 용장들에게 이 책을 헌정한다.

목차

추천사 오대원 목사 ···8
서문 성막에서 그리스도의 사랑을 만나라 ···10

CHAPTER 1 | 십자가로 나아가는 길 ···15
CHAPTER 2 | 성막을 우리에게 주시기까지 ···51
CHAPTER 3 | 성막 문에서 번제단까지 ···91
CHAPTER 4 | 보혈, 그리고 물두멍 ···131
CHAPTER 5 | 하나님의 임재 처소인 성소 ···155
CHAPTER 6 | 지성소 ···193
CHAPTER 7 | 성막 묵상 ···235
CHAPTER 8 | 성막 복음, 예배의 로드맵을 체험한 엘리야의 회복 이야기 ···319

추천사

《그 집에서 만난 복음》은 한국교회가 다시 예수 그리스도의 참된 복음 앞에 서도록 강력하게 촉구하는 놀라운 힘을 가진 책입니다. 모든 목사님들뿐만 아니라 모든 성도들의 일독을 꼭 권하는 바입니다. 저자는 교회가 언약의 피로 인해 거듭나 거룩케 될 때에야, 지금 우리가 직면하고 있는 '예배 장애'(handicapped worship)에서 벗어나 비로소 성경이 말하는 진정한 예배를 드릴 수 있게 된다고 말합니다. 언약의 피를 통해 흘러나오는 하나님의 사랑만이 우리를 그분의 보좌 앞으로 인도해 줍니다.

저자는 또한 지금 한국교회의 가장 큰 문제점 중 하나는 십자가를 그 실제적 능력이 아닌 객관적인 역사적 사실로만 받아들이는 것이라고 지적합니다. 단지 지적인 깨달음만으로는 하나님의 영광, 그 크고 놀라운 사랑이 우리 삶에 실재가 될 수 없는 까닭입니다. 지적인 깨달음만으로는 진정 하나님이 누구이신지 깨달아 앎으로써 마음과 뜻과 힘을 다해 하나님을 사랑할 수 없습니다. 그저 친밀함의 모조품만을 양산할 따름입니다.

　김진호 목사님은 예배자이자 묵상자입니다. 이제 여러분은 이 책을 통해 목사님이 하나님 나라의 복음을 누구보다 훌륭하게 가르치는 교사임을 알게 될 것입니다. 김진호 목사님은 이 책의 중심 개념인 '거룩'을 이루려면 자아의 죽음이 꼭 필요하다고 이야기합니다. 우리가 자신에 대해 온전히 죽을 때에야, 오직 그리스도만이 우리 안에 흘러넘칠 수 있기 때문입니다. 목사님의 성막 묵상은 이러한 복음의 정수를 그대로 보여 주기에 무엇보다 귀한 글이라고 할 수 있습니다. 우리가 이 성막에 드러난 하나님의 사랑을 진정으로 이해할 때, 우리의 예배를 통해 그 사랑이 온 세상으로 흘러 들어갈 것입니다.

David E. Ross
(오대원, 한국 예수전도단 설립자)

서문

성막에서 그리스도의 사랑을 만나라

조국교회의 갱신을 부르짖는 소리가 들려온다.

"개혁된 교회란 없다. 다만 개혁 중인 교회만 있을 뿐이다. 진정한 개혁운동은 자기 자신의 개혁에서 시작한다. 그러므로 이제 우리는 먼저 우리 자신을 개혁하고 또한 이를 바탕으로 한국교회의 개혁을 위해 지속적으로 배전의 노력을 기울이고자 한다."('교회개혁실천연대'의 제2기 출범선언문 中)

귀한 선언이다. 그러나 진정한 교회갱신은 예배갱신 없이는 불가능하다. 이스라엘이 범한 죄악의 핵심이 예배였음이 이를 뒷받침한다(사 1:10-15, 58:1-5; 렘 6:20). 이러한 역사적 교훈을 통해 하나님은 교회갱신의 핵이 예배 갱신에 있다고 말씀하신다. 예배가 바뀌지 않는 개인과 교회의 개혁은, 자기중심적 의를 강조하는 인본주의 운동에 지나지 않는다는 것이다.

그런데 문제는 이 세대가 해결해야 할 예배갱신의 핵심이 무엇인지 알 수 없다는 것이었다. 부끄럽지만 예배사역에 힘써 온 나도 '무조건 뜨겁게 찬양하고, 뜨겁게 기도하고, 뜨겁게 순종하면 된다'는 신념에 가까운 일방적 믿음을 고집하던 시절이 있었다. 하지만 주님은 그것이 무정란(無精卵)으로 병아리를 부화시키려는 것 같은 어리석은 일임을, 선교지에서 목회지로 옮겨간 뒤 접하게 된 예배 현장 속에서 보여 주셨다. 어깨너머로도 목회를 배운 적이 없는 내게 매주 예배 시간은 주님께서 주신 '예배 실험실'이었다. 그 실험실에서 비로소 '정해진 시간과 공간에서 이루어지는 종교의식'이라는 개념이 깨졌고, 예배가 삶으로 흘러가고 삶이 예배로 이어지는 현장을 만들려는 숱한 시도와 도전이 이루어졌다.

그러던 어느 날, 수없이 가르치고 강조하며 그렇게 살아 보려 나름대로 애써 온 '사랑'이라는 단어를 마음속 깊이 깨닫는 시간이 있었다. 하나님이 사랑이심을 가슴으로 알게 되고, 선교란 기독교 세력 확장이 아니라 새 계명에 순종하는 자에게 주시는 성령과 능력의 기름부음으로 말미암아 관계 속에서 사랑으로 생명을 잉태하는 것임을 보게 되는 순간이었다. 전에는 듣고 알았다면, 이제는 보고 알게 된 것이었다.

하나님은 사랑이시다. 창조세계를 움직이는 생명의 원동력도 사랑이다. 기독교 신앙 자체가 사랑에서 시작해서 사랑으로 끝난다. 이것을 모르는 사람은 없다. 하지만 이런 사랑을 누리고, 하고, 품는 사람은 그리 많지 않다. 이 사랑은 심령 중심에서부터 흘러나오는 것이기 때문이다. 안타깝게도 오늘날 하나님이 성도와 교회에 부어 주신 하늘의 복이 외부로 흘러가지 않는 사해처럼 종교 영역에만 정체되어 있다. 이는 모두 심령의 중심에서 나오는 사랑을 할 줄 모르기 때문에 나타나는 현상이다. 오직 심령의 중심에서 솟아오르는 사랑만이 세상과 열방으로 흘러갈 수 있다. 하나님은 예배하는 자들 가운데 그 사랑을 부어 주신다. 이것이 바로 예배(계명)와 선교(사명)의 함수관계다.

성막은 바로 그 사랑이 가득 차 있는 곳이다. 성막 안에는 아들을 보내어 대신 죽게 하실 정도로 강렬한 하나님의 사랑이 흐르고 있다. 그래서 성막을 통해 하나님께 나아가 그분의 임재 가운데 머무는 예배자는 그 사랑을 깊이 체험하게 된다.

그래서 이 책은 연구서가 아니라 '묵상집'이다. 나는 이 책을 통해 구약시대의 제사 처소인 성막을 고증하고 설명하는 것이 아니라, 그 가운데 계시된 주님의 사랑으로 인도하려고 했다. 그런 이유로 성막의 구성 요소와 기타 성경 본문의 의미를 파악하는 데 있어, 다분히 알레고리적인 해석을 시도했음을 인정한다. 오로지 성막 가운데 흐르는 하나님 아버지의 사랑에 초점을 맞춰야 한다는 생각과 더불어 복음이 희

박해진 오늘날의 현장 예배를 살려야 한다는 부담감을 안고 쓴 책이기 때문이다. 객관적 연구서를 원한다면, 성막과 관련된 탁월한 자료가 시중에 이미 많이 나와 있으니 그것을 참고하기 바란다.

성막이 하나님 사랑의 은혜를 예표하듯, 이 책은 이 책을 쓸 수 있도록 다양한 모양과 역할로 함께해 준 이들의 은혜를 예표한다. 먼저 숨겨진 보물인 예배를 보게 하시고, 그것을 그리스도의 몸에 나누게 하신 하나님 아버지께 감사드린다. 그리고 예배의 가치를 한국과 열방 가운데 심기 위해 함께 달려온 박정관, 조건회 목사님과 '다리놓는사람들'의 여러 형제자매님께 감사의 마음을 전한다. 또한 교정으로 섬겨 주신 LA 윤화숙 집사님, 기획과 편집으로 함께해 준 도서출판 예수전도단의 기획자 홍지욱 목사님과 편집자 최상이 자매님 덕분에 더 쉽고 명확하게 이해할 수 있는 책으로 독자들을 만날 수 있었다. 아울러 한국 예수전도단을 세우시고 반세기 동안 복음으로 한국을 섬겨 주신 David E. Ross(오대원) 목사님의 추천사에 감사드리고 Ellen 사모님의 따뜻한 사랑에 감사드린다.

그리고 '예배 실험실'에서 가장 중요한 역할을 해준 뉴저지 예수마을교회 성도들의 고마움은 결코 잊을 수 없다. 이분들은 예배의 참된 가치 위에서 '숫자 우상'에 사로잡히지 않고 용장을 세우는 교회를 세우는 데 함께해 주었다. 마지막으로 나의 삶과 사역의 여정 가운데 돕는 배필로서 오래 참음으로 함께해 준 사랑하는 아내 한숙자 사모와 하나님이 주신 열매인 세 자녀 하은과 하영, 하람에게 글로 다 표현할 수 없는 사랑과 감사의 마음을 전한다.

* * *

지금은 신약시대다. 분명히 짐승의 제사는 끝났다. 하지만 성막은 여전히 하나님의 임재와 그분의 은혜 가운데 나아가는 길을 보여 준다. 바로 예수 그리스도의 피 묻은 십자가 말이다. 주님은 이 십자가를 통해 죽음보다 강한 하늘 아버지의 사랑을 드러내 보이셨다. 그러므로 우리는 언제 어디서나 히브리서 기자가 초대한 것처럼 주 보혈을 힘입어 은혜의 보좌 앞으로 담대히 나아가 하나님을 만나고, 그분과의 회복된 관계를 맺볼 수 있다(히 4:16). 이런 예배자들이야말로 마지막 때 예수 그리스도의 뒤를 좇아 이웃과 세상을 품고 사랑하며, 새롭게 갱신된 교회를 통한 하나님 나라의 영광을 경험하게 될 것이다. 당신이 바로 그런 사람이 되기를 소망한다.

CHAPTER 1

십자가로 나아가는 길

예수님은 계시지 않는데도
물만 가득 채우고 있지는 않은가?

주님이 제자들을 세워 복음 전파 사역의 중심지로 삼으셨던 갈릴리 가나라는 마을에 결혼식이 열렸다. 유대인의 결혼 풍습에 따라 혼인식을 마친 뒤 신랑의 집에서 큰 잔치가 벌어졌고, 주님과 제자들, 주님의 어머니 마리아도 초대받았다. 그런데 문제가 하나 발생했다. 손님들에게 대접할 포도주가 너무 일찍 동난 것이다. 그 당시 결혼식 잔치는 대개 일주일 동안 열렸으므로, 일반적으로 음식과 물품을 넉넉하게 준비한다. 그럼에도 포도주가 다 떨어진 것을 보면, 예상보다 많은 사람이 한꺼번에 몰려들었던 모양이다. 이유야 어찌 되었든 당시의 잔치문화로

봤을 때, 그 사건은 충분히 집안 망신을 시키고도 남을 일이었다. 새롭게 출발하는 가정의 밝은 미래를 축복하는 잔치 분위기를 완전히 망칠 수 있는 위기 상황이었다.

이에 마리아는 황급히 아들 예수를 찾아 해결책을 강구했는데(마리아가 그 긴박한 상황을 파악할 수 있던 것으로 봤을 때, 가까운 집안의 결혼 예식이었음이 틀림없다), 예수님은 "내 때가 아직 이르지 아니하였나이다"(요 2:4)라고 답하셨다. 그럼에도 마리아는 일꾼들에게 "(예수님이) 너희에게 무슨 말씀을 하시든지 그대로 하라"(요 2:5)고 명했고, 잠시 후 예수님은 정결 예법을 위해 물을 담아 두는 항아리 여섯 개를 가리키며 일꾼들에게 "항아리에 물을 채우라"(요 2:7)고 명하셨다. 이에 일꾼들은 예수님의 말씀에 그대로 순종해서 항아리 입구까지 물을 가득 채웠다. 그 결과 그들은 자신이 떠온 평범한 맹물(H_2O)이 최고급 포도주(C_2H_5OH)로 바뀌는 일생일대의 놀라운 기적을 경험할 수 있었다.

주님은 우리의 순종을 통해 역사하신다. 홀로 역사하실 수 있음에도, 우리를 동역자로 사용하기를 원하신다. 그래서 사도 바울은 우리의 정체성이 "하나님과 함께 일하는 자"(고후 6:1)라고 하면서, 하나님의 은혜를 헛되이 받지 말라고 했다.

그러나 기적이 일어나는 데 있어서는 우리의 그 어떤 노력도 아무런 영향을 끼치지 못한다. 단 0.1퍼센트도 영향을 끼칠 수 없다. 하나님은 우리 없이도 기적의 역사를 행하시는 분이기 때문이다. 이 점을 놓고 볼 때, 포도주의 기적은 일꾼들이 순종했기 때문이 아니라 주님이 그곳에 함께하셨기 때문에 일어난 일이었다. 물이 포도주로 바뀌는 역사는 온전히 주님의 일이었다. 잔치가 끝난 다음 날, 일꾼들이 그때와 동일한 시간에 동일한 샘에서 물을 길어 동일한 항아리에 채운다고 해도 그 기적이 다시 일어나지는 않을 거라는 말이다. 주님이 그 자리에 계셔서 그분의 뜻대로 행하지 않으시면, 물은 여전히 물일 뿐이다.

만약에 그 기적을 체험한 일꾼이 잔치가 끝이 난 후에 그 놀라운 기적을 다시 체험하기 위해 물을 떠다가 동일한 항아리에 물을 부은 후 이웃에게 그것을 포도주라고 말하며 나누어 준다면 어떻게 될까? 정신병자로 취급받을 것이다.

그런데 가만히 보면, 우리 주변에는 이러한 방식과 모습으로 신앙생활을 하는 사람이 정말 많다. 이제는 주님이 함께 계시지도 않는데, 주님은 이미 아버지의 뜻을 따라 다른 곳으로 가셨는데, 자신의 종교적 경험에만 사로잡혀 자기 스스로 기적을 만들어 내려는 사람이 많은 것이다. 그들은 강력한 종교적 확신 가운데 물이 포도주로 변할 것이라 말하지만, 그것은 사람들의 마음에 아무런 감동을 주지 못하는 도그마일 뿐이다.

무슨 근거로 그렇게 단정 짓느냐고 생각하는 사람이 있을지 모르겠는데, 하나를 보면 열을 알 수 있기 때문에 그렇다. 물론, 한 가지를 잘 하면 다른 것까지 모두 잘할 거라거나, 반대로 한 가지를 못 한다고 해서 다른 것까지 모두 못할 거라는 몰아치기식의 흑백논리를 말하는 것이 아니다. 전체가 어떻게 돌아가는지 파악하게 해주는 핵심 내용이라면, 그것 하나만 봐도 충분하다는 이야기다.

그렇다면 한국교회가 주님의 임재나 그분과의 친밀한 관계 대신에 자신의 종교적 열심을 연료로 삼아 달려가고 있다고 말할 수 있는 근거는 무엇일까? 한국교회의 영적 상황을 보여 주는 시금석과도 같은 그 '하나'는 무엇일까?

그것은 바로 예배다. 예배 하나만 봐도 한국교회의 영적 상태를 알 수 있다. 왜 그럴까? 영성은 하나님, 자기 자신, 다른 사람, 세상, 그리고 원수 사탄의 세력과 '어떤 관계를 맺고 있는가?'의 문제인데, 그중에서 가장 중요한 것은 두말할 필요 없이 하나님과의 관계이며, 그 핵심은 바로 만남에 있기 때문이다. 그래서 "하나님과의 관계가 어떻습니까?"라는 질문은 "하나님과 어떤 만남을 갖고 있습니까?"라는 질문과 같다.

당신이 하나님과 어떤 만남을 갖고 있는지 알고 싶은가? 그렇다면 가장 먼저 당신의 예배 생활을 살펴보라. 예배야말로 신앙생활에서 가장 대표적인 하나님과의 만남이기 때문이다. 그런 의미에서 예배는 개인과 공동체의 영적 현주소가 어떤지 정확하게 보여 주는 척도(barometer)가 된다.

이제 다시 앞의 이야기로 돌아가 보자. 한국교회가 주님이 어디에 계시며 어디로 가시는지는 관심이 없고 오로지 자기중심의 종교적 열심으로만 가득 차 있다고 단정 지은 것은, 우리의 예배가 주님이 아니라 포도주의 기적을 바라며 항아리 입구까지 가득 채운 물에만 정신이 팔려 있는 현장처럼 보이기 때문이다. '홍수가 나면 마실 물이 없다'는 말처럼, 넘쳐흐르는 '예배 홍수' 시대에 우리 주님이 기뻐받으실 만한 예배를 찾기가 어렵다. 하나님의 임재가 없다. 이 임재를 대체시키는 현상이 다음의 세 가지 방향으로 발생한다.

- 첫째, 지적인 깨달음을 강조하는 사변적인 기독교 엘리트주의를 표방하는 예배의 흐름
- 둘째, 성령의 임재 없이 종교적 감성을 흔들어 죄책감과 심리와 정신을 자극하여 인위적으로 감동을 만들어 내는 카타르시스적 예배의 흐름
- 셋째, 의지적 결단과 행동을 강조하면서 개인이나 집단중심의 의가 제시하는 방향으로 그 의에 심취되어 흐르는 인본주의적 예배의 흐름

하나님의 임재가 없는 이런 예배는 생명도 능력도 없는 형식적인 이벤트로 전락해 버릴 뿐이며, 항아리에 가득 찬 물이 성령의 임재로 인한 포도주가 되지 못한 채 썩어 버리는 것과 같다. 이런 예배에는 진정한 자유와 자연스러움이 없다.

지금 우리의 예배는
너무 많은 것을 잃어버렸다

"도대체 예배의 어떤 부분을 가지고 그런 식으로 말하느냐?"고 불편한 기색을 드러낼 독자도 있을 줄 안다. 우리의 가장 커다란 문제는 예배가 예배되기 위한 필수 요소들을 잃어버렸다는 사실이다. 그래서 예배가 점점 입구도 출구도 없는 미로가 되고, 예배자는 자신이 무엇을 했는지 정확히 이해조차 하지 못한 채 집으로 돌아간다. 예배 장애(handicapped worship) 현상이 일어난 것이다. 아니, 장애를 넘어 죽어 가는 상태인지도 모르겠다. 사람에 비유하자면, 당장 구급차를 불러 입원시켜야 할 예배 현장이 너무나도 많다.

분실물 하나. 예배의 목적

예배의 목적은 하나님을 높이고 경배하기 위함이다. 그런데 오늘날 우리의 예배는 어떠한가? 오늘날의 예배는 마치 힘든 세상 가운데 지친 회중의 마음을 풀어 주기 위해 존재하는 듯하다. 쌓인 스트레스를 마음껏 풀어 보자는 희한한 명분 아래 엔터테인먼트(entertainment) 요소를 적극적으로 도입해 놓고는 거기에 마음대로 '예배'라는 이름을 갖다 붙인다. 마치 학문을 쌓기 위한 강연장처럼, 모인 사람들에게 지적 만족을 주려는 듯 백과사전 같은 정보를 나열하지만, 그 안에 생명은 없다. 심판과 회개에 대해서는 입도 뻥긋하지 않는다. 능력도 나타나고, 방언도 나타나고, 예언도 나타나고, 병 고침의 역사도 나타나지만, 진리의 말씀 대신 사람의 은사와 체험에만 매달린다. 겉으로 보기에는 역동적으로 예배하는 것 같지만, 사실은 그 가운데 하나님을 아는 지식이 없으므로 말라비틀어진 뼈다귀들끼리 부딪히며 시끄러운 소음만 낼 뿐이다.

분실물 둘. 예배의 초점

예배의 초점은 또 어떤가? 하나님과의 만남이 아니라 순서와 형식에 집중한다. 오늘날에는 개교회의 상황 가운데 전통적 요소와 현대적 요소를 조화롭게 배합하고, 기존 방식에 식상해하는 회중의 예배 타성을 깨뜨릴 만한 새로운 형식과 분위기의 예배를 시도하는 곳이 많다. 그 가운데 포스트모더니즘 사조의 핵심인 '다양성 속의 일치'(unity in diversity)라는 (현시대 사람들에게 매우 그럴듯하고 매력적으로 보이는) 개념을 성경적 검증과 분별의 과정 없이 그대로 갖고 들어와 예배 디자인에 적용하는 경우가 많다. 즉, 공동체 안에서 예배에 관한 거룩한 고민과 논의의 과정을 통해 받아들여진 것이 아니라, 보기에 좋고 사람의 마음을 훔치기에 안성맞춤이라는 이유로 즉시 적용되는 것이 많다는 말이다. 예배는 하나님의 마음에 합한 드림이 되어야 한다는 생각은 이미 오래전에 도둑맞은 듯하다.

분실물 셋. 예배의 대상

초대교회 때는 공동체로 모여 예배할 수 있다는 것 자체가 행복이었다. 핍박이 심해질수록 예수 그리스도의 복음을 목숨처럼 여기며 견고히 붙들었기에, 초대교회 성도들은 하나님을 뜨겁게 예배하는 가운데 모든 두려움과 근심과 걱정을 이겨 낼 수 있었다. 하지만 오늘날은 다르다. 모든 것을 소비자의 입맛에 맞춰야 한다는 '고객 중심주의'가 교회 깊숙이 스며들었고, 특히 그러한 생각은 신앙생활의 핵심인 예배에서 두드러지게 나타나고 있다.

설교자가 연예인처럼 사람들의 인기를 누리고, 성도들은 다양한 메뉴가 준비된 푸드코트에서 입맛에 맞는 음식을 주문하듯 원하는 스타일의 예배를 고른다. 대형교회의 등장과 인터넷, 모바일 기술의 발전으로 이른바 '맞춤형 예배' 쇼핑이 가능해진 것이다. 회중에게 지나치게 관심을 쏟다 보면, 예배의 형식과 순서가 누구를 위한 것인지에 관한 초점을 잃게 된다. 초점을 상실한 예배를 올바르게 회복하려면, 그 초점을 다시 찾아가기 위한 로드맵이 필요하다.

분실물 넷. 예배의 개념

주일 오전 10시 59분 59초와 11시 정각. 우리는 그 1초의 차이를 정확하게 알고 있다. 그 1초의 의미는 예배의 시작이다. 1초를 경계로 예배 시간과 그렇지 않은 시간이 구분된다. 주일 오전 11시 정각에 강단에서 울려 퍼지는 맑고 경쾌한 종소리도 그러한 역할을 한다. 그 한 번의 소리에 우리는 몸과 마음을 가다듬는다. 최소한 그러는 척이라도 해야 한다. 예배가 시작되었기 때문이다.

반면에 다른 역할의 1초도 있다. 그것은 바로 주일 오전 11시 59분 59초와 12시 정각을 가르는 1초다. 이때의 1초는 예배가 '끝났다'는 의미다. 지루함과 졸음, 머릿속을 가득 메운 딴생각과 싸우며 몸과 마음을 가다듬어야 하는 시간과 장소를 떠나 '그렇게 하지 않아도 되는' 일상으로 돌아가는 시점이다. '할 도리'를 다하고 예배당을 나서니, 발걸음도 마음도 다 후련하다. '어찌 되었든 자리를 지키고 앉아 예배를 드렸으니까.'

이 이야기에 공감할 독자가 많을 것이다. 목회자이지만 나 역시 예외가 아닐 때가 있음을 본다. 안타깝게도 이것이 우리 안에 정립된 예배의 개념이다. 우리에게 예배는 매 주일, 정해진 시간과 장소에서 정해진 분량 동안 드리는 것이다. 그래서 우리의 예배에는 늘 시작과 끝이 존재한다. 더 정확히 말하자면, 예배와 상관없이 살아도 되는 시간이 존재한다는 말이다. 예배하지 않는 시간, 곧 하나님의 임재 없는 자신만의 시간을 살아 보는 것…, 그 옛날 창조의 동산에서 우리의 첫 조상이 시도했던 것과 참으로 흡사한 모습이 아닌가?

이러한 개념은 결국 위선적 신앙으로 이어질 수밖에 없다. 또한 공적 영역에서의 제자도와 세계 선교에 대한 하나님의 부르심에 무지하고 무감각한 그리스도인들로 가득 찬 교회를 만들어 낼 뿐이다.

예배는 하나님을 향한 사랑의 표현이다

시편 기자는 하나님을 예배하러 성전으로 가는 이들을 이렇게 격려했다.

> 기쁨으로 여호와를 섬기며 노래하면서 그의 앞에 나아갈지어다…감사함으로 그의 문에 들어가며 찬송함으로 그의 궁정에 들어가서 그에게 감사하며 그의 이름을 송축할지어다(시 100:2, 4).

어떻게 하면 이런 예배자가 될 수 있을까? 그 답은 '네 모든 것'으로 하나님을 사랑하라고 가르치신 예수님의 말씀에 있다.

> 예수께서 대답하시되 첫째는 이것이니 이스라엘아 들으라 주 곧 우리 하나님은 유일한 주시라 네 마음을 다하고 목숨을 다하고 뜻을 다하고 힘을 다하여 주 너의 하나님을 사랑하라 하신 것이요 둘째는 이것이니 네 이웃을 네 자신과 같이 사랑하라 하신 것이라 이보다 더 큰 계명이 없느니라(막 12:29-31).

한 서기관이 주님께 물었다.

"하나님을 섬기는 데 있어서 가장 중요한 규칙은 무엇입니까?"

본문을 살펴보면, 다른 종교지도자들과 달리 그에게는 주님을 시험하거나 궁지에 몰아넣으려는 의도는 없었던 것 같다. 하지만 그 역시 하나님과의 관계 중심에 율법을 두고 있었다. 아마도 그의 질문은 이런 의미였을 것이다. "뭘 해야 하나님을 한 방(?)에 기쁘시게 해 드릴 수 있을까요? 하나님을 만족시키려면 어느 정도까지 해야 하는 겁니까? (율법을) 어디까지 지키면 됩니까?" 즉, 그가 정말 하고 싶었던 질문은 "어디까지 자기 마음대로 살 수 있습니까?"가 아니었을까?

하지만 그의 기대와 달리, 주님은 형식과 절차로 이루어진 종교나 의무감으로 답하지 않으셨다. 엉뚱하게도 그 답은 '사랑'이었다. '무엇을, 어떻게 하느냐'에서 '얼마나 사랑하느냐'로 초점을 옮기신 것이다.

젊은 남녀가 처음 연인이 되면 불꽃 같은 사랑을 한다. 데이트를 마칠 때면 늘 아쉬움 가득한 마음으로 다음번 만남을 약속하고, 헤어지는 순간부터 다시 만날 날을 기다린다. 매일 만나도 날마다 늘 새롭다. 보고 또 보고, 듣고 또 들어도 새롭다. 만나면 만날수록 사랑의 불꽃이 커져 간다. 기쁨이 넘친다. 눈을 감으면 생각나고, 꿈속에서도 만난다. 머릿속은 '무엇을 어떻게 해야 그 사람을 기쁘게 해줄 수 있을까?'라는 생각으로 가득하고, 상대방을 위해 모든 것을 자발적으로 하며 어떤 희생도 서슴지 않는다. 의무감이나 익숙함이 비집고 들어설 틈은 어디에도 없다. 마냥 행복할 뿐이다. 하나님과의 관계도 그래야 한다. 그게 바로 사랑이다.

"어디까지, 얼마나 하면 되는가?"라는 질문은 출발 지점 자체가 잘못된 것이었다. 다행히 질문을 던졌던 서기관은 주님이 무엇을 말씀하시는지 깨달았고, 그 덕분에 하나님 나라에 가까이 간 사람이라는 칭찬까지 받을 수 있었다. 하나님의 사랑을 깨닫는 사람은 하나님을 기쁘시게 할 뿐 아니라, 그분의 나라에까지 들어간다. 사도 바울이 가장 마지막에 남을 최고의 은사와 덕목으로 사랑을 꼽은 것도 그 때문일 것이다(고전 13:13).

마음과 목숨과 뜻과 힘을 다해 주님을 사랑하는 사람에게는 불꽃처럼 타오르는 '하나님의 임재 갈증'이 있다. 그런 사람은 예배를 사모하고 기다린다. 그런 사람에게 예배는 사랑하는 하나님과의 행복한 만남이며 감동의 경험이다. 그러니 어떻게 모든 예배를 마지막 예배처럼 아쉬움으로 드리지 않을 수 있겠는가!

한국교회 영성의 '열'을 고스란히 보여 주는 예배 '하나'

지금까지 살펴본 대로 한국교회는 예배 장애에 빠져 있다. 가장 중요한 '하나님과의 관계'에 빨간 불이 들어온 것이다. '하나를 보면 열을 안다'는 말처럼, 한국교회 영성은 예배 하나만으로도 그 전부를 알 수 있을 정도다. 그렇다면 대체 우리는 지금 어떤 상태에 있는 것일까?

하나님의 사랑을 거절하지도 누리지도 못한다

기독교 역사를 보면, 주의 인자(히브리어로 'חֶסֶד'[헤세드], 영어로 'love')가 생명보다 나은 것을 경험한 성도들은 신앙을 위해 기꺼이 목숨까지 내놓았다. 십자가에 계시된 주님의 사랑과 그로부터 회복된 하나님 아버지와의 관계를 인격적으로 체험한 뒤에, 그보다 가치 있는 것이 없음을 깨달았기 때문이다.

'예배' 혹은 '경배'로 번역하는 영어 단어 worship에도 그런 의미가 담겨 있다. worship은 앵글로색슨어인 '웨오스사이프'(weorthscipe)에서 유래되었는데, 이 말은 '가치'라는 의미의 'weorth-(worth)'와 신분이라는 의미의 '-scipe(ship)'이 결합된 것으로, 특정 대상에게 경의와 존경을 표현한다는 뜻이다. 하나님을 향한 예배를 표현하는 데 이 단어를 사용했다는 것은, 마음을 다하고 목숨을 다하고 뜻을 다하고 힘을 다하여 하나님을 사랑하라는 주님의 말씀대로, 예배를 최고의 사랑을 베풀어 주신 하나님께 최고의 가치를 드리는 것으로 정의한다는 의미다. 그런 예배에 문제가 생겼다는 것은, 우리가 하나님이 베풀어 주신 최고의 사랑을 제대로 누리지 못하고 있다는 것이다.

우리가 교회에서 자주 쓰는 말 중에 "하나님은 살아 계시다"라는 문장과 "하나님은 나를 사랑하신다"라는 문장이 있다. 이 두 문장을 가만히 들여다보라. 이 둘 중 어느 쪽이 더 당신의 가슴 깊이 저며 드는가? 우리의 관계 현실을 보면, 하나님이 살아 계신다는 것은 믿으나 그분이 나를 사랑하신다는 것은 상대적으로 믿기 어렵다고 고백하는 사람이 많다. "어떻게 나 같은 인간을 위해 자신의 아들을 죽음의 자리로 내몰 수 있단 말인가?" 하나님은 최상의 진정성으로 최고의 사랑을 주셨다. 그렇기 때문에 그것이 오히려 믿어지지 않고, '그게 사실이라 해도 나 같은 사람에게까지 해당되는 건 아닐 거야'라며 거부하고 싶어지는 것이다.

나는 허드슨 강변에서 맨해튼을 바라보며 기도하고 찬양하는 것을 좋아한다. 허드슨 강은 커다란 빌딩을 눕혀 놓은 듯한 크기의 대형유람선이 들어와 정박할 만큼 크고 넓고 깊은 강이다. 소리 없이 조용히 흐르는 것 같지만, 바다로 흘러 들어가는 강 한복판 물살의 힘은 엄청나다. 강에도 뱃길이 있다. 뱃길은 깊다. 그런데 강을 바라보고 있노라면, 전혀 움직이지 않는 것 같은 지점이 종종 눈에 띈다. 강바닥에 쌓인 퇴적물 때문에 그토록 거센 강물이 힘을 잃고 흘러가지 못하는 게 아닌가 싶다.

그런데 하나님과 우리의 관계가 이런 상태는 아닌지 모르겠다. 하나님이 나를 있는 모습 그대로 받아 주실 리 없다는 거짓 메시지, 그리고 내가 나를 용납할 수 없어서 하나님께 나아갈 수 없다는 잘못된 생각이 우리 안에 가득하다. 그것이 퇴적물처럼 쌓여, 최고의 대가를 치른 끝에 우리에게 부어진 하나님의 사랑이 흘러들어 오는 것을 방해하고 가로막고 있지는 않은가?

그런 상태에 있는 사람은 결코 "그럼에도 하나님은 있는 모습 그대로 나를 사랑하신다"라고 고백하지 못할뿐더러, 그 진리가 주는 참된 감격과 자유도 누릴 수 없다.

누가복음 15장의 '잃어버린 아들' 비유에도 이런 인물이 등장한다. 바로 패륜과 방탕의 극치를 달린 둘째 아들, 이른바 '탕자'다. 돼지 먹이조차 마음껏 먹을 수 없는 처지였지만, 그는 죄책감 때문에 아버지의 집으로 돌아가지 못하고 스스로를 탓하며 살았다.

"아버지는 이제 나를 사랑하지 않을 거야. 내가 아버지에게 무슨 짓을 했는데! 내가 아버지라도 나 같은 놈은 호적뿐 아니라 마음속에서도 지워 버렸을 거야."

하지만 결국 그는 집으로 돌아갔다. 여전히 아버지의 사랑을 받아들이지 못한 상태였지만, "종이 되더라도 아버지 밑으로 돌아가자!"는 의지적 결단이 그의 발길을 집으로 돌리게 한 것이다. 그렇게 아버지와 만난 탕자는 자신을 향한 아버지의 사랑이 자신의 실수나 죄와는 관계없이 늘 '진짜'이며 변함이 없음을 체험하게 되었다.

그런데 우리는 어떠한가? 믿음의 주요 온전케 하시는 주님이 아니라 자신의 연약함과 현실만 바라보며, 마치 지구 주위를 도는 달처럼 일정 거리를 유지하며 그분 주변만 맴돌고 있다.

하나님을 알아 가는 대신 그분께 익숙해질 뿐이다

사람이 진정한 성숙을 경험하는 때는 언제인가? 부모가 되었을 때다. 자녀 때문에 가슴앓이하다가, 이런 고생을 무릅쓰며 자신을 키웠을 부모님 생각에 감사의 눈물을 흘리게 되는 것이다. 그런 경험을 하면, 머리로만 하던 감사가 가슴에서부터 나오기 시작한다.

부모님의 사랑처럼, 세상에는 익숙해질수록 더욱 귀하게 여기고 가치를 부여해야 할 것이 많다. 그렇게 하지 않으면, 감사하기는커녕 당연시하고 함부로 관계하게 될 뿐만 아니라, 결국 가치를 잃어버린 무감각한 관계밖에 맺을 수 없다. 그런 대상과는 오랜 시간 알고 지내더라도, 의미와 가치를 잃어버린 무감각한 관계밖에 맺을 수 없다. 그런데 지금 우리가 바로 하나님과 그런 관계를 맺고 있다. 하나님을 더 깊이 알아 가는 사귐의 여정 대신, 익숙함의 함정에 빠져 헤어나지 못하는 것이다.

겸손하고 정직하게 마음을 깨뜨리며 죄와 연약함을 고백하는 과정 없이 정해진 순서만 반복하며 종교생활을 유지하는 사람이 많다. 마음 한 번 쏟지 않고도 예배, 기도, 찬양, 헌금, 봉사, 심지어 전도까지 지식과 행위로 얼마든지 영위한다. 그럴 경우, 어떤 훈련을 얼마나 받았고 어떤 직분을 가졌는지가 영적 성장과 성숙을 측정하는 지표가 되고, 자기 수행과 노력이 하나님의 은혜를 대신한다. 하나님을 사랑하는 것이 머리에만 있을 뿐 가슴에는 없다. 그러다 보면 주님을 섬기는 것은 점점 더 지루해지고, 재미와 만족을 주는 다른 것에 눈길이 머문다.

자기 자신을 위해 하나님을 믿고 간구한다

하나님은 우리에게 '주시는' 분이다. 독생자 예수님을 내어 '주셨고', 엎드려 회개 자복하는 죄인을 용서하며 봐 '주셨고', 자녀의 신분으로 살게 해 '주셨다.' 그분은 우리에게 모든 것을 '주셨다.' 이유는 하나다. 사랑하기 때문이다.

그래서일까. 우리는 우리가 하나님을 위해 존재하는 것이 아니라, 하나님이 우리를 위해 존재한다고 생각한다. 그분을 은혜 공급자, 기도 응답자, 고난 해결사쯤으로 전락시켜 버렸다. 하나님의 자녀라면 마땅히 그분의 아버지 되심과 사랑에 화답하며 자신의 전 존재를 주님께 드려야 하지만, 현실에서는 전혀 그렇지 않다. 예배와 기도, 성도 간의 교제를 통해 끊임없이 추구하는 것이 오로지 '자기 자신'일 뿐이다.

우리는 하나님이 아니라 우리 자신이 받고 누리는 데에만 관심이 있다. 그래서 하나님이 아니라 사람을 감동시키는 자리에 몰려든다. 건강하지 않은 신비주의 집회와 예배를 사칭한 엔터테인먼트 중심의 모임에 사람들이 몰려드는 것이 대표적인 예다. 은혜라는 명목 아래 자기 입맛에 맞는 것을 찾아 예배를 '누리러 가는' 교인이 늘어 가고, 목회자와 교회는 그런 사람들을 붙들기 위해 혈안이 되어 있다. 마음과 귀를 즐겁게 하는 복과 성공의 메시지나 긍정 신학은 선포하지만, 회개와 참 복음, 헌신과 세계 선교에 관해서는 이야기하지 않는다. 그래서 구원을 천국에 들어가는 것 정도로 여기며, 주님이 십자가에서 쏟으신 보혈은 부흥회나 수련회에서 "나 같은 죄인 살리신 주 은혜 놀라워" 같은 찬양을 할 때만 생각한다.

하나님을 주는 분으로만 인식하면, 어느 순간부터 은혜가 은혜 되지 않고 감동이 감동 되지 않게 된다. 은혜만 찾아다니는 은혜중독자(graceholic)들을 양산한다. 더 강하고 새로운 은혜를 찾아 이 교회 저 교회를 옮겨 다니는 '메뚜기' 교인을 만들어 낸다. 이러한 교인들은 금세 싫증을 느끼고 맛집을 전전하는 식도락가와 같다. 의외로 그들은 초신자가 아니라, 신앙 연륜이 오래되고 나름 영적 식견이 있는 교인들이다. 그래서 그들은 하나님이 정말 어떤 분이신지 아는 것이 아니라 그저 종교적 정보(information)를 많이 저장하고 있을 뿐이다. 그 지식과 정보들 모두 자기중심으로 저장된 것들이므로, 오히려 복음을 삶으로 옮기는 데 걸림돌이 된다. 복음의 흐름을 가로막고, 하나님이 자기를 위해 존재하시는 분인 것처럼 착각하며, 화석화된 정보의 무게만큼이나 교만이라는 심해에 깊이 빠져 들어가고 있다. 그러나 이를 지각할 수 있는 감각을 상실한 지 오래다.

결국 하나님의 자리를 꿰차고 앉아 있는 것은 바로 '나'다

가장 심각한 문제는 지금까지 살펴본 한국교회, 우리 신앙의 모습이 포스트모더니즘과 인본주의로 찌들어 있다는 것이다. 허울만 하나님 신앙일 뿐, 철저하고 교묘하게 자기 숭배에 빠져 있다는 말이다.

날마다 그리스도 안에서 믿음으로 사는 사람에게 있어서, 그의 옛사람은 이천 년 전 갈보리 언덕에 세워진 십자가에 그리스도와 함께 사망선고를 받았다. 그러나 그 십자가에서 다 이루신 주님의 역사를 믿지 않는 이에게 그 옛사람은 여전히 살아 있다. 그 옛날 창조의 동산에서 벌어진 반역과 거역의 역사가 개인과 공동체 가운데 계속 이루어지고 있는 것이다.

그래서 십자가에서 주어진 복음의 능력을 가리려는 사탄의 역사는 매우 지능적으로 작동되어 왔다. 사탄은 사람들이 자기 자신을 절대적인 독립된 가치로 받아들이게 하고, 그러한 자신을 신적인 가치로 사랑하게 하고, 자기 보기에 선한 대로 자유롭게 행동하는 것을 미덕으로 받아들이게 했다. 이러한 포스트모던 사회에서 참 복음과 참 구원은 터무니없는 독단적 종교의 교리로 치부될 뿐이며, 비웃음과 함께 쓰레기통으로 던져지고 있다.

거짓의 아비 사탄은 진리를 거짓으로 각색하여, 사탕이 발라진 독약과 같은 이론을 사람들의 사고 속에 마구 뿌려왔다. 특히 오늘날의 포스트모던 사상 속에서 여호와 하나님은 한없이 작아졌고 인간의 자아는 무한정 팽창되었다. 다양성 속의 일치를 받아들이지 않는 사람을 시대착오자로 간주하는 사회 풍토는 기독교의 복음을 일종의 도그마로 색칠한 지 오래되었다.

기독교는 이러한 세상의 흐름을 지배하고 정복하여 다스려야 하지만, 그 힘을 잃고 자기들만의 세계에서 침잠한 지 오래다. 그래서인지 세상을 감당할 생각을 꿈속에서만 하는 듯하다. 종교라는 껍데기는 갈수록 견고해지는 데 반해, 생명이라는 알맹이는 실종된 지 오래다. 입술로는 하나님을 부르지만, 내가 주인이고 주님이다. 용건이 생기면 시도 때도 없이 하나님을 찾지만, 필요가 없어지면 늘 자신의 인생을 사느라 바쁘게 달려간다. 그런 상황에서 속내를 터놓는 깊은 관계를 맺기란 불가능하다. 그래서 하나님과 우리의 관계가 죽어 가고 있다.

이러한 우리를 치유할 수 있는 백신은 오직 하나, 십자가 복음뿐이다. 내가 죽고 내 속에 그리스도가 살아나는 복음만이 포스트모더니즘의 반복음적(anti-gospel)인 바이러스가 팽배한 환경 속에서도 제자다운 제자로 살아가게 해줄 수 있다.

안타까운 것은 오늘날의 예배에서는 복음이 교리적 정보로 던져질 뿐 하나님의 불같은 사랑이 타오르는 감동 있는 능력으로 증거되는 현장이 매우 적다는 점이다. 많은 설교자가 '십자가 복음은 피곤한 인생들이 듣고 싶어 하는 이야기는 아니다'라고 계산하고, 이미 성령을 근심케 하고 있다. 또는 복음을 전하더라도 복음적인 삶이 뒷받침되어 있지 않기에 일종의 '복음 교리'를 전할 뿐이므로, 진리의 핵으로서의 복음의 능력이 나타나지 않는다.

이 모든 상황은 어디에서 비롯된 것인가? 그것은 바로 하나님보다 자기를 사랑하는 데서 비롯된다. 그래서 사도 바울은 복음으로 낳은 아들 디모데에게 마지막 때 고통을 경험케 되는 가장 첫째 이유가 "자기를 사랑하는 것"(딤후 3:2)에 있다고 일러주었다. 문제는 복음을 모르므로, 이생과 내생에 유익이 있는 십자가 고난을 회피할 경우 고생과 고통이 따를 수밖에 없다는 것을 내다볼 수 있는 영적 통찰력이 없다는 것이다.

우리는 하나님과의 관계를 감당할 수 없는 존재들이다

역대하 7장에는 솔로몬 왕과 이스라엘 백성이 봉헌한 성전에 하나님의 영광이 가득 임하는 장면이 기록되어 있다. 하나님은 솔로몬과 이스라엘 백성에게 이렇게 선포하신다.

> 이는 내가 이미 이 성전을 택하고 거룩하게 하여 내 이름을 여기에 영원히 있게 하였음이라 내 눈과 내 마음이 항상 여기에 있으리라(대하 7:16).

본문에서 하나님은 '하나님의 임재'가 무엇인지 직접 설명하신다. 하나님의 임재란, 그분의 이름이 불리는 곳에 그분의 눈과 마음이 임하는 것이다. 그분의 눈과 마음이 임하기 위해서는 한 가지 조건이 갖춰져야 하는데, 그것은 바로 거룩이다. 하나님은 거룩하신 분이며, 거룩함 가운데 임하신다. 지금도 하나님의 보좌 주변에서 천사들이 그분을 향해 끝없이 찬양하는 주제도 거룩이다(계 4:8-11). 거룩함이 사라진 하나님은 상상할 수 없기 때문에, 하나님의 본질상 핵심인 거룩함을 빼놓고는 그분에 관해 대화할 수 없다. 그러므로 하나님은 그분의 형상을 따라 지음 받고 그분의 자녀로 택함 받은 우리에게도 거룩할 것을 요구하신다.

하나님의 뜻은 이것이니 너희의 거룩함이라(살전 4:3).

그렇다면 하나님이 우리에게 요구하시는 거룩함이란 어떤 것일까? 성경적인 거룩함에 대해서는 사람마다 그 정의가 다양할 것이다. 여기서는 하나님과의 관계성이라는 관점으로 거룩함을 정의해 보려 한다.

인류 역사상 육신을 입은 채 하나님이 요구하시는 거룩을 성취한 사람은 단 한 명뿐이다. 바로 성육신함으로 우리 곁에 찾아오신 예수 그리스도시다. 십자가에 못 박혀 죽기 전날 밤, 주님은 제자들을 위해 이렇게 중보하셨다.

또 그들을 위하여 내가 나를 거룩하게 하오니 이는 그들도 진리로 거룩함을 얻게 하려 함이니이다(요 17:19).

이 기도에서 주님은 '내가 나를 거룩하게 한다'고 고백하셨다. 희한하고 이상한 일이다. 주님은 인간의 연약함을 동정(同情)하기 위해 우리가 겪는 모든 시험을 동일하게 받으셨지만, 한 점의 죄도 없는 분이다(히 4:15). 이미 거룩하신 분이 왜 스스로를 거룩하게 한다고 말씀하신 걸까?

제자들 때문이다. 주님은 제자들을 거룩하게 하기 위해 스스로를 거룩하게 한다고 말씀하셨다. 이 땅에서 실제로 주님을 모시고 함께 살았음에도, 제자들 안에는 앞서 살펴본 한국교회의 문제점이 동일하게 존재했다. 그들이 대표하는 인류를 구원하고 거룩하게 하기 위해서는, 죄의 근원인 육신의 생각을 사로잡아 하나님 아버지께 복종시켜야 했다(고후 10:5).

이런 모습은 주님이 겟세마네 동산에서 하신 기도에도 나타난다.

아버지여 만일 아버지의 뜻이거든 이 잔을 내게서 옮기시옵소서 그러나 내 원대로 마시옵고 아버지의 원대로 되기를 원하나이다(눅 22:42).

하나님이 요구하시는 거룩함은 오직 자기 뜻을 내려놓고 하나님 아버지의 뜻(진리)을 선택할 때 주어진다. 어떻게 해야 자신의 뜻이 아니라 하나님의 뜻에 순종할 수 있을까? 어떻게 해야 살겠다고 발버둥을 치는 자아의 소리를 잠잠하게 할 수 있을까? 주님이 선택하신 방법은 단 하나, 죽는 것이었다. 주님께도, 죽는 것 말고는 죄와 거역 덩어리인 옛사람의 문제를 다룰 방법이 달리 없으셨다는 얘기다. 거룩함은 오직 자아의 장례식과 함께 주어진다.

한번은 말씀을 묵상하다가 이 시대와 세대에 하나님이 요구하시는 거룩함이란 어떤 것일까 궁금해졌다. 다른 때 같으면 성경사전이나 신학서적을 뒤졌겠지만, 묵상 중이었기에 마음속으로 하나님께 이렇게 질문해 보았다. "하나님, 하나님이 원하시는 거룩은 어떤 것입니까?"

그때 물방울이 떨어지듯 내 심령에 이런 생각이 돋아났다.

"거룩은 '나'(자아)가 없는 것이다."

나는 이것이 하나님이 주신 생각이라 믿는다. 왜냐하면 그 생각이 내 생각을 밝혀 주었기 때문이다. 그때 내 마음에 떠오르는 사람이 있었는데, 그는 바로 '자아 사망 선고'의 명수인 사도 바울이었다.

내가 그리스도와 함께 십자가에 못 박혔나니 그런즉 이제는 내가 사는 것이 아니요 오직 내 안에 그리스도께서 사시는 것이라(갈 2:20).

나는 날마다 죽노라(고전 15:31 하반절).

그동안 수없이 읽고 암송하고 묵상하고 연구하고 설교까지 했던 구절들이다. 하지만 그제야 이 말씀들이 '하나님이 원하시는 거룩'이 무엇인지를 심령으로 깨달아야만 알 수 있는 고백임을 알게 되었다. 결국 나 역시 이렇게 고백할 수밖에 없었다.

"주님, 그렇습니다. 저는 없고, 제 안에 주님으로 충만한 것이 거룩입니다."

그러나 육신을 갖고 사는 우리에게는 죄를 향한 관성의 법칙이 작용한다. 주님을 기쁘시게 해 드리는 거룩한 삶을 살고 싶지만, 육신에게 질 때가 많다는 것이 우리의 고민이다. 그런데 어떻게 주님은 이러한 우리에게 "내가 거룩하니 너희도 거룩하여라"(레 11:45)고 말씀하실까? 어떻게 거룩함을 회복하고 하나님과의 관계 가운데로 나아갈 수 있단 말인가?

하나님은 우리와 만나기 원하시고, 그분과 만나기 원하는 사람들을 기뻐하신다

성경에는 '하나님이 찾으신다'고 기록된 두 가지 유형의 사역자가 있다. 예배자와 중보기도자다. 누가 언제 어디서 무엇을 하는지 다 아시는 분이 '찾으신다'는 표현을 사용할 만큼, 이 두 사역을 중요하게 여기신다는 의미일 것이다. 왜 그럴까? 예배와 중보기도 둘 다 하나님께 나아가야 할 수 있는, 즉 하나님과의 끊임없는 관계를 전제로 하는 행위이기 때문이다.

요한복음 4장에서 주님은 하나님이 예배자를 찾으신다고 말씀하신다. 그 예배자는 하나님을 '아버지'로 예배하는 사람, 즉 그분의 '자녀'다(요 4:23). 예배를 아버지와 자녀의 만남과 관계로 정의하신 것이다. 신을 두렵고 무서운 존재로 인식하던 당시 이방 종교들을 생각해 보면 실로 놀라운 선언이 아닐 수 없다. 더 놀라운 것은 에스겔서 22장에 등장하는 중보기도자다. 오히려 하나님은 율법의 시대에 더욱 과격한(radical) 친밀감을 주문하신다. "하나님, 안 됩니다! 제발 그렇게 하지 마십시오!"라고 외치며 감히 하나님 앞을 막아설 사람, 그렇게 할 수 있을 만큼 하나님과 막역지간인 사람을 찾으신다고 말씀하고 계시지 않는가!(겔 22:30)

사실 모든 것이 하나님과의 관계에서 시작된다. 회개와 용서, 성령 충만, 소명, 성도 간의 교제와 공동체의 하나 됨, 부흥, 선교, 사회적 책임을 다하고 세상을 변화시키는 것도, 하나님께 나아가 그분을 만나고 경험하는 관계에서 나온다. 하나님께 나아가면 그분의 눈(가치)과 마음(중심, 뜻)을 깨닫고, 십자가 사랑으로 세상을 섬기는 예수 그리스도의 제자가 된다. 그들은 날마다 믿음으로 십자가에 연합되어, 자기 안에 살아 계신 예수 그리스도로 말미암아 세상을 변화시키는 왕 같은 제사장이 된다. 이 놀라운 역사의 열쇠는 오직 예배자와 중보기도자처럼 주님께 나아가 그분 앞에 홀로 서는 것뿐이다. 하나님은 그렇게 하는 사람을 기뻐하시며 보상해 주신다.

믿음이 없이는 하나님을 기쁘시게 하지 못하나니 하나님께 나아가는 자는 반드시 그가 계신 것과 또한 그가 자기를 찾는 자들에게 상 주시는 이심을 믿어야 할지니라(히 11:6).

우리는 그 예를 성경에서 찾아볼 수 있다. 하나님은 소돔을 심판하시려는 계획을 미리 아브라함에게 귀띔하신다.

여호와께서 이르시되 내가 하려는 것을 아브라함에게 숨기겠느냐(창 18:17).

마치 "내가 다른 사람은 몰라도 너한테는 얘기해 줘야 하지 않겠냐? 우리 사이에 무슨 말을 못하겠느냐?"라고 말씀하시는 것 같다. 하나님으로부터 이런 인정을 받는다면 당신은 어떤 기분이 들 것 같은가?

모세 역시 하나님께 친구 대접을 받았다.

사람이 자기의 친구와 이야기함 같이 여호와께서는 모세와 대면하여 말씀하시며 모세는 진으로 돌아오나 눈의 아들 젊은 수종자 여호수아는 회막을 떠나지 아니하니라(출 33:11).

하나님은 성경에도 기록되지 않은 이야기들을 모세와 나누셨다. 하나님이 세상 누구와도 나누지 않는 얘기를 당신에게만 하신다면 어떻겠는가?

다윗은 어떤가? 하나님은 그를 "나와 마음이 맞는 사람이다!"라고 온 이스라엘에 공표하셨다.

그 후에 그들이 왕을 구하거늘 하나님이 베냐민 지파 사람 기스의 아들 사울을 사십 년간 주셨다가 폐하시고 다윗을 왕으로 세우시고 증언하여 이르시되 내가 이새의 아들 다윗을 만나니 내 마음에 맞는 사람이라 내 뜻을 다 이루리라 하시더니(행 13:21-22).

사람과 사람 사이에도 마음이 맞기 어려운데 하물며 하나님과 마음이 맞다니, 다윗이 하나님과 얼마나 가까운 관계였을지 짐작할 수 있지 않은가. 게다가 하나님의 뜻을 이루는 대리자로 삼겠다고 하셨다. 세상에 이보다 멋진 보상이 또 있을까?

다윗은 율법 시대에 살았으나, 말씀을 묵상하면서 복음을 만난 사람이다. 그는 율법의 노력이나 극단적인 신비 체험을 추구하지 않았다. 그는 말씀을 통해 이미 들어와 계신, 아브라함 이전부터 계셨던 복음의 실체인 예수 그리스도를 만났다. 그래서 하나님은 예수 그리스도를 다윗의 자손으로 이 땅에 보내 주셨고, 그리스도로 말미암아 거듭난 우리 역시 하나님의 마음에 합한 자로서 하나님이 찾으시는 예배자로 서기를 원하셨다. 하나님을 사랑하되 마음을 다하고 뜻을 다하고 성품을 다하고 힘을 다하여 하나님과 친밀한 사랑의 관계 안에 거하기를 즐거워하는 예배자 말이다. 하나님은 이 예배자에게 세상을 지배하고 정복하고 다스릴 수 있는 새 힘과 새 성품을 주셔서 변질된 세상을 변화시키시기를 원하신다. 이것이 하나님의 선교다.

그런데 하나님의 아픔은 오늘날의 기독교가 이 하나님의 소망에서 점점 멀어져 간다는 점이다. 하나님은 비록 만신창이가 된 상태라고 할지라도, 그분의 긍휼을 구하며 있는 모습 그대로 나아오는 자의 믿음을 기뻐하신다. 십자가 앞으로 나아와 그리스도의 보혈로 성결함을 회복하고, 지성소의 하나님 앞에 나아가 그분과 친밀한 예배적인 사랑의 관계 안에 머무르는 신자에게 복 주신다. 그 놀라운 복의 실상은 보좌에서 흘러나오는 성령과 능력의 기름부음이다. 다윗은 이 기름부음 속에서 본 말씀들 중에 성막을 통해서 예수 그리스도를 만났을 것이다. 그리고 바로 그분이 율법을 완성한 복음의 실상임을 체험하고, 그러한 은혜를 베푸신 하나님을 예배하는 것보다 더 큰 기쁨이 없음을 체험했다.

골동품 같아 보이는 성막에 다시 관심을 가져야 할 이유는 무엇인가?

감옥에 갇힌 사도 바울은 빌립보 교회 성도들에게 이런 고백을 했다.

내가 이미 얻었다 함도 아니요 온전히 이루었다 함도 아니라 오직 내가 그리스도 예수께 잡힌 바 된 그것을 잡으려고 달려가노라 형제들아 나는 아직 내가 잡은 줄로 여기지 아니하고 오직 한 일 즉 뒤에 있는 것은 잊어버리고 앞에 있는 것을 잡으려고 푯대를 향하여 그리스도 예수 안에서 하나님이 위에서 부르신 부름의 상을 위하여 달려가노라(빌 3:12-14).

누가 봐도 지금 바울의 상황에서 가장 시급한 일은 하루빨리 풀려나 자유의 몸이 되는 것이다(물론 바울은 그렇게 생각하지 않았고, 그의 관심사는 언제나 선교사역 확장과 교회 공동체의 부흥이었다). 만약 내가 바울이었다면, 빌립보서에는 다음과 같은 강요와 채근이 가득했을 것이다. "나의 출옥을 위해 기도하십시오! 총력을 다해 나를 위한 구명운동을 벌이세요! 자, 교인 수는 좀 늘었습니까? 내가 여기에 갇혀 있다고 여러분까지 가만히 있으면 안 됩니다! 시와 때를 가리지 말고 계속해서 전도하십시오! 더 많은 사역을 일으켜야 합니다!"

하지만 그의 편지에는 전혀 다른, 아니 완전히 엉뚱한 소리가 적혀 있었다. "지금 저의 관심사는 죽고 사는 문제나 사역이 아닙니다. 저는 주님 안에서 하나님의 부르심을 바라보고 있습니다. 그 부르심 하나면 됩니다. 다른 것에는 조금도 미련이 없습니다."

그것은 어떤 부르심인가? 바로 그리스도 예수께 붙들린 삶이다. 감옥에 갇혀 있는 것처럼 주님 안에 붙잡혀 살아가는 것이다. 즉, 그분과의 온전한 연합과 관계 회복을 말하는 것이다. 그는 지금 자신이 그것을 갈망하고 사모한다고 고백하고 있다. 그래서 주님을 만나기 전 유대교 수호자와 율법주의자로서의 삶을 내버리는 것은 물론, 주님을 만난 뒤 이방인의 사도와 복음 전파자로서의 삶까지 미완성의 불완전한 것으로 취급하고 있다. 도대체 그리스도 예수께 잡히는 것이 무엇이기에 다른 사람도 아닌 사도 바울이 자신의 인생 전체를 부인한단 말인가? 선한 일을 하다가 감옥에 갇혀 있으면서 어떻게 그 일이 무의미하고 부족하다고 말할 수 있을까?

> 내가 그리스도와 그 부활의 권능과 그 고난에 참여함을 알고자 하여 그의 죽으심을 본받아 어떻게 해서든지 죽은 자 가운데서 부활에 이르려 하노니 (빌 3:10-11).

사도 바울이 그토록 간절히 바라본 것은, 주님의 십자가 고난과 죽음, 그리고 부활의 영광에 참여하는 것이었다. 그는 주님의 십자가에서 그분과 함께 죽고, 그분의 생명으로 다시 살기 원했다. 그것이 바로 주님께 잡힌 바 된 삶의 출발점이기 때문이다. 감옥에 갇혀 있는 사도 바울이 어떤 상황 속에서도 기뻐하라는 내용을 담은 빌립보서를 기록할 수 있었던 것도 이 비밀 덕분이었을 것이다.

주님의 십자가 앞에 서고 그 십자가 앞에서 죽으며 그 너머의 빈 무덤을 체험할 때, 창조 이전부터 계획된 하나님과 우리의 친밀한 관계가 회복되고 우리 삶과 세상 가운데 그분의 나라가 시작된다. 예배와 신앙의 장애를 겪고 있는 개인과 공동체를 바라보는 아픔의 시간 속에서 주님은 내게 이것을 가르쳐 주셨다.

그렇다면 어떻게 해야 십자가를 통해 주님이 행하신 바를 경험하고, 그 은혜와 역사에 참여할 수 있을까? 이 질문을 붙잡고 기도하며 묵상하는 가운데 주님은 출애굽기에 등장하는 성막에 주목하게 하셨다.

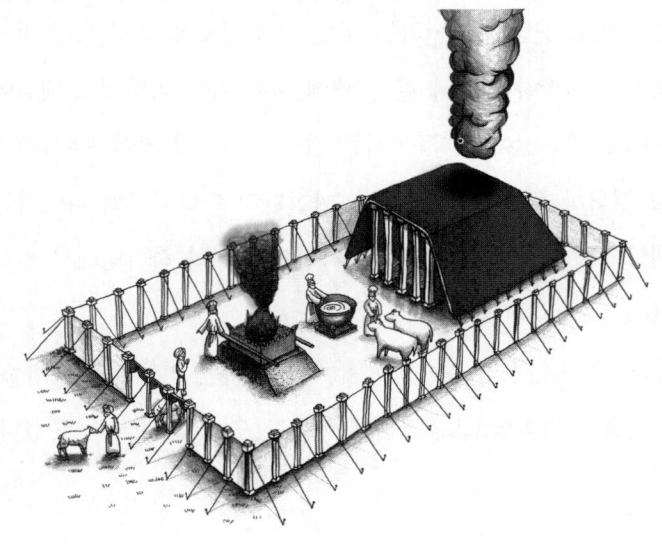

사실, 성막에 관해 진지하게 묵상하고 연구해 본 사람은 그리 많지 않을 것이다. 어려운 신학적 내용을 담고 있거나 내 삶의 현장과는 무관한 골동품처럼 느껴지기 때문이다. 그러나 성막의 핵심은 우리와 밀접한 관련이 있다. 성막은 바로 예수 그리스도의 고난과 죽으심, 구속의 은혜와 사랑을 예표하는 간단한 상징이다. 복음의 엄청난 비밀의 문을 여는 십자가 사건을 보여 주는 것이며, 그 과정을 고스란히 경험할 수 있게 해준다.

성막을 통해 우리는 주님의 십자가에서 함께 죽고 주님의 빈 무덤에서 다시 사는 '신앙의 첫 단추'를 올바로 끼울 수 있고, 잃어버린 아들을 그리워하며 한순간도 잊지 못하는 아버지의 마음과 사랑을 체험할 수 있다. 이것이 먼지 쌓인 골동품 창고 같은 구약 이야기에서 성막을 꺼내어 함께 살펴보려는 이유다.

성막을 모르고 신앙생활을 하는 것은 전체 경로를 따져 보지 않고 장거리 운전을 시작하는 것과 같다. 땅에 길이 있듯 바다에도 뱃길이 있고 하늘에도 항공길이 있다. 어디든 길을 알아야만 가야 할 목적지에 빠르고 정확하게 도착할 수 있다. 마찬가지로 하나님께 나아가는 우리의 신앙에도 길이 있다. 그 길은 사람이 아니라 하나님께서 친히 내신 길이다.

하나님을 만나는 것 말고는 답이 없어 방황하는 인생들을 위해 하나님은 성막을 디자인함으로, 그분께 나아갈 수 있는 지도를 주셨다.

선함도 없고 거룩함도 없는 인생이 거룩하신 하나님을 만날 수 있는 길이 성막에 계시되어 있다. 성막이 하나님 앞으로 나아가는 새롭고 산 길(living way)이며 온전한 중보자이신 예수 그리스도를 나타내기 때문이다.

내가 곧 길이요 진리요 생명이니 나로 말미암지 않고는 아버지께로 올 자가 없느니라(요 14:6).

성막의 모든 구성 요소와 관련 절차는 길과 진리와 생명이신 예수 그리스도를 예표한다. 성막은 하나님이 광야에서 제사를 드릴 때 쓰라고 던져 주신 구닥다리 예배 처소가 아니라, 주의 백성이 진정한 십자가의 도를 경험하게 해주는 '복음의 로드맵'(roadmap)이다. 또한 성막은 죄와 상처로 찌든 인생이 십자가 앞에서 회개한 뒤에도 다시 이전의 삶을 반복하는 악순환의 고리를 끊어 버리고, 하나님의 보좌 앞으로 나아가 십자가의 회복을 넘는 복의 통로로 세움 받는 선순환의 길로 인도하는 '예배의 로드맵'이기도 하다. 그러므로 성막 이해를 빼놓고 예배를 말하는 것은 기초 없이 집을 세우는 것과 같다. 그래서 우리에겐 주님의 십자가 앞에 서서 복음의 핵심을 체험하게 해줄 성막이 필요하다.

물론 구약의 제사는 이미 끝났다. 죄사함을 위해 짐승의 피를 흘리는 제사는 이제 우리에게 필요 없다. 하지만 주님이 어떻게 우리의 죄를 씻으셨는지, 거역한 우리를 어떻게 용서하셨는지, 어떻게 부활 생명에 참여하게 하셨는지, 또한 복음에 담긴 놀라운 약속과 축복을 어떻게 누리게 하셨는지 분명히 알아야 한다. 그러한 예배와 복음의 로드맵이 바로 성막에 담겨 있다.

CHAPTER 2

성막을 우리에게 주시기까지

하나님은 그 무엇보다도
사람을 가장 좋아하신다

창세기를 보면, 하나님이 세상을 창조하시며 "좋다!"(good) 하고 자화자찬하시는 모습이 여러 번이나 나온다. 특히, 자신의 형상을 따라 사람을 창조하신 후에는 모든 것을 둘러보시고 "심히 좋았더라!"(히브리어로 '베히네 토브 메오드', 영어로 'very good')고 감탄하셨다(창 1:31). 여기서 '좋았더라'로 번역된 히브리어 '토브'(טוב)는 '결핍이나 모자람은 물론 어두움과 악한 기운조차 없는, 거룩하신 하나님과 완벽한 조화를 이룬 상태'를 의미한다(http://reformednews.co.kr/sub_read.html?uid=1972&section=sc10 참고). 흙으로 빚고 코에 생기를 불어넣는 사랑의 수고를 통해 창조된 인생이, 하나님 보시기에 정말 좋았던 것이다.

그래서 하나님은 아담에게 세상을 지배하고 정복하고 다스리라 명하셨다. 창조한 모든 것에 이름을 지어 보라고 하셨고, 아름다운 에덴동산에서 하나님과 교제하며 영생을 누리려면 어떤 선택을 해야 하는지 동산 중앙의 두 나무를 통해 자상하게 일러 주셨다. 또한 하나님은 자신과 교제할 수 있는 특권을 아담과 하와에게 허락하셨다. 그들의 불순종으로 말미암아 죄가 세상에 들어오기 전까지 하나님은 그들과 함께하는 것을 즐거워하셨을 것이다.

이스라엘 백성에게 성막을 주신 배경에도 하나님의 그런 마음이 스며들어 있다. 애굽을 떠난 지 3개월이 되었을 때, 시내산에서 하나님은 언약을 맺기 원하시는 그분의 마음을 백성에게 알리셨다. 매우 인격적이신 하나님이다. 계약이란 신뢰할 수 있는 대상과 맺는 법인데, 출애굽 이후 시내산에 이르기까지 백성의 행적을 생각해 보면 절대로 있을 수 없는 일이기 때문이다.

수르 광야에서 물을 찾아 헤매던 백성은 마라에서 찾은 물이 쓰다고 원망했다. 신 광야에서는 양식이 없다고 원망했다. 그러나 하나님은 이 불손한 백성을 위해 반석에서 물을 내고, 만나와 메추라기로 먹이셨다. 게다가 이제는 한 걸음 더 나아가, 돌아서면 다른 소리를 하는 '신용 불량' 백성을 끌어안고 언약까지 맺으신다(출 24장). 알고 보면 주님의 제안에는 격려와 사랑이 듬뿍 들어 있었다.

너희가 내 말을 잘 듣고 내 언약을 지키면 너희는 모든 민족 중에서 내 소유가 되겠고 너희가 내게 대하여 제사장 나라가 되며 거룩한 백성이 되리라 (출 19:5-6).

모세를 통해 언약의 내용을 전해 들은 이스라엘 백성은 곧바로 "여호와께서 명령하신 대로 우리가 다 행하리이다!"(출 19:8) 하고 합창했다. 다디단 꿀떡을 단번에 삼키듯 너무 쉽게 순종을 맹세한 것이다. 그들은 자신들이 지켜야 할 율법에 대한 책임을 인식하지도 못했고, 언약에 의해 주어진 복을 받을 수 있는 그릇과도 같은 '신분 변화'에도 관심이 없었다. 마치 십자가 없는 부활만을 바라보며, 이기적인 성공과 번영에 사로잡혀 있었다.

이미 질릴 정도로 이스라엘 백성을 경험한 모세로서는 아마도 그들의 고백이 마음 중심에서 나온 것이 아니라 말뿐임을 잘 알았을 것이다. 모세도 아는 것을 하나님이 모르셨을까? 당연히 알고 계셨다. 장차 그들이 그분께 불순종할 것임을 내다보셨을 것이다. 그럼에도 하나님은 이스라엘과 피의 언약(출 24:8)을 체결하신다. 왜 그러셨을까?

하나님은 우리와 관계하실 때, 믿음이 아니라 사랑에 닻을 내리신다. 우리가 믿을 수 없는 존재임을 누구보다 잘 알지만, 그래도 끝까지 신뢰를 보내 주시는 분이다. 언제나 우리의 눈높이로 대화하며 함께해 주시는 거룩한 믿음의 아버지이시다. 이 거룩한 믿음은 바로 하나님의 사랑 안에서 역사한다. 그래서 성경도 "하나님은 믿음이시다"라고 하지 않고, "하나님은 사랑이시다"라고 선포하는 것이다(요일 4:16).

때로 영적 성숙의 생장점이 터질 때가 있다. 그것은 믿을 수 없는 우리를 믿어 주시고 바랄 수 없는 우리를 바라 주시며 사랑할 가치도 없는 우리를 끝까지 사랑해 주시는 하나님의 눈과 마음을 보게 되는 은혜와 진리가 열릴 때다.

그래서 하나님은 은혜와 진리로 충만한 성막을 통해, 그럼에도 우리를 늘 사랑해 주시는 아버지의 사랑을 가르쳐 주시길 원하셨다. 하지만 이스라엘 백성은 성막 전체에 계시된, 인류의 구속을 위해 찾아오실 하나님의 어린양 예수 그리스도를 보지 못했다. 하나님과 마음이 맞는 다윗 같은 소수의 사람 말고는 아무도 그렇게 하지 않았다.

죄 때문에 멀어진 거리를 없애기 원하시는 하나님의 마음

인류 역사의 꼭두새벽, 아담과 하와가 하나님 앞에 죄를 범했다. 이내 그들은 자신들이 벌거벗었음을 깨달았고, 수치(shame)와 죄의식

(guilty)에 사로잡혔다. 그 때문에 무화과나무 잎으로 옷을 만들어 수치를 가리려고 했다. 하지만 그 옷은 며칠만 지나면 말라 부서져서 자꾸 그들의 수치를 드러냈기 때문에, 나뭇잎을 엮어 옷을 만드는 수고를 끊임없이 반복해야 했다. 그럴 때마다 사탄은 죄의식을 증폭시키는 정죄의 불화살을 사정없이 쏘아댔다.

나뭇잎이 시들어 수치심을 느낄수록 더 무거워지는 정죄감에 피로워하는 아담과 하와를 불쌍히 여기신 하나님은 그들을 자유케 할 방법을 찾으셨고, 마침내 한 가지 조치를 취하셨다.

여호와 하나님이 아담과 그의 아내를 위하여 가죽옷을 지어 입히시니라 (창 3:21).

성경에는 이때 하나님이 지어 입히신 옷이 어떤 짐승의 가죽으로 만든 것인지 아무런 설명이 없다. 그런데 가죽은 짐승에게서만 얻을 수 있는 것이고, 그 짐승은 반드시 피를 흘리며 목숨을 잃어야 했을 것이다. 인간의 수치심과 정죄감을 해결하기 위해 피 흘려 죽는 역할을 맡기 적당한 짐승이라면 무엇이 있을까? 아마도 양, 그중에서도 어린 양이 아니었을까? 누가복음 15장에서 돌아온 탕자에게 변함없는 사랑을 표현하며 채색 옷을 입혀 준 아버지처럼, 분명히 하나님은 어린양의 피로 붉게 물든 가죽옷을 지어 입히셨을 것이다. 즉, 인간이 죄를 범한 바로 그 창세기 3장에서부터 그들의 모든 죄를 용서하고 구원할 계획을 드러내 보이신 것이다.

하나님의 계획은 놀라웠다. 그것은 하나님의 독생자 예수 그리스도가 친히 어린양이 되셔서 영원히, 그리고 단번에(once for all) 온전한 속죄의 제사를 드리는 것이었다. 그러므로 어느 시대든지 이 가죽옷에서 시작된 복음 이야기에 발을 들여놓는 사람은, 예수 그리스도로 옷 입고 율법의 정죄에서 자유롭게 된다.

그러므로 이제 그리스도 예수 안에 있는 자에게는 결코 정죄함이 없나니 이는 그리스도 예수 안에 있는 생명의 성령의 법이 죄와 사망의 법에서 너를 해방하였음이라(롬 8:1-2).

'그리스도 안에' 있다는 것은 아담과 하와가 가죽옷을 입은 것과 같은 의미다. 하나님의 어린양으로 오신 주님이 우리의 자리인 십자가에 못 박혀 피 흘려 죽으셨다. 이를 믿는 자는 누구나 죄와 사망에서 해방되어 그리스도로 말미암은 의(義)의 옷을 입게 된다. 하나님은 인류의 모든 죄를 구속하신 그분의 사랑을 믿고 겸손히 자신의 죄를 고백하는 상한 심령(broken heart)을 가진 사람의 죄를 사하신다. 동이 서에서 먼 것과 같이 그의 죄를 멀리 옮기고 기억조차 하지 않으신다. 우리 힘과 노력으로 결코 성취할 수 없는 거룩함의 회복이 일어나는 것이다.

뼛속까지 죄인이며 거역과 불순종의 명수인 우리에게 '거룩함의 회복'에는 실로 어마어마한 의미가 있다. 수치심과 정죄감에서 벗어나는 것 따위는 아무것도 아니다. 여기에는 하나님의 자녀라는 신분의 변화가 깃들어 있다. 무엇보다 놀라운 것은 아담과 하와의 타락 이전의 에덴동산에서만 허락되었던, 거룩하신 하나님과의 친밀한 관계의 온전한 회복이 있다는 것이다. 예수 그리스도 안에서만 의인이 될 수 있다는 진리를 깨닫고 믿기만 하면, 누구나 그렇게 될 수 있다. 이토록 깊고 놀라운 복음을 하나님이 직접 표현하신 것이 바로 모세를 통해 이스라엘 백성에게 주신 성막이다.

엄한 아버지의 마음으로 거룩함을 가르치시는 하나님

다시 출애굽기 19장으로 돌아가 보자. 역사를 통시적(通時的)으로 내다보시는 하나님은, 이스라엘 백성이 19장에서 하나님의 모든 말씀을 지키겠노라고 맹세하고 24장에서 피의 계약까지 체결했지만, 32장에서 동일한 입술로 오리발을 내밀며 언약을 무너뜨릴 것을 아셨을 것이다. 그래서 하나님은 "나 여호와는 거룩한 하나님이다"와 함께 "너희도 거룩하라"는 메시지를 이스라엘 백성과 구별된 거리를 두고 가르치기 위해 모세에게 이렇게 말씀하신다.

> 너는 백성에게로 가서, 오늘과 내일 이틀 동안 그들을 성결하게 하여라. 그들이 옷을 빨아 입고서, 셋째 날을 맞이할 준비를 하게 하여라. 바로 이 셋째 날에, 나 주가, 온 백성이 보는 가운데서 시내산에 내려가겠다. 그러므로 너는 산 주위로 경계선을 정해 주어 백성이 접근하지 못하게 하고, 백성에게는 산에 오르지도 말고 가까이 오지도 말라고 경고하여라. 산에 들어서면, 누구든지 죽음을 면하지 못할 것이다. 그러한 사람은 아무도 손을 대지 말고, 반드시 돌로 치거나 활을 쏘아서 죽여야 한다. 짐승이든지 사람이든지, 아무도 살아남지 못할 것이라고 일러라. 그러나 산양 뿔나팔 소리가 길게 울릴 때에는 백성이 산으로 올라오게 하여라(출 19:10-13, 새번역).

거룩하신 하나님은 백성에게 성결케 하는 기간을 주셨다. 말씀에 전적으로 순종하여 성결케 된 사람들은, 산양의 뿔나팔 소리가 울려 퍼질 때 하나님이 임하시는 산에 오를 수 있었다. 여기서 양각나팔의 소리는 복음의 소리를 의미한다. 이 소리가 울려 퍼져야 하나님께 나아갈 수 있는데, 그렇게 하려면 반드시 양을 죽여야 하기 때문이다.

예수 그리스도의 십자가 죽음을 예표하는 구약의 대표적 사건 중 하나가 바로 아브라함이 이삭을 모리아 산에서 제물로 바치려 했던 일이다(창 22:1-14). 그날 아브라함의 온전한 순종을 보신 하나님은 이삭을 대신해 죽을 숫양을 준비하셨다. 여호와 이레, 즉 하나님이 그분의 산에서 직접 제물을 준비해 주신 것이다. 어쩌면 아브라함은 금보다 귀한 이삭 대신 제물이 되어 준 (예수 그리스도를 나타내는) 숫양의 뿔로 나팔을 만들어 아들에게 불어 주었을지 모른다.

어린양의 피로 정결케 된 백성은 시내산 기슭까지 올라갈 수 있었다. 그때 시내 산 전체가 연기로 가득했다. 거룩하신 하나님이 불 가운데 임재하셨기 때문이다. 산 전체가 크게 진동하고 나팔소리가 점점 더 크게 울려 퍼지는 가운데, 하나님이 모세에게 말씀하셨다.

너는 내려가서 백성에게, 나 주를 보려고 경계선을 넘어 들어오다가 많은 사람이 죽는 일이 없도록 하라고, 단단히 일러두어라. 나 주에게 가까이 오는 제사장도 자신을 성결하게 하여야 한다. 그렇게 하지 않으면, 나 주가 그들도 쳐서 죽일 것이다(출 19:21-22, 새번역).

여호와의 거룩하심을 누구보다 잘 아는 모세는, 이미 백성에게 확실하게 주의를 주었다고 대답했다.

주님께서 우리들에게, 산에 경계선을 정하여 그것을 거룩하게 구별하라고 경고하시는 명을 내리셨으므로, 이 백성은 시내산으로 올라올 수 없습니다(출 19:23, 새번역).

그러나 이스라엘 백성이 얼마나 무지하고 방자한지 아시는 하나님은 계속해서 모세를 재촉하셨다.

너는 어서 내려가서, 아론을 데리고 올라오너라. 그러나 제사장들과 백성은 나에게 올라오려고 경계선을 넘어서는 안 된다. 그들이 경계선을 넘으면, 나 주가 그들을 쳐서 죽일 것이다(출 19:24, 새번역).

이 본문에서 하나님은 시종일관 이스라엘 백성과 함께하기 원하시는 마음과 그들로부터 떨어져 있기 원하시는 마음 사이에서 갈팡질팡하시는 것처럼 보인다. 그러나 하나님의 마음을 알면, 이것이 상반된 두 가지 마음의 충돌이 아니라 동일한 태도의 두 가지 표현임을 깨닫게 된다. 아무리 추하고 악해도 하나님은 단 한 사람도 그분으로부터 멀어지거나 떨어지게 놓아두지 않으신다.

네가 수고도 아니 하였고 재배도 아니 하였고 하룻밤에 났다가 하룻밤에 말라 버린 이 박넝쿨을 아꼈거든 하물며 이 큰 성읍 니느웨에는 좌우를 분변하지 못하는 자가 십이만여 명이요 가축도 많이 있나니 내가 어찌 아끼지 아니하겠느냐(욘 4:10-11).

하나님은 모든 사람이 구원을 받으며 진리를 아는 데에 이르기를 원하시느니라(딤전 2:4).

그러나 사람이 죄인인 상태 그대로 하나님께 나아가면 끔찍한 파멸만 초래할 뿐이다.

모세가 이르되 원하건대 주의 영광을 내게 보이소서 여호와께서 이르시되 내가 내 모든 선한 것을 네 앞으로 지나가게 하고 여호와의 이름을 네 앞에 선포하리라 나는 은혜 베풀 자에게 은혜를 베풀고 긍휼히 여길 자에게 긍휼을 베푸느니라 또 이르시되 네가 내 얼굴을 보지 못하리니 나를 보고 살 자가 없음이니라(출 33:18-20).

아론의 아들 나답과 아비후가 각기 향로를 가져다가 여호와께서 명령하시지 아니하신 다른 불을 담아 여호와 앞에 분향하였더니 불이 여호와 앞에서 나와 그들을 삼키매 그들이 여호와 앞에서 죽은지라 모세가 아론에게 이르되 이는 여호와의 말씀이라 이르시기를 나는 나를 가까이하는 자 중에서 내 거룩함을 나타내겠고 온 백성 앞에서 내 영광을 나타내리라 하셨느니라 아론이 잠잠하니(레 10:1-3).

다들 한번쯤은 어릴 때 태양 빛 아래에서 돋보기를 가지고 먹지에 불을 붙이는 놀이를 해봤을 것이다. 햇빛을 하나의 초점으로 모으면 불이 붙어 순식간에 먹지가 재가 되어 버린다. 하나님이 그토록 사랑하는 인간에게 선뜻 가까이 오지 못하시는 이유도 이와 같다. 햇빛을 받으면 타 버리는 먹지처럼, 거룩하신 하나님 앞에 선 '먹보다도 더 검은' 죄인은 소멸될 수밖에 없다.

하나님이 계속해서 거룩함을 요구하시고, 율법을 통해 거룩한 삶이 무엇인지 가르치신 것은 그 때문이다. 이스라엘을 세상에서 가장 착하고 도덕적이며 윤리적으로 뛰어난 국민으로 만들기 위해서가 아니었다. 그들이 하나님의 거룩하심 앞에서 파괴되지 않고, '살아서' 그분과 관계를 유지하게 하기 위해서였다. 즉, 하나님이 그분의 속성에서 가장 중요한 거룩함을 분명하게 강조하며 가르치신 것은, 인간을 매우 사랑하시기 때문이었다. 하나님을 거역하고 범죄한 상태인데도 말이다.

이와 같이 하나님은 거룩함을 기반으로 우리와 관계를 맺고 유지하신다. 그리고 그 기반 위에 벽돌처럼 사랑을 쌓으시고, 그 사랑 안에서 생명을 얻고 더욱 풍성한 삶을 살아가게 하신다(요 10:10).

다른 것과 달리 십계명만은 직접 음성으로 들려주신 까닭은 무엇인가?

출애굽기 19장에서 하나님은 시내산 언약을 체결하기 위하여 이스라엘 백성의 마음을 준비시키신다. 그리고 20장부터 23장까지는 언약을 체결하기 위한 율법을 세우시고, 24장에서 드디어 시내산 언약을 체결하신다. 그런데 희한하게도 하나님은 율법을 세우실 때, 핵심인 십계명만은 그분의 음성으로 직접 이스라엘 백성에게 들려주신다. 왜 그렇게 하신 걸까?

'보이는' 우상에 너무나 쉽고 자연스레 마음을 빼앗기는 이스라엘 백성이, 하나님을 경외하는(fear) 마음을 갖고 범죄하지 않게 하기 위해서였다. 애당초 이스라엘 백성은 십계명을 온전히 지킬 만한 선한 마음과 의지가 없는 존재였다. 그러나 하나님은 계명을 범하더라도 그분을 기억하고 속히 돌아오라는 마음으로, 직접 음성을 생생하게 들려주셨다. 이것이 바로 아버지의 마음이다.

사실 율법은 사람이 아니라 하나님의 수준을 요구하는 것이다. 그런데도 선함이 없는 백성에게 율법을 주고 지키라고 명령하신 것에는 하나님의 의도가 숨겨져 있다. 아마도 이런 의미였을 것이다.

"너희가 율법과 계명을 어기고 고통과 어려움에 처할 때, 거기 그대로 주저앉지 마라. 아버지인 나를 기억하고 내게 달려와야 한다. 그것이 내가 너희에게 율법과 계명을 준 또 다른 이유다.

타락한 본성을 가진 너희는 내가 준 율법과 계명을 지킬 수 없다. 너희에게는 내가 너희 앞에 세운 거룩한 말씀을 지킬 수 있는 선함이 없다. 그러므로 율법과 계명을 이룰 수 없는 벽 앞에서 겸손히 자신의 한계를 인정하고 나를 바라보아라. 너희에게 생생하게 들려준 내 음성을 기억하고 달려와 엎드려라. 양각나팔 소리와 같은 복음의 소리를 듣게 될 것이다. 있는 모습 그대로 내 앞에 나오너라. 내가 너희를 위해 성막에 새겨 놓은 어린양 예수 그리스도의 피를 의지하고 나와라. 율법을 사랑으로 완성한 예수 그리스도의 십자가 보혈을 의지하고, 나의 발등상인 법궤 앞으로 나아와 엎드려라. 그곳이 은혜의 보좌 앞이다. 바로 그곳에서 심판 대신 너를 향한 나의 긍휼과 사랑을 받아 자유케 되어라. 그리고 내가 주는 진리의 사랑으로 이웃을 네 몸같이 사랑하라는 율법과 선지자의 강령을 이루거라. 오직 정직과 겸손함으로 말이다. 나는 너의 여호와니라."

이제 다시 한 번, 천지를 진동시키시며 열 가지 계명을 말씀하신 주님의 음성에 귀 기울여 보자. "어기면 반드시 죽는다"가 아니라 "이렇게 될 수 있도록 은혜를 베풀고 너를 도와주마"라고 말씀하시는 하나님의 속내가 느껴지지 않는가!

하나님이 이 모든 말씀으로 말씀하여 이르시되

1) 나는 너를 애굽 땅, 종 되었던 집에서 인도하여 낸 네 하나님 여호와니라
   너는 나 외에는 다른 신들을 네게 두지 말라
2) 너를 위하여 새긴 우상을 만들지 말고 또 위로 하늘에 있는 것이나 아래

로 땅에 있는 것이나 땅 아래 물속에 있는 것의 어떤 형상도 만들지 말며 그것들에게 절하지 말며 그것들을 섬기지 말라 나 네 하나님 여호와는 질투하는 하나님인즉 나를 미워하는 자의 죄를 갚되 아버지로부터 아들에게로 삼사 대까지 이르게 하거니와 나를 사랑하고 내 계명을 지키는 자에게는 천 대까지 은혜를 베푸느니라

3) 너는 네 하나님 여호와의 이름을 망령되게 부르지 말라 여호와는 그의 이름을 망령되게 부르는 자를 죄 없다 하지 아니하리라

4) 안식일을 기억하여 거룩하게 지키라 엿새 동안은 힘써 네 모든 일을 행할 것이나 일곱째 날은 네 하나님 여호와의 안식일인즉 너나 네 아들이나 네 딸이나 네 남종이나 네 여종이나 네 가축이나 네 문안에 머무는 객이라도 아무 일도 하지 말라 이는 엿새 동안에 나 여호와가 하늘과 땅과 바다와 그 가운데 모든 것을 만들고 일곱째 날에 쉬었음이라 그러므로 나 여호와가 안식일을 복되게 하여 그날을 거룩하게 하였느니라

5) 네 부모를 공경하라 그리하면 네 하나님 여호와가 네게 준 땅에서 네 생명이 길리라

6) 살인하지 말라

7) 간음하지 말라

8) 도둑질하지 말라

9) 네 이웃에 대하여 거짓 증거하지 말라

10) 네 이웃의 집을 탐내지 말라 네 이웃의 아내나 그의 남종이나 그의 여

종이나 그의 소나 그의 나귀나 무릇 네 이웃의 소유를 탐내지 말라(출 20:1-17).

하나님의 음성이 시내산을 덮었던 그날, 우레와 번개와 양각나팔소리가 울려 퍼지고 산 위에 연기가 피어올랐다. 그 가운데 임하신 하나님은 마음 판에 글자로 새기듯 크고 명백한 음성으로 열 가지 계명을 들려주셨다. 하나님의 음성을 처음 들은 백성은 겁에 질려 벌벌 떨었다. 심지어 모세에게 달려와 이렇게 말하는 사람들도 있었다.

당신이 우리에게 말씀하소서 우리가 들으리이다 하나님이 우리에게 말씀하시지 말게 하소서 우리가 죽을까 하나이다(출 20:19).

백성의 순종을 위해 하나님은 무엇을 준비해 주셨는가?

하나님은 이스라엘 백성의 순종을 요구하는 '언약의 책'(the book of the covenant)을 준비하셨다(출 20:22-23:33). 이 책에는 십계명의 주석적 성격을 지닌 민법, 형법, 소송법, 안식일법과 절기법들이 담겨 있다. 모세가 이 내용을 백성 앞에서 낭독한 뒤에 역사적인 시내산 언약이 체결되었다.

주님께서 모세에게 말씀하셨다.

"너는 아론과 나답과 아비후와 이스라엘의 장로 일흔 명과 함께 나 주에게로 올라와, 멀찍이 엎드려서 나를 경배하여라. 모세 너 혼자서만 나 주에게로 가까이 나아오고, 그들이 나에게 가까이 와서는 안 된다. 백성은 너와 함께 올라오지 않게 하여라."

모세가 내려와서 백성에게 주님의 말씀과 법규를 모두 전하니, 온 백성이 한목소리로 주님께서 명하신 모든 말씀을 지키겠다고 대답하였다. 모세는 주님의 모든 말씀을 기록하고, 아침 일찍 일어나서, 산기슭에 제단을 쌓고, 이스라엘의 열두 지파를 따라 기둥 열두 개를 세웠다.

그는 이스라엘 자손들 가운데서 젊은이들을 보내어, 수송아지들을 잡아 주님께 번제를 올리게 하고, 화목제물을 드리게 하였다. 모세는 그 피의 절반은 그릇에 담아 놓고, 나머지 절반은 제단에 뿌렸다. 그리고 그가 '언약의 책'을 들고 백성에게 낭독하니, 그들은 "주님께서 명하신 모든 말씀을 받들어 지키겠다"고 말하였다.

모세는 피를 가져다가 백성에게 뿌리며 말하였다. "보십시오, 이것은 주님께서 이 모든 말씀을 따라, 당신들에게 세우신 언약의 피입니다."

모세는 아론과 나답과 아비후와 이스라엘의 장로 일흔 명과 함께 올라갔다. 거기에서, 그들이 이스라엘의 하나님을 보니, 그 발 아래에는 청옥을 깔아 놓은 것 같으며, 그 맑기가 하늘과 꼭 같았다(출 24:1-10, 새번역).

말씀에 순종할 수 없는 완악한 백성에게 하나님은 그들이 순종해야 할 말씀을 주셨다. 그리고 순종을 맹세한 백성을 위해 스스로 피의 언약을 세우셨다.

하나님이 피의 언약을 세우시는 이유는 무엇인가?

하나님이 이스라엘과 피의 언약을 세우신 이유를 알려면, 그분이 믿음의 조상인 아브람과 언약을 체결하신 창세기 15장으로 거슬러 올라가야 한다.

창세기 14장에서 아브람은 집에서 길러낸 사병 318명으로 그돌라오멜과 그의 동맹국 왕들을 쳐부수고, 조카 롯을 구해 돌아온다. 적들의 보복 공격을 걱정하던 아브람에게 하나님이 찾아오셨다.

이후에 여호와의 말씀이 환상 중에 아브람에게 임하여 이르시되 아브람아 두려워하지 말라 나는 네 방패요 너의 지극히 큰 상급이니라(창 15:1).

그리고 아브람에게 두 가지를 약속하셨다. 이것은 약속이라기보다는 다윗이 받은 것처럼 보증에 가까운 일방적 내용이었다.

첫째, 너는 아직 자식이 없지만 장차 하늘의 뭇별처럼 창대한 후손을 얻게 될 것이다.
둘째, 지금 네가 살고 있는 가나안 땅을 너와 네 후손에게 주겠다.

그러고 나서 하나님은 3년 된 암소, 3년 된 암염소, 3년 된 숫양, 산비둘기와 집비둘기 새끼를 가져다가 새를 제외한 나머지 제물의 중간을 쪼갠 뒤, 그 쪼갠 것을 마주 대하게 하셨다. 그리고 아브람의 후손이 객이 되어 400년 동안 이방을 섬기게 될 것을 예언하시고, 아모리 족속의 죄악이 찰 때 즈음에 다시 가나안으로 돌아오게 될 것을 말씀하셨다. 그리고 하나님과 아브람의 계약이 이루어진다.

해가 져서 어두울 때에 연기 나는 화로가 보이며 타는 횃불이 쪼갠 고기 사이로 지나더라(창 15:17).

당시 고대 근동 지역에는 두 가지의 언약 방식이 있었는데, 바로 서로 동등한 관계에서 맺는 언약(parity covenant)과 주종관계에서 맺는 언약(suzerainty covenant)이었다. 주종관계에서 맺는 언약의 경우, 종의 위치에 있는 자가 쪼개 놓은 고기 사이를 지나가는 것으로 의식을 마무리했다. 이는 '언약을 지키지 못할 경우, 쪼개 놓은 고기처럼 죽겠다'라고 서약하는 것이다(렘 34:18-20). 이러한 언약 문화를 잘 아는 아브람에게 있어서 하나님이 쪼갠 고기 사이를 지나가셨다는 사실은 말로 표현할 수 없는 감동 그 자체였을 것이다. 그런데 왜 하나님은 쪼갠 고기 사이로 직접 왕래하신 것일까? 종의 역할은 당연히 아브람의 몫인데 말이다.

이는 하나님이 친히 스스로를 낮춰 종이 되신 것이다. 언약을 지키지 못해 죽을 수밖에 없는 우리의 모습으로 우리의 자리에 서서 피의 언약을 맺으신 것이다. 굉장히 익숙한 이야기 아닌가? 이는 곧 주님의 십자가 대속을 의미한다. 그러므로 하나님은 이 언약을 아브람과만 맺으신 게 아니다. 믿음의 이스라엘인 우리와도 맺으신 것이다. 그리고 이 '피의 언약'을 가시적으로 표현한 것이 바로 성막이다.

너희 안에 이 마음을 품으라 곧 그리스도 예수의 마음이니 그는 근본 하나님의 본체시나 하나님과 동등됨을 취할 것으로 여기지 아니하시고 오히려 자기를 비워 종의 형체를 가지사 사람들과 같이 되셨고 사람의 모양으로 나타나사 자기를 낮추시고 죽기까지 복종하셨으니 곧 십자가에 죽으심이라 (빌 2:5-8).

하나님은 항상 능동적이고 적극적으로 먼저 다가오시는 분이다. 우리의 연약함과 죄의 실상을 다 아시면서도 먼저 우리를 사랑하셨고, 성육신의 모습으로 먼저 우리를 찾아오셨고, 먼저 종이 되어 주종관계의 언약을 체결하셨다. 그래서 피의 언약을 몸소 성취하신 예수님의 보혈에는 죄사함의 능력이 흐른다. 죽기까지 자신을 내어 주신 하나님 사랑의 능력이다. 사랑보다 강한 힘은 없다.

피의 능력은 하나님을 보게 한다

출애굽기 24장의 시내산 언약은 모세가 이스라엘 백성에게 율법을 선포하며 시작되었고, 이스라엘 백성이 "여호와의 말씀을 우리가 준행하리이다"라고 화답하며 체결되었다.

그런데 여기서 주목해야 할 것이 있다. 이스라엘 백성의 대답이 입에서 떨어지자마자 모세가 단에서 취한 피를 그들에게 뿌리며 이렇게 선포한 것이다.

> 여호와께서 이 모든 말씀에 대하여 너희와 세우신 언약의 피니라(출 24:8).

하나님이 친히 이 언약에 대한 책임을 지겠다고 말씀하신다. 하지만 당시 이스라엘 백성은 피 뿌림에 담긴 하나님의 책임지는 사랑을 이해할 수 없었다. 그렇게 하기에는 너무나 강하게 자아에 묶여 있었다. 놀라운 사랑을 받고도 감동할 줄 모르는 것은, 자기 목숨을 구해 주고 죽은 부모의 은혜를 모르는 것과 같다. 출애굽한 이스라엘 백성은 이렇게 하나님의 앞에서도 천방지축으로 행동하는 미성숙한 상태였다. 죄 가운데 빠져 있으면서 전혀 깨닫지 못하는 무지한 자들이었다.

그럼에도 하나님은 이스라엘 백성을 눈동자처럼 사랑하셔서, 모세를 통해 그들에게 피를 뿌리셨다. 그리고 그 피의 능력을 보여 주기 위해, 모세와 아론과 나답과 아비후와 장로 칠십 명을 보좌 앞으로 초대하셨다.

모세와 아론과 나답과 아비후와 이스라엘 장로 칠십 인이 올라가서 이스라엘의 하나님을 보니 그의 발 아래에는 청옥을 편 듯하고 하늘같이 청명하더라 하나님이 이스라엘 자손들의 존귀한 자들에게 손을 대지 아니하셨고 그들은 하나님을 뵙고 먹고 마셨더라(출 24:9-11).

사람이 하나님을 봤는데 죽기는커녕 그분과 더불어 먹고 마셨다. 실로 인류 역사 이래 전무후무한 초유의 사건이었다. 피를 의지하고 나아가면 거룩하신 하나님을 만나 교제할 수 있음을 하나님이 몸소 가르쳐 주신 것이다. 언약의 식탁(Covenant table)이 마련되었다. 하나님과 이스라엘이 세운 피의 언약은, 하나님이 종의 자리에서 죽으심으로 섬기는 사랑의 언약이다. 죽음보다 강한 이 사랑의 언약을 모세의 대변자인 아론에게 적용하신 것을 보라.

아론은 모세가 시내산에 올라가 하나님 앞에 머물고 있을 때, 백성의 요구대로 금송아지를 만든 장본인이다. 심지어 그는 "이스라엘아 이는 너희를 애굽 땅에서 인도하여 낸 너희 신이라"는 참담한 말까지 했다. 출애굽기 24장에서 하나님과 맺은 언약을 파기하는 데 앞장선 셈이다.

그러나 이토록 엄청난 죄를 지은 아론도 모세와 함께 하나님 앞에 나아갔고, 하나님은 그에게 죽음의 형벌을 내리지 않으셨다. 그가 피로 맺은 언약의 식탁에 참여했기 때문이다. 이 얼마나 놀라운 사랑인가!

주님이 제자들과 나누신 최후의 식탁 교제도 그분의 피로 세운 새 언약의 체결이었다(눅 22:19-20). 주님은 자신의 살과 피를 떡과 음료로 나눠 주셨다. 이것이 십자가에 나타난 하나님의 사랑이다.

언약의 피 안에 흐르는 하나님의 사랑

그렇다면 시내산 언약에 흐르는, 우리 인간을 향한 하나님의 사랑은 어떤 사랑일까?

인격적이며 책임지는 사랑

하나님이 인간과 언약을 맺으신 것만 봐도 그분은 우리를 상상 이상으로 인격적으로 대우해 주신다. 하지만 우리는 '선악을 아는 열매'를 놓고서 언약을 맺으신 하나님의 깊은 경륜(經綸)을 한정된 인간의 논리로 풀어 보려 애쓰며, 그분이 모순된 것처럼 이야기하거나 심지어 대적하고 있다.

하나님은 죄성에 물든 인생이 얼마나 악한 존재인지 누구보다 잘 아신다. 그럼에도 창조주로서의 책임을 지기 위해 독생자 예수 그리스도를 속죄 제물 삼아 피를 흘리셨다. 이와 같이 피의 언약 속에는 인간을 대신하여 직접 책임을 지시는 사랑이 흐르고 있다.

섬기는 사랑

하나님은 창조주가 아니라 종의 형상으로 책임의 자리로 내려가셨다. 이와 같이 피의 언약 속에는 패역한 자녀를 오래 참으며 끝까지 섬기시는 사랑이 흐르고 있다.

진리에 기초한 사랑

아담과 하와가 선악과를 먹은 이래 인간은 자기중심적인 선을 기준으로, 타인을 악하다고 보는 율법의 눈이 밝아졌다. 이웃을 정죄하며 자신의 의를 들어내는 악순환에서 벗어날 수 없었다. 그러나 이러한 악순환의 고리를 끊고 생명의 성령의 법이 다스리는 선순환(善循環)의 삶을 사는 길을 열어 주는 보혈의 능력 안에는 강력한 진리의 사랑이 흐른다.

대속의 사랑

선악을 알게 하는 나무에서 시작된 원죄의 뿌리는, 생명나무이신 예수 그리스도의 성육신과 대속의 역사로 완전히 제거되었다. 인간의 연약함을 친히 경험하시고 "율법을 따라…피 흘림이 없이는 죄사함이 없다"(히 9:22)는 말씀을 이루어 주시는 대속의 사랑이 피의 언약 속에 흐르고 있다.

친밀한 사랑

주님은 마음이 청결한 자가 하나님을 보는 복을 누린다고 말씀하셨다 (마 5:8). 십자가 복음으로 거룩함을 회복한 사람은 담대하게 하나님께 나아갈 수 있기 때문이다. 이러한 사람은 종이 아니라 하나님의 친구가 되는 극적인 신분의 변화를 경험한다. 이와 같이 피의 언약 속에는 거룩함에서 친밀감으로 이어지는 사랑이 흐르고 있다.

베푸는 사랑

하나님은 자신의 형상을 닮은 인생을 사랑하신다. 그래서 늘 찾아오셔서 마음의 문을 두드리신다.

볼지어다 내가 문밖에 서서 두드리노니 누구든지 내 음성을 듣고 문을 열면 내가 그에게로 들어가 그와 더불어 먹고 그는 나와 더불어 먹으리라 (계 3:20).

피의 언약 덕분에 우리는 마음의 문을 열고 하나님과 행복한 잔치를 누릴 수 있게 되었다. 이것이 바로 풍성하고 넉넉하게 베풀어 주시는 하나님의 사랑이다.

하나님은 이스라엘 백성의 과거와 현재와 미래를 한눈에 보시는 전능한 분이다. 그래서 창세기 15장에서부터 미리 아브람과 주종관계의 언약을 준비하셨고, 백성의 언약 파기에 대한 책임까지 하나님이 지실 것을 미리 말씀하신 것이다.

없으면 더 좋았을, 가슴 아픈 출애굽기 32장

모세는 약속된 메시아를 위해 받는 고난을 이집트의 보물보다 더 값진 것으로 여겼습니다. 그것은 장차 상 받을 것을 기대하고 있었기 때문입니다. 믿음으로 모세는 왕의 분노를 두려워하지 않고 이집트를 떠났습니다. 그는 보이지 않는 하나님을 보는 것같이 꾸준히 견디어 나갔던 것입니다(히 11:26-27, 현대인의성경).

날마다 모세는 보이지 않는 하나님을 바라보며 살았다. 아마 이런 믿음 때문에 하나님은 모세에게 주님의 보혈을 예표하는 피의 언약을 맡기고, '피의 집'인 성막을 계시하셨을 것이다. 왜냐하면 모세 말고는 이스라엘 백성 중 아무도 피의 언약의 참 의미와 가치에 관심을 두거나 헤아려 보려 하지 않았기 때문이다. 어쩌면 하나님은 이스라엘과 맺는 언약의 결과에 대해 이런 비장한 각오를 하셨을지 모른다.

"내 말을 준행하겠다고 합창하듯 대답했지만, 너희는 얼마 지나지 않아 영적 간음을 저지를 것이다. 그때 나는 질투하여 너희를 멸절시키고 싶을 테지만, 너희를 생명같이 사랑하는 모세의 중보기도와 질투보다 강한 내 사랑이 피의 언약을 기억하게 할 것이며, 너희를 있는 모습 그대로 받아들여 회복시킬 것이다."

너무나 안타깝게도 이 일은 그대로 벌어지고 말았고, 출애굽기 32장은 이렇게 시작된다.

백성은, 모세가 산에서 오랫동안 내려오지 않으니, 아론에게로 몰려가서 말하였다. "일어나서, 우리를 인도할 신을 만들어 주십시오. 우리를 이집트 땅에서 올라오게 한 모세라는 사람은 어떻게 되었는지 모르겠습니다."

아론이 그들에게 말하였다. "여러분의 아내와 아들딸들이 귀에 달고 있는 금고리들을 빼서, 나에게 가져오시오."

모든 백성이 저희 귀에 단 금고리들을 빼서, 아론에게 가져왔다. 아론이 그들에게서 그것들을 받아 녹여서, 그 녹인 금을 거푸집에 부어 송아지 상을 만드니, 그들이 외쳤다. "이스라엘아! 이 신이 너희를 이집트 땅에서 이끌어 낸 너희의 신이다." 아론은 이것을 보고서 그 신상 앞에 제단을 쌓고 "내일 주님의 절기를 지킵시다" 하고 선포하였다.

이튿날 그들은 일찍 일어나서, 번제를 올리고, 화목제를 드렸다. 그런 다음에, 백성은 앉아서 먹고 마시다가, 일어나서 흥청거리며 뛰놀았다(출 32:1-6, 새번역).

하나님이 모세에게 해야 할 일을 자세히 알려 주시는 동안, 산 아래에서는 아론을 중심으로 하나님이 가장 가증히 여기시는 일이 벌어지고 있었다. 생사 여부가 불투명한 채 지도자가 나타나지 않자, 백성은 아론을 찾아가 "우리를 위하여 우리를 인도할 신을 만들라"(1절)고 압박하기 시작했다. 그때 아론은 인생 최대의 실수를 저지르고 만다. 백성이 애굽에서 가져온 금붙이를 모아 애굽인들이 섬겼던 다산(多産)과 풍년의 신인 아피스(Apis)를 본 뜬 송아지 모양의 우상을 만든 것이다. 그리고 이스라엘 백성은 제어장치가 망가진 자동차가 내리막길을 굴러가듯 더욱 황당하고 참람한 짓을 벌이기 시작했다. 아론은 여호와의 절일을 선포하고, 백성은 자신들이 만들어 낸 금송아지 앞에서 번제와 화목제를 드리며 먹고 마시며 축제를 벌였다.

누구에게든 정과 욕심의 불화살이 마음(heart)에 꽂히면 걷잡을 수 없는 대형화재로 번질 때가 있다. 특히 눈에 보이는 탐욕의 대상이 생사화복을 주관하는 영이신 하나님을 가릴 때는, 이미 사탄의 전면공격이 시작된 것이다. 이때는 여호와 하나님을 피난처 삼고 주님께 달려가 겸손히 엎드리는 것 외에 다른 길이 없다.

하나님을 경외해야 할 백성이 우상숭배와 혼합종교 의식을 행하자 하나님은 크게 분노하셨다. 그리고 모세에게 이렇게 말씀하셨다.

어서 내려가 보아라. 네가 이집트 땅에서 이끌어 낸 너의 백성이 타락하였다. 그들은, 내가 그들에게 명한 길을 이렇게 빨리 벗어나서, 그들 스스로 수송아지 모양을 만들어 놓고서 절하고, 제사를 드리며 '이스라엘아! 이 신이 너희를 이집트 땅에서 이끌어 낸 너희의 신이다' 하고 외치고 있다.…나는 이 백성을 살펴보았다. 이 얼마나 고집이 센 백성이냐? 이제 너는 나를 말리지 말아라. 내가 노하였다. 내가 그들을 쳐서 완전히 없애 버리겠다. 그러나 너는, 내가 큰 민족으로 만들어 주겠다(출 32:7-10, 새번역).

이 말씀에 충격을 받은 모세는 즉시 하나님 앞에 엎드려 탄원했다.

주님, 어찌하여 주님께서 큰 권능과 강한 손으로 이집트 땅에서 이끌어 내주신 주님의 백성에게 이와 같이 노하십니까? 어찌하여 이집트 사람이 '그들의 주가 자기 백성에게 재앙을 내리려고, 그들을 이끌어 내어, 산에서 죽게 하고, 땅 위에서 완전히 없애 버렸구나' 하고 말하게 하려 하십니까? 제발, 진노를 거두시고, 뜻을 돌이키시어, 주님의 백성에게서 이 재앙을 거두어 주십시오. 주님의 종 아브라함과 이삭과 이스라엘을 기억하여 주십시오. 주님께서 그들에게 맹세하시며 이르시기를 '내가 너희의 자손을 하늘의 별처럼 많게 하고, 내가 약속한 이 모든 땅을 너희 자손에게 주어서, 영원한 유산으로 삼게 하겠다'고 하셨습니다(출 32:11-13, 새번역).

모세는 자신의 이름을 생명책에서 지워도 좋으니 백성에게 긍휼을 베풀어 달라고 간절히 기도했다. 그때 중보자 모세의 기도를 들으신 주님께서 뜻을 돌이키셨다. 이스라엘 백성에게 내리려던 재앙을 거두셨다. 모세의 중보기도 안에 흐르는 백성을 향한 사랑이 하나님의 마음을 돌린 것이다. 그런데 이때까지만 해도 모세는 산 아래에 벌어진 충격적인 상황을 주님께 들었을 뿐 직접 보지는 못한 상태였다.

주님이 마음을 돌이키시자마자 모세는 몸을 돌이켜 황급히 산을 내려왔다. 그는 주님이 만들어 주신 '증거의 두 판'을 들고 있었는데, 그 판 양면에는 하나님이 직접 적어 주신 십계명이 기록되어 있었다. 그런데 어디선가 요란한 소리가 들려왔다. 싸움이라도 벌어진 줄 착각할 정도로 시끌벅적한 그 소리는 육욕의 흥겨움에 취한 노랫소리였다.

이윽고 모세의 눈에 난생처음 보는 참담한 광경이 들어왔다. 이스라엘 백성이 금송아지 주위를 돌며 춤을 추고 있었던 것이다. 머리끝까지 화가 난 모세는 하나님이 주신 돌판을 내던졌고, 돌판은 모두 박살이 나 버렸다.

성막을 디자인하신 하나님의 사랑

시간을 거슬러 다시 출애굽기 24장으로 가 보자. 모세가 산에 올랐다. 하나님의 계명을 받으러 가는 것이다. 아론은 훌과 함께 산 아래 남았고, 이스라엘의 다음 세대를 대표하는 여호수아가 모세와 동행했다.

여호와께서 모세에게 이르시되 너는 산에 올라 내게로 와서 거기 있으라 네가 그들을 가르치도록 내가 율법과 계명을 친히 기록한 돌판을 네게 주리라 모세가 그의 부하 여호수아와 함께 일어나 모세가 하나님의 산으로 올라가며 장로들에게 이르되 너희는 여기서 우리가 너희에게로 돌아오기까지 기다리라 아론과 훌이 너희와 함께하리니 무릇 일이 있는 자는 그들에게로 나아갈지니라 하고 모세가 산에 오르매 구름이 산을 가리며 여호와의 영광이 시내산 위에 머무르고 구름이 엿새 동안 산을 가리더니 일곱째 날에 여호와께서 구름 가운데서 모세를 부르시니라 산 위의 여호와의 영광이 이스라엘 자손의 눈에 맹렬한 불같이 보였고 모세는 구름 속으로 들어가서 산 위에 올랐으며 모세가 사십 일 사십 야를 산에 있으니라(출 24:12-18).

하나님이 모세를 시내산으로 부르신 데에는 이유가 있었다. 그것은 "네가 그들을 가르치도록 내가 율법과 계명을 친히 기록한 돌판을 네게 주리라"는 말씀에 나타나 있다. 그런데 하나님은 율법이 아니라 직접 디자인하신 성막에 대한 말씀만 속사포처럼 쏟아내신다. 계명을 담은 돌판을 받으러 갔는데 엉뚱한 성막 이야기만 하시자, 모세는 의아했을 것이다.

지성소의 속죄소와 언약궤(법궤, 증거궤)부터 성소의 진설병상과 금촛대와 금향단, 그리고 뜰의 물두멍과 번제단, 섬기는 제사장의 복장과 제사장의 위임식 규례, 상번제 규례, 성막의 물품 제도와 성막 제작과 안식일 규례까지…. 하나님은 이 모든 것을 알려 주신 뒤에야 돌판 두 개에 십계명을 새겨 주셨다. "여호와께서 시내산 위에서 모세에게 이르시기를 마치신 때에 증거판 둘을 모세에게 주시니 이는 돌판이요 하나님이 친히 쓰신 것이더라"(출 31:18).

하지만 십계명이 새겨진 돌판은 한 번 제대로 이행해 보지도 못한 채 모두 부서지고 말았다. 모세에게 남은 거라곤, 귀에 못이 박이도록 하나님이 말씀하셨던 '성막의 기억'뿐이었다. 율법으로는 결코 의에 이를 수 없으며, 오직 주님이 피 흘려 죽으신 십자가 복음으로만 참된 구원을 얻을 수 있음을 시사해 주는 대목이다.

죄는 끝까지 미워하나 인간은 매우 사랑하시는 하나님은 그분이 가장 싫어하는 죄악을 자행하고 있을 때에라도 죄사함 받는 길과 그분과 화목하는 길, 그리고 하나님 나라를 위해 헌신하는 길을 준비해 주셨다. 그것이 하나님의 감동적인 사랑이 깃든 성막이다.

그래서 성막은 항상 백성이 거하는 야영지의 한가운데 세워졌다. '성막'으로 번역된 히브리어 '미쉬칸'(מִשְׁכָּן)은 '정착하다, 거주하다'라는 뜻의 '샤칸'(שָׁכַן)에서 파생된 단어로, '거처, 거주지'란 의미다. 재미있는 것은, 요한복음 1장 14절의 "말씀이 육신이 되어 우리 가운데 거하시매"라는 구절에서 '거하시매'로 번역된 헬라어도 '장막을 치다'라는 뜻을 가진 단어 '에스케노센'(ἐσκήνωσεν)이라는 점이다. 신약의 사도인 제자 요한도, 구약시대의 성막을 죄 많은 인생 가운데 육신을 입고 오신 성자 하나님, 예수 그리스도의 그림자로 바라본 게 아닐까.

칼빈도 요한복음 주석에서 임마누엘(God with us) 사건을 이렇게 설명한다.

성경은 인간을 낮춰 말할 때, '육신'(flesh)이라고 부른다. 하나님의 말씀이신 그리스도의 영적 영광과 우리 육신의 지독한 추함 사이의 간격은 대단히 깊고 멀다. 그런데도 하나님의 아들은 자신을 지극히 낮추셔서 인간의 비참

함을 표현하는 바로 그 육신을 친히 취하셨다.

성막은 죄에 쉽게 물드는 이스라엘 백성 안에 거하기 원하는 거룩하신 하나님의 사랑을 나타낸 것이며 예수 그리스도의 예표(豫表)다.

그러나 오늘날 이기적 영성과 이원론적 세계관에 사로잡힌 한국교회는 세상을 속된 것으로만 생각하고, 세상과 분리된 종교의 틀에 스스로를 가두고 말았다. 오래전 선배 이스라엘 백성을 모델 삼아 그들의 행위를 똑같이 답습하고 있는 것이다.

하나님은 이스라엘을 제사장 나라로 삼으셔서 열방을 구원하기 원하셨다. 하지만 그들은 자신의 종교적 의(義)에 심취되어 하나님을 독점하고 말았다. 이방인을 하나님의 이름을 부를 수 없는 더러운 인생으로 취급했다. 그들은 거룩을 '죄로부터의 분리'(separation)라고만 생각했지, '성별됨'(consecration)으로 자신이 하나님 앞에서 산 제물이 되어야 한다는 개념은 희박했다. 그 때문에 종교적 열심에 비해 삶의 구별됨(distinction)이 나타나지 않았다. 오히려 이스라엘은 이방 민족이 섬기는 풍요의 우상들을 적극적으로 받아들여 섬겼다.

그래서 하나님은 성막을 통해 여호와 하나님이 거룩한 분임을 말씀하시고 가르치셨다. 또한 거룩하지 않은 사람들 가운데 장막을 치고 함께하심으로, 제사장 나라로 부름 받은 이스라엘이 이방 사람들에게 나아가 하나님의 구원을 선포하고 증거해야 함을 몸소 보여 주셨다.

성막에서 새롭게 시작하라

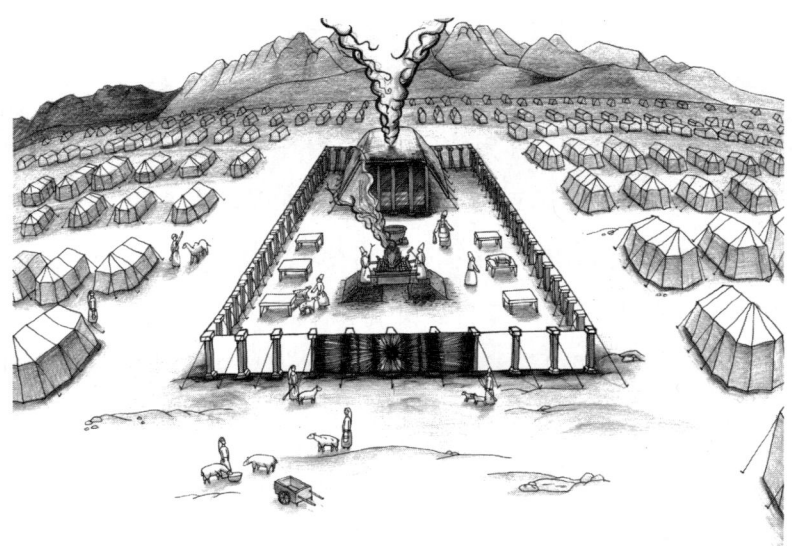

하나님이 성막을 주시기 전까지는 사람이 단(檀) 앞에 나아가 그분의 임재를 경험할 수 있었다. 그러나 성막을 주신 다음부터는 사람과 하나님 사이에 물리적인 거리가 생길 수밖에 없었다. 제사장이 아닌 사람은 성소에 들어갈 수 없었다. 그렇게 하면 하나님께 벌을 받아 죽고 말았다. 더군다나 지성소는 일 년에 하루, 대속죄일에 그것도 딱 네 번만 들어갈 수 있었다. 물론 대제사장 한 사람만!

이 점을 놓고 보면, 성막은 하나님과 사람의 관계가 '후퇴'한 형태라고 생각할 수도 있을 것이다. 하지만 성막은 우리에게 하나님과의 관계와 기독교 신앙에서 가장 중요한 핵심 진리 두 가지를 가르쳐 준다.

첫째, 우리는 율법과 제사 규례를 백 퍼센트 완벽하게 지킬 수 없는 연약하고 패역한 존재라는 점이다. 우리 안에는 하나님의 공의를 만족시킬 수 있는 선함이 없다. 터럭만큼도 없다. 하나님은 성막을 통해 우리가 이것을 인정하기 원하신다. 처절한 도살과 힘겨운 제사를 무한 반복하면서도 전혀 달라지지 않는 자기 모습을 깨달으며, 베드로처럼 자신이 죄인임을 고백하며 주님 앞에 무릎 꿇기를 원하시는 것이다.

시몬 베드로가 이를 보고 예수의 무릎 아래에 엎드려 이르되 주여 나를 떠나소서 나는 죄인이로소이다 하니(눅 5:8).

이런 고백이 가슴 깊은 곳에서 나올 때에만, 참람하고 패역한 자기 자신의 현실을 직시하고 인정하게 된다. 사도 바울이 그랬던 것처럼 말이다.

내 속 곧 내 육신에 선한 것이 거하지 아니하는 줄을 아노니 원함은 내게 있으나 선을 행하는 것은 없노라 내가 원하는 바 선은 행하지 아니하고 도리어 원하지 아니하는 바 악을 행하는도다 만일 내가 원하지 아니하는 그것을 하면 이를 행하는 자는 내가 아니요 내 속에 거하는 죄니라 그러므로 내가 한 법을 깨달았노니 곧 선을 행하기 원하는 나에게 악이 함께 있는 것으로

다 내 속사람으로는 하나님의 법을 즐거워하되 내 지체 속에서 한 다른 법이 내 마음의 법과 싸워 내 지체 속에 있는 죄의 법으로 나를 사로잡는 것을 보는도다 오호라 나는 곤고한 사람이로다 이 사망의 몸에서 누가 나를 건져내랴(롬 7:18-24).

둘째, 그럼에도 우리가 율법의 요구를 만족시키고 거룩하신 하나님께 나아갈 수 있는 것은 오직 주님의 은혜 덕분이라는 점이다. 공기든, 물이든, 사람이든 어떤 대상의 가치를 가장 절절하게 느끼게 되는 것은 그것을 잃어버렸을 때다. 굶어 봐야 밥이 맛있다는 것을 알게 되고, 떨어져 있어 봐야 사랑하는 사람의 빈자리가 얼마나 큰지 깨닫는 법이다. 하나님의 은혜도 마찬가지인 듯하다. 아무것도 할 수 없는, 무엇을 하든 아무것도 바꿀 수 없는 죄인과 실패자의 자리에 서 봐야, 비로소 주님이 행하시고 베풀어 주신 은혜가 얼마나 크고 귀한 것인지 뼈저리게 느낄 수 있다.

그러므로 이제 그리스도 예수 안에 있는 자에게는 결코 정죄함이 없나니 이는 그리스도 예수 안에 있는 생명의 성령의 법이 죄와 사망의 법에서 너를 해방하였음이라 율법이 육신으로 말미암아 연약하여 할 수 없는 그것을 하나님은 하시나니 곧 죄로 말미암아 자기 아들을 죄 있는 육신의 모양으로 보내어 육신에 죄를 정하사 육신을 따르지 않고 그 영을 따라 행하는 우리에게 율법의 요구가 이루어지게 하려 하심이니라(롬 8:1-4).

번제단 앞에서 자기 자신에게 절망하고 주님의 십자가를 만났다 해도 거기서 멈추면, 이전의 습관을 좇아 다시 세상을 바라보게 된다. 그러한 사람은 번제단(십자가)과 세상을 오가는 가운데 십자가에서는 회복을, 세상에서는 죄의 습관을 따라 산다. 하나님의 은혜를 값싸게 만드는 종교적인 악순환에서 벗어나지 못한다. 따라서 우리는 회복에서 반복으로 가면 안 된다. 회복에서 축복의 통로로 세워져야 한다. 그 세움은 보혈의 공로를 의지하여 하나님의 발등상인 법궤 앞에 엎드릴 때 하나님이 부어 주시는 새 힘과 새 성품의 충만함이다. 이로 말미암아 배에서 생수의 강이 흘러넘쳐, 메마른 영혼과 세상을 회복시키게 된다.

이 두 가지를 심령으로 깨달을 때, 성막에 새겨진 예수 십자가 복음의 진면목을 경험하게 될 뿐만 아니라 그리스도 안에서 새로워진 피조물의 삶의 누림이 시작될 것이다.

이스라엘 백성이 이집트를 떠난 지 2년째 되던 해 정월 초하루, 드디어 성막이 완성되었다. 옛것을 보내고 새것을 맞이하는 송구영신(送舊迎新)의 날에 하나님께 나아갈 길을 찾게 된 것이다. 또한 출애굽기가 하나님께 성막을 봉헌하는 장면으로 끝난다는 점도, 430년 동안 종살이하는 가운데 뼛속까지 스며든 '애굽'에서 완전히 벗어나 성막을 통해 이스라엘 백성에게 새로운 삶이 시작되었음을 시사한다.

성막에 들어오는 자는 "누구든지 그리스도 안에 있으면, 그는 새로운 피조물입니다. 옛것은 지나갔습니다. 보십시오, 새것이 되었습니다" (고후 5:17, 새번역)라는 말씀처럼, 회복을 넘어 축복의 길로 나아가게 된다. 성막이 길과 진리와 생명 되시는 예수 그리스도의 예표이기 때문이다. 그러므로 죄와 사망의 권세 아래에 매여 길을 잃고 방황하던 자는 번제단에서 거룩한 길을 열고, 성소에서 진리의 빛을 경험하며 지성소에서 생명을 찾는다.

이것이 바로 성막에 계시된 그리스도 십자가 복음의 역사다. 21세기를 살아가는 지금도 성막은 하나님을 만나고 그분과 친밀한 관계를 맺기 원하는 모든 이들이 마음 판에 새겨야 할 복음의 로드맵이다.

이 로드맵 안에 '환난이나 곤고나 박해나 굶주림이나 위험이나 칼보다 강하고, 사망이나 생명이나 권세자들이나 다른 어떤 피조물도 끊을 수 없는' 하나님 아버지의 사랑이 거침없는 강물처럼 흐르고 있기 때문이다(롬 8:25-39 참고).

CHAPTER 3
성막 문에서 번제단까지

관계라는 것이 얼마나 중요한가

사울과 다윗은 하나님께 택함 받아 이스라엘의 왕정시대를 연 지도자였지만, 자신들의 연약함으로 말미암아 하나님 앞에서 큰 죄를 범했다. 충성스러운 부하 장수의 아내와 간음을 저지른 다윗은 자신의 죄를 숨기려고 부하 장수를 사지에 내몰아 죽게 했다. 그리고 아무 일도 없었던 것처럼 태연하게 나라를 다스렸다. 사울은 하나님보다 사람들을 의식하며 살다가 결국 하나님의 말씀에 불순종하고 폭주하듯 제멋대로 나라를 주물렀다.

사울과 다윗 둘 다 넘지 말아야 할 선(線)을 넘어선 사람들이다. 이들은 왕으로서, 지도자로서, 그리고 신앙인으로서 돌이킬 수 없는 악한 선택을 했고, 그 선택에 따른 참담하고 참혹한 결과를 맛보았다. 그런데 두 사람의 인생 전체를 놓고 보면, 범죄와 실패라는 동일한 과정을 겪었으나 그 끝은 전혀 다름을 알게 된다.

차마 입에 담을 수 없는 수치스럽고 끔찍한 죄를 저질렀지만, 다윗은 하나님의 용서와 은혜를 경험하고 회복되어 왕으로서의 사명을 완수했다. 하지만 다윗보다 경미해 보이는(?) 죄를 저지른 사울은 가족까지 함께 파멸하고 말았다.

'다윗이니까 그렇지. 사울이니까 그랬겠지'라고 생각하며 넘기기에는 어딘가 석연치 않다. 사실 둘의 삶을 놓고 비교해 보면, 사울은 그나마 덜(?) 죄인 같고, 심지어 '누구나 살다 보면 그럴 때가 있지 않은가?' 하고 이해되기까지 하다. 반면에 다윗은 욕정에 휘둘려, 의도적으로 추잡하고 잔혹한 짓을 벌였음에도 오히려 여호와 앞에서 온전했다는 평가를 받았다. 이러한 평가는 하나님이 마치 불공평하신 분처럼 느껴지게 한다.

그러나 그렇지 않다. 다윗과 사울의 삶을 보면, 두 사람의 삶에서 극명한 차이를 느낄 수 있다. 사울과 달리 다윗은 자신의 실수와 죄악을 합리화시키지 않았다. 하나님의 눈을 구하며, 그 죄와 실수를 아파하시는 하나님의 마음을 보았고, 그 자리에서 돌이켜 회개했다. 하나님은 긍휼로 심판을 이기도록 준비하고 계시는 분이다. 따라서 회개하는 자의 죄를 잊어버리는 데 아무런 문제가 없으신 분이다. 그분은 언제든 우리 죄의 정보를 삭제(delete)해 주실 수 있다.

나 곧 나는 나를 위하여 네 허물을 도말하는 자니 네 죄를 기억하지 아니하리라(사 43:25).

그러나 이 땅에 의인은 하나도 없음(롬 3:10)을 아시는 하나님은 회복한 다윗이 다시 죄의 영역으로 들어서지 않도록, 아들 압살롬의 반역을 통해 죄의 대가를 확실히 치르게 하심으로 다윗을 다스리셨다.

다윗이 용서하고 회복시키시는 하나님의 은혜 안에 들어갈 수 있었던 것은 그의 죄가 가볍거나 별것 아니어서가 절대 아니었다. 하나님이 나단 선지자를 통해 죄를 지적하셨을 때 책임을 회피하거나 다른 사람을 탓하지 않고("결단코 저는 모르는 일입니다"라거나 "우리아의 아내가 먼저 유혹했어요"라고 하지 않고), 정직한 영을 구하며 있는 모습 그대로 하나님 앞으로 나아갔기 때문이었다. 다윗은 하나님 앞에서 자신의 더러워진 마음을 깨뜨렸다. 이 상한 심령(broken heart)은 하나님의 회복을 넘어서, 그가 축복의 통로로 다시 세워지게 했다.

다윗은 자신이 죄인임을 인정하며, 자신의 죄악이 무엇인지 잘 알고 있다고 자백했다. 그러면서도 하나님께 자신을 쫓아내거나 성령을 거둬 가지 말아 달라고 애원했다(시 51:1-11). 그는 언제 어떤 상황에서든 정직하고 올바른 '관계'를 통해 문제를 바로잡으려고 애썼다.

한편으로 사울의 인생이 파국을 맞은 과정을 보면, 그가 하나님께 버림받은 것은 그가 저지른 죄의 질과 무게 때문이 아니었다. 사울의 진짜 비극은, 그가 계속해서 하나님으로부터 도망치기만 했다는 데 있다. 오래 참으시는 하나님은 다시 돌아와 회개 자복할 기회를 그에게 끊임없이 허락하셨다. 그러나 사울은 다윗과 정반대로 끝까지 회피하기만 했다. 하나님께 나아가 그분과 만나는 대신, 자신이 가진 힘과 권력으로 문제를 해결하려 했다(삼상 14:52, 15:30).

이와 비슷한 또 다른 성경 인물로 요나가 있다. 요나는 하나님의 말씀을 대언하는 선지자이고, 하나님과도 대화 나눌 수 있는 사람이었으며, 짧은 말씀 선포로 니느웨 성 전체(사람은 물론 가축들까지)가 회개 자복하게 하는 엄청난 부흥을 가져온 사람이었다. 하지만 처음부터 끝까지 그는 하나님과 대척점에 서 있던 안타까운 사역자였다. 자신의 편협한 국수주의적 견해를 우상처럼 숭배하고 하나님을 거역하는 죄를 범했으면서도, 그는 뉘우치기는커녕 차라리 죽여 달라는 식으로 일관했다. 하나님께 나아가는 대신 그분을 회피하고 멀리 떠나는 길을 선택한 것이다.

다윗과 사울, 그리고 요나 세 사람 모두 하나님 앞에서 죄와 허물을 범했다. 하지만 그들의 인생은 전혀 다르게 기록되었다. 오직 건강한 관계를 붙든 다윗만 온전히 회복되었다. 이후에 자신이 지은 죄의 결과를 겪긴 했지만, 그는 하나님의 용서를 체험했고 이전과 다른 삶을 살게 되었다.

이스라엘 백성도 사울과 요나의 길을 따랐다. 출애굽한 이후 그들은 계속해서 하나님과의 관계가 아닌 종교적 행위와 인간의 도덕과 윤리를 통해 의로워지려 했고, 자신들의 만족을 채우려 했다. 그러나 하나님은 인간의 모든 필요와 문제를 '건강한' 관계를 통해 채우고 해결하도록 계획하셨다. 심지어 죄의 문제까지도 말이다.

창세기 2장에서 하나님은 혼자 있는 아담의 모습이 '좋지 않다'(not good)고 평가하시면서, 그를 위해 돕는 배필을 창조하겠다고 선언하신다(18절). 인간의 고독과 외로움을 직접 해결해 주시기보다는, 관계와 공동체 안에서 채움 받게 하셨다.

창조 이후 하나님은 자신이 창조하신 동산을 거니셨다(창 3:8). 아마도 그분의 형상을 닮은 인간과 교제하며 시간을 보내셨을 것이다. 성경은 아담과 하와가 선악과를 먹고 나서 선악을 구분할 수 있게 되었다고 기록한다(창 3:22). 그렇다면, 그전까지 아담과 하와는 선과 악, 옳고 그름을 의식하지 않고 살았다는 말이 된다. 사실 아담과 하와에게는 선악을 구분할 필요가 없었다. 선악과 사건 이전에는 세상에 죄가 존재하지 않았고, 한 번도 악을 접해 본 적이 없었던 인간은 그 반대 개념인 선에 대해서도 알지 못했을 것이다. 한 번도 질병에 걸려 보지 않은 사람이(실제로 그런 사람이 존재하지는 않겠지만) 건강하다는 것이란 무엇인지 알 수 없는 것처럼 말이다. 죄가 없는 세상에서 늘 하나님과 교제하던 아담과 하와는 이처럼 악으로부터 완벽하게 보호받고 있었다. 그들에게 선(하나님을 전심으로 사랑하며 그 사랑으로 서로 사랑하는 것)이란 지극히 일상적이고 평범하고 자연스러운 것이었다.

죄가 망가뜨린 관계

그런데 세상에 죄가 들어왔다(창 4장). 인간이 하나님의 명령을 거역하고 금지된 행동을 저지른 것이다. 가장 큰 문제는 그 행동이 하나님께서 인간에게 부여해 주신 자유의지에 의한 의도적인 행동이었다는 사실이다. 그랬다. 인간의 거역은 완벽하게 고의적인 것이었다.

물론 시작은 뱀에게서부터였다. 거짓의 아비 사탄으로 표현된 뱀은 도적질하고 죽이고 멸망시키려는(요 10:10) 목적으로 하와에게 접근하여 유혹했다. 이는 하와의 가치관을 흔들어 놓기에 충분했다. 그래서 매일 보았던 선악을 알게 하는 나무의 열매가 갑자기 먹음직하고 보암직하고 지혜롭게 할 만큼 탐스러워 보였다. 마음에 거짓 바이러스가 들어오면서, 하나님과 약속한 언약을 지키겠노라 결단했던 마음이 허물어지기 시작했다. 결정적으로 사탄은 그것을 먹으면 눈이 밝아져서 하나님처럼 될 것이라는 유혹을 대마초처럼 주입시켰다.

그러나 이러한 과정이 실수로, 어쩔 수 없이, 뱀에게 속아서 이루어진 일이라고 이야기할 수는 없다. 왜냐하면 정말로 아담과 하와는 하나님처럼 되고 싶어 했기 때문이다. 하나님으로부터 벗어나(이는 관계가 깨어지는 최초의 사건이었다), 자신이 자기 인생의 주인이 되어 마음대로 살고 싶어 했다. 하나님이 아니라 자신을 높이며 자기 자신을 위해 살고 싶어 했다. 이것이 바로 죄의 본질인 교만이다.

성경에서 교만의 원조는 단연 사탄이다. 늘 하나님처럼 되고 싶어 하는 사탄은 무슨 짓을 해서든 자기 자신을 높이려 애쓴다(사 14:12-14). 그런 그가 선악을 알게 하는 나무 앞에서 자극한 것도 하와 내면의 자아(비록 죄는 짓지 않았으나 언제든 교만에 빠질 수 있는)였다. 인간에게는 자유의지가 있다. 그래서 인간은 육신의 정욕과 안목의 정욕과 이생의 자랑을 추구할 가능성을 안고 있는 존재다(요일 2:16). 하나님이 주신 '건강하고 온전한 관계'라는 가장 좋은 삶의 방식이 있었기에 그럴 필요는 없었지만, 그들은 그렇게 할 수 있었으며 결국 그렇게 하고 말았다. 사탄이 그랬던 것처럼 하나님이 되고 싶어 했던 것이다.

그들은 의식적으로, 그리고 의지적으로 하나님께 순복하고 순종하기를 거부하고 그 대신 자신을 높이기로 결정했다. 하지만 그 시도는 하나님과의 관계가 단절되고 죄와 사망의 권세 아래 떨어지는 참혹한 결과로 이어졌다. 이기적인 자아의 종이 되어 하나님과 맞섰던 사탄의 죄악은 아담과 하와에게 그대로 나타났고, 그들의 뒤를 따르는 우리에게도 이어지고 있다.

우리의 내면 깊은 곳에는 육체의 욕심에 따라 행동하고, 육체와 마음이 원하는 것을 마음껏 하고픈 욕구가 뿌리박혀 있다(엡 2:3). 여러 가지 정욕과 행락에 종노릇하고 있다(딛 3:3). 마음속 깊은 데서부터 자아를 사랑하며 우리 자신을 예배하고 섬긴다. 언제 어디서든 나침반의 양극이 남과 북을 향하듯, 일부러 노력하지 않아도 자신에게 초점을 맞추도록 프로그램되어 있다. 모든 것을 자기중심으로 생각하고, 자기 자신을 의지하고, 다른 사람보다 자신을 더 사랑하려는 마음으로 똘똘 뭉쳐 있는 존재, 그게 바로 우리의 옛 자아다.

우리는 육신의 소욕이 언제든 꿈틀거리며 일어날 수 있는 존재다. 그래서 사실 우리는 하나님이 계획하신 바와 정반대되는 방식과 모습으로 자신의 필요를 채우고 문제를 해결하는 데 매우 익숙하다. 고래 심줄보다 질긴 옛 자아는 하나님과 자기 자신, 다른 사람, 그 밖의 모든 것과의 관계를 망가뜨리고 뒤죽박죽으로 만들어 버릴 만한 가장 강력한 적(敵)이다. 이러한 우리의 자아가 활동을 개시하면, 자신도 모르는 사이 하나님 자리에 올라가 그분과의 관계를 스스로 막아 버린다.

관계를 회복하기 위해 주신 성막

피조물이 창조주를 만나 교제하는 것은 말로 다 표현할 수 없을 만큼 멋진 일이다. 하지만 교만으로 가득 찬 인간은 하나님께 나아갈 수조차 없다. 그래서 거룩하신 하나님은 그분께 두 번 다시는 돌아갈 수 없는 우리에게 성막을 주셨다. 그만큼 하나님은 관계를 중요하게 여기신다. 하나님은 창조의 동산에서 인간과 함께 거하셨고, 성막을 통해 이스라엘 백성 가운데 거하며 자신의 거룩한 성품을 알리셨고, 독생자 예수 그리스도를 보내어 함께하시는 임마누엘의 사랑을 나타내셨다. 관계야말로 그분이 존재하고 일하시는 방식의 핵심이다. 그래서 성막은 하나님 쪽에서의 일방적인 관계 회복의 선언이며, 연약한 인간의 현실에서부터 긍휼의 눈높이 사랑을 시작하겠다는 고백이다.

하나님은 친히 디자인하신 성막을 모세에게 주셨다. 모세는 하나님이 주신 설계도에 따라 성막을 제작했는데, 그 일은 필요한 재능과 지혜를 받은 브살렐과 오홀리압이라는 사람이 담당했다. 그리고 출애굽한 지 2년째 되는 정월 초하루 날에 백성 가운데 성막이 세워졌다. 바로 주전 1450년경의 일이다.

이제부터 약 3,500년 전 이스라엘 백성에게 주어진 성막을 통해, 하나님과의 관계 회복의 길을 살펴볼 것이다. 그리고 성막 안에 담긴 십자가 사랑의 너비와 길이와 높이와 깊이가 어떠함을 깨달아, 용서와 회복의 역사를 구하며 담대히 은혜의 보좌로 나아갈 것이다. 구약시대를 살았던 다윗도 성막을 통해 십자가 구속의 역사를 믿음으로 내다보았기에, 하나님과 마음이 맞는 사람이 되고 그분과의 만남인 예배의 부흥을 경험할 수 있었다.

성막을 묵상하면 할수록 골고다 언덕에 우뚝 선 주님의 십자가에 가까이 나아가게 된다. 그래서 성막은 복음의 로드맵이라 할 수 있다. 우리는 성막을 통해, 우리에게 생명을 주고 더욱 풍성하게 하기 위해 길과 진리, 생명으로 오신 예수 그리스도를 만날 수 있다. 그리고 이를 통해 예배와 삶으로 하나님을 감동시켜 드린 다윗의 뒤를 따르게 될 것이다.

속사람의 눈과 마음을 열어 복음의 로드맵인 모세의 성막을 바라보고 이해하게 하실 성령의 은혜를 구하며, 출입문에서부터 하나님의 발등상인 법궤가 있는 지성소까지 보혈의 공로를 힘입어 나아가 보자. 불같은 성령과 사랑의 감동이 우리의 심령에 임하기를 소망한다.

성막의 울타리와 문

성막에서 맨 처음으로 살펴볼 것은 울타리와 문이다.

너는 성막의 뜰을 만들지니 남쪽을 향하여 뜰 남쪽에 너비가 백 규빗의 세 마포 휘장을 쳐서 그 한쪽을 당하게 할지니 그 기둥이 스물이며 그 받침 스물은 놋으로 하고 그 기둥의 갈고리와 가름대는 은으로 할지며 그 북쪽에도 너비가 백 규빗의 포장을 치되 그 기둥이 스물이며 그 기둥의 받침 스물은 놋으로 하고 그 기둥의 갈고리와 가름대는 은으로 할지며 뜰의 옆 곧 서쪽에 너비 쉰 규빗의 포장을 치되 그 기둥이 열이요 받침이 열이며…뜰 주위 모든 기둥의 가름대와 갈고리는 은이요 그 받침은 놋이며 뜰의 길이는 백 규빗이요 너비는 쉰 규빗이요 세마포 휘장의 높이는 다섯 규빗이요 그 받침은 놋이며 성막에서 쓰는 모든 기구와 그 말뚝과 뜰의 포장 말뚝을 다 놋으로 할지니라(출 27:9-12, 17-19).

'규빗'은 성인의 팔꿈치에서 중지까지의 길이를 나타내는 단위로, 약 45cm다. 그러므로 다섯 규빗인 울타리의 높이를 현대 단위로 환산하면 약 2.5m 정도가 된다. 이런 울타리를, 남쪽을 바라보는 왼쪽 기둥에 20개, 북쪽을 바라보는 오른쪽 기둥에 20개, 동쪽을 바라보는 앞쪽에 10개, 서쪽을 바라보는 뒤쪽에 10개, 총 60개를 세운 뒤 흰 세마포

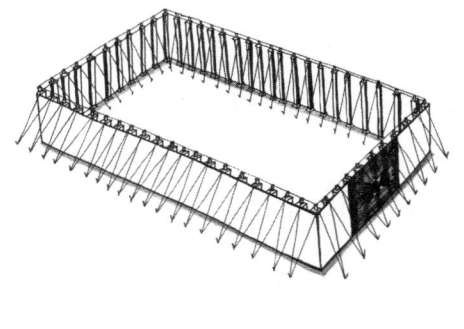
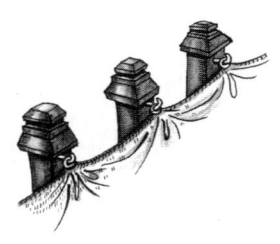

포장을 둘렀다는 얘기다. 세마포는 가는 흰색 베실로 짰으며, 기둥은 놋으로 만들었다.

울타리는 안쪽과 바깥쪽을 구분하기 위해 세우는 것이다. 부적합한 사람의 출입을 제한하는 '경계선'이다. 그래서 출입이 제한된 자에게는 "멈춰! 너는 여기에 들어올 수 없는 부적격자야!"라는 메시지를 던진다. 그런데 놀랍게도 성막의 울타리는 세상의 울타리와는 다르다. 성막 울타리의 출입문 앞에 서면 "어서 와! 여기서부터는 네가 누구인지 무슨 일을 했는지 묻지도 따지지도 않을 거야!"라는 환영의 메시지가 들려온다.

인생의 문제를 십자가에서 다 이루어 주신 예수 그리스도의 승리를 믿는 사람은 양의 문이 되시는 예수 그리스도를 통해 울타리 안으로 들어갈 수 있다. 이 울타리 안은 사도 바울이 말하는 '그리스도 안'(In Christ)이다. 우리가 울타리 안으로 들어서는 순간, 우리를 불의한 죄인이라 정죄하고 비난하던 죄와 사망의 권세가 꼬리를 내린다.

그러므로 이제 그리스도 예수 안에 있는 자에게는 결코 정죄함이 없나니 이는 그리스도 예수 안에 있는 생명의 성령의 법이 죄와 사망의 법에서 너를 해방하였음이라(롬 8:1-2).

그래서 성막의 울타리는 예수 그리스도의 의(義)를 나타내는 하얀 세마포로 만들어졌다. 흥미로운 것은, 상형문자인 한자어 '의'(義)의 형태를 보면, '양'을 뜻하는 '양'(羊)자 아래에 '나'를 뜻하는 '아'(我)자가 놓인다는 점이다. 마치 십자가에서 제물이 되신 하나님의 어린양 예수 그리스도 아래에 자아를 순복하는 것이 '의'라고 말해 주는 듯하다. 즉, 불의한 죄인이 의로워지는 길은, 세상 죄를 구속하신 예수 그리스도의 보혈 아래 있는 것뿐이다. 사도 바울이 "나는 날마다 죽노라"고 고백한 것도, 십자가와 부활을 통해 복음이 되신 예수 그리스도의 죽음에 참여함(고전 15:31)으로 '그리스도 안', 즉 '울타리 안'의 신비를 누릴 수 있었기 때문이다. 그 열쇠는 오직 주님이 행하신 구속의 역사와 부활에 대한 믿음뿐이다.

> 복음에는 하나님의 의가 나타나서 믿음으로 믿음에 이르게 하나니 기록된 바 오직 의인은 믿음으로 말미암아 살리라 함과 같으니라(롬 1:17).

행위가 아니라 믿음으로 의롭게 되는 복음을 알고 믿는 사람은, 고멜처럼 처참하게 무너져 내린 상황에서도 "믿음의 주요 또 온전하게 하시는"(히 12:2) 예수 그리스도를 상징하는 울타리 안으로 들어가 회복을 넘어 축복의 통로로 세워진다. 믿음 하나로 날마다 죽고 날마다 다시 사는 이 놀라운 신비는, 오직 날마다 울타리 안으로 들어가는 자만이 누릴 수 있다.

울타리 안은 속박이 아니라 해방이다

나는 강의나 설교 시간에 "그리스도 안(in Christ)이 넓습니까, 세상이 넓습니까?"라는 질문을 자주 던진다. 그러면 뜻밖에 이런 대답이 많이 나온다. "세상이 더 넓은 것 같습니다."

특히 자유분방하고 활동성이 강한 청년 중에는 '그리스도 안'을 종속되는 것으로 여기는 이들이 많다. 구원받는 것은 좋으나, 그에 따르는 통제와 구속은 싫다는 것이다. 하지만 성경은 이에 대해 명확히 답한다.

또한 그가 만물보다 먼저 계시고 만물이 그 안에 함께 섰느니라(골 1:17).

교회는 그의 몸이니 만물 안에서 만물을 충만하게 하시는 이의 충만함이니라(엡 1:23).

세상보다 '그리스도 안'이 더 크다. 그것도 비교할 수 없을 만큼 크다. 다음의 질문에 답을 해보면 금방 이해할 수 있을 것이다. "애굽이라는 한 나라가 큰가, 애굽을 제외한 열국이 큰가?" 물론 당연히 후자가 비교할 수 없을 만큼 크다. 너무나 쉬운 유치원 수준의 질문이다.

애굽은 사탄이 다스리는 세상을 비유할 때 자주 사용되는 나라다. 이스라엘 백성은 출애굽 사건을 통해 노예의 신분에서 벗어났다. 고통스러운 종살이를 하던, 애굽이라는 한정된 곳에서 나온 것이다. 홍해를 건너 바로의 속박에서 자유케 된 구원 역사다.

우리 역시 예수 그리스도를 구주로 영접하고 거듭나면서, 이스라엘 백성이 애굽에서 벗어났듯 사탄의 세상 권세에서 풀려나게 되었다. 사탄이 통치하는 감옥 같은 닫힌 세상에서 그리스도가 통치하는 열린 세상, 즉 '그리스도 안'으로 들어온 것이다. 이 '그리스도 안'이 시작되는 곳이 바로 성막의 울타리다.

하지만 그리스도 안에 있으면서도 세상을 이긴 그분의 은혜를 경험해 본 적이 없는 사람은, '그리스도 안'보다 세상이 더 넓다고 생각한다. 우리에게 새 생명을 불어넣어 주시는, 구원을 넘어 더욱 풍성하게 하러 오신 그리스도를 모르기 때문이다. 이러한 사람은 자신이 소금과 빛으로 부르심 받았음을 인식하지 못한다. 자신이 그리스도의 제자임은 잊어버리고, 세상에서의 생존(survival)을 위해 신앙하기 바쁠 뿐이다. 그리스도의 제자로서 먼저 그의 나라와 의를 구하며, 영혼육의 부흥(revival)을 통해 하나님 나라의 부흥의 기수로 자신을 드리는 삶과는 거리가 멀다. 그러한 사람은 그저 자신의 바벨탑을 쌓기에 분주하다. 그런 사람들은 하나님의 영광과는 거리가 먼 삶을 산다.

그러나 예배자는 다르다. 예배자에게는 급한 것과 중요한 것을 구분하는 지혜가 있다. 날마다 하나님의 보좌 앞으로 나아가 하나님이 자기 인생 최고의 가치임을 고백하며 최고의 사랑을 드리고, 그로 말미암아 위로부터 부어 주시는 새 힘과 새 성품으로 세움 받는다. 이러한

복된 이 경험은 날마다 있는 모습 그대로 성막의 울타리 안으로 나아가는 데서부터 시작된다.

그러므로 이제 그리스도 예수 안에 있는 자에게는 결코 정죄함이 없나니 이는 그리스도 예수 안에 있는 생명의 성령의 법이 죄와 사망의 법에서 너를 해방하였음이라(롬 8:1-2).

마이클 야코넬리의 《뒤엉킨 영성》을 보면 이런 내용이 나온다.
제2차 세계대전 중 프랑스의 어느 시골 마을에서 전투가 벌어졌다. 이 전투에서 목숨을 잃은 사람들 중에 한 미군 병사가 있었다. 전우의 시체를 전쟁터에 내버려 두고 싶지 않았던 그의 동료들은, 기독교식 장례를 치러 주기 위해 하얀 울타리의 작은 공동묘지가 있는 인근의 교회를 찾아갔다. 그 교회의 허리가 굽고 몸이 야윈 노신부를 만난 그들은 정중히 이렇게 부탁했다. "사랑하는 전우가 전쟁터에서 목숨을 잃었습니다. 그래서 그를 교회 묘지에 묻어 주고 싶습니다. 불쌍한 저희 친구에게 묘지 한 자리만 내주실 수 없겠습니까?"

그러자 노신부는 서툰 영어로 이렇게 대답했다. "미안합니다. 교회 묘지는 출석교인들만 사용하게 되어 있습니다. 정 그러시다면 친구분의 시신을 울타리 바깥에 묻는 것까지는 허락해 드리겠습니다."

남의 나라까지 와서 목숨 바쳐 싸우는 이들에 대한 보답이 겨우 이 정도인가 싶어 화도 났지만, 병사들은 노신부의 제안대로 교회 묘지의 하얀 울타리 바깥에 친구를 묻었다. 시신의 안장을 마쳤을 때는 이미 해가 떨어지고 어두워진 때였다.

다음 날 아침, 전선(戰線)을 옮기라는 명령을 받은 병사들은 떠나기 전 마지막으로 친구에게 작별인사를 하려고 다시 그 교회를 찾았다. 그런데 이게 웬일인가? 교회 묘지 주변을 아무리 뒤져 봐도 자신들의 손으로 만든 친구의 무덤이 보이지 않는 것이었다. 어리둥절해진 병사들은 즉시 노신부를 만나 도움을 청했다. 그러자 노신부가 미소 띤 얼굴로 그들에게 이렇게 말했다. "친구분의 시신을 울타리 바깥에 묻게 한 것 때문에, 어젯밤에 잠을 이룰 수 없었습니다. 그래서 오늘 아침 일찍 제가 묘지 울타리를 친구분의 무덤 너머로 옮겨 놓았답니다."

예수 그리스도를 영접하지 못하고 살아가는, 산 자 같으나 실상은 죽은 자인 인생도 교회 묘지 울타리 너머에 묻힌 병사와 같다. 그래서 주님은 세상이 큰 줄 알고 그 속에 빠져 길을 잃고 방황하는 죽은 영혼들에게 이렇게 말씀하신다.

수고하고 무거운 짐 진 자들아 다 내게로 오라 내가 너희를 쉬게 하리라 나는 마음이 온유하고 겸손하니 나의 멍에를 메고 내게 배우라 그리하면 너희 마음이 쉼을 얻으리니 이는 내 멍에는 쉽고 내 짐은 가벼움이라 하시니라 (마 11:28-30).

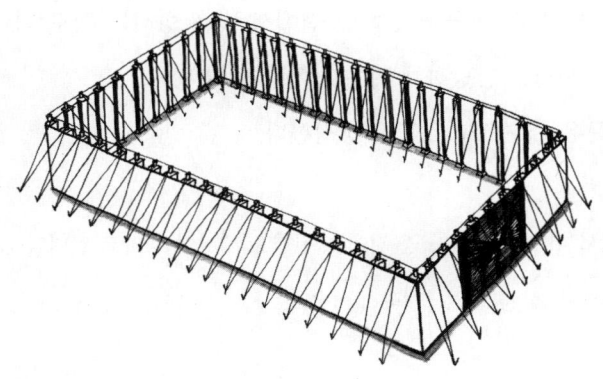

울타리에는 단 하나의 문이 있다

동쪽을 향하여 뜰 동쪽의 너비도 쉰 규빗이 될지며 문 이쪽을 위하여 포장이 열다섯 규빗이며 그 기둥이 셋이요 받침이 셋이요 문 저쪽을 위하여도 포장이 열다섯 규빗이며 그 기둥이 셋이요 받침이 셋이며 뜰 문을 위하여는 청색 자색 홍색 실과 가늘게 꼰 베 실로 수놓아 짠 스무 규빗의 휘장이 있게 할지니 그 기둥이 넷이요 받침이 넷이며(출 27:13-16).

성막은 하나님이 임재하시는 곳이다. 광야에 세운 하나님의 집이며, 언제나 이스라엘 백성의 진(陣) 한가운데 있었다. 성막 문은 뜰 동편 끝에 있었기 때문에, 속죄의 제사를 드리러 오는 이들은 누구나 해를 등지고 들어왔다가 해를 바라보며 나가야 했다. 마치 주님을 등진 인생이 양의 문이 되시는 그리스도를 통해 번제단(십자가)으로 나아가 죄

용서함을 받은 후 어둠을 향하던 길에서 빛을 향하는 길로 나아가 빛을 발하는 사명을 감당하게 되는 것처럼 말이다.

성막 문은 예수 그리스도를 상징한다.

예수께서 이르시되 내가 곧 길이요 진리요 생명이니 나로 말미암지 않고는 아버지께로 올 자가 없느니라(요 14:6).

그러므로 예수께서 다시 이르시되 내가 진실로 진실로 너희에게 말하노니 나는 양의 문이라 나보다 먼저 온 자는 다 절도요 강도니 양들이 듣지 아니하였느니라 내가 문이니 누구든지 나로 말미암아 들어가면 구원을 받고 또는 들어가며 나오며 꼴을 얻으리라(요 10:7-9).

이 문은 울타리 중에서 유일하게 열려 있는 곳이며, 성막으로 들어가는 유일한 길이었다. 폭 9m, 높이 2.25m로 매우 큰 문이었지만, 문턱이 없는 헝겊 문인데다 활짝 열려 있었기 때문에 누구나 들어갈 수 있었다. 이는 나이나 성별, 신분, 지위, 국적, 인종 등 모든 것을 뛰어넘어 예수님을 믿으면 누구나 구원받는다는 것을 나타낸다.

하나님이 세상을 이처럼 사랑하사 독생자를 주셨으니 이는 그를 믿는 자마다 멸망하지 않고 영생을 얻게 하려 하심이라(요 3:16).

그래서 이 문 안으로 들어가면 바깥과 구별된다. 분명히 동일한 한 사람인데, 성막 안에 있을 때는 밖에 있을 때와 전혀 다르다. 성막 뜰에 들어오면 구원을 받기 때문이다. 그런데 현시대는 예수 그리스도만이 하나님께 나아가는 유일한 구원의 문이라는 메시지에 대해 독단적(dogmatic)이라고 반박하며 마음을 닫아 버린다. 포스트모더니즘이 낳은 신흥 종교와 초월적 영성은 절대 진리를 무너뜨리고, 상대적인 것에 가치를 부여한다. 다양성을 인정하고, 인간 개인이 신적 권위를 갖고 있음을 받아들이며, 서로 일치를 추구하라고 주장한다. 이는 평화와 조화의 아름다운 메시지처럼 보이나, 그 기저에는 교만의 원조 사탄의 궤계가 깔려 있다. 창조주 하나님의 절대 권위를 상대화시키고 피조물인 인간을 절대자의 자리에 앉히려는 것이다. 그 옛날 창조의 동산에서처럼 말이다.

종교다원주의나 종교통합운동도 이러한 뿌리에서 나왔다. 그렇다고 모든 포스트모더니즘 현상이 사탄의 작품이라는 말은 아니다. 시대사조의 흐름을 통해 우리가 하나님을 대적하도록 사탄이 미혹한다는 것이다. 우리는 타 종교인을 사랑하고 그들을 품고 기도해야 하지만, 인류를 위해 생명을 내어 주고 구원의 보증이 되신 예수 그리스도를 '종교 창시자'쯤으로 전락시켜서는 안 된다. 성경은 하나님을 만나는 길은 오직 하나의 문, 예수님뿐이라고 증언하고 있다.

다른 이로써는 구원을 받을 수 없나니 천하 사람 중에 구원을 받을 만한 다른 이름을 우리에게 주신 일이 없음이라 하였더라(행 4:12).

그렇다. 예수님 말고는 구원의 길이 없다.

네 가지 색상의 의미

하나님은 성막 입구의 문, 성소와 지성소의 경계를 이루는 휘장, 성막을 덮고 있는 덮개와 대제사장의 의복 등에 특별히 네 가지 색상(청색, 자색, 홍색, 흰색)을 사용하도록 지정하셨다.

성막에 처음 발을 들여놓는, 즉 그리스도 안으로 들어오는 이들은 이 네 가지 색상을 모두 보게 되는데, 그것은 바로 문을 가로질러 걸려 있는 포장에서다. 하얀 세마포로 만들어진 포장에는 베실과 청색, 자색, 홍색 실로 무늬가 수놓여 있었다. 우리를 얼마나 사랑하는지 끊임없이 표현하기 원하시는 하나님의 마음이 녹아 있는 이 네 가지 색은, 모두 주님의 성품과 그분이 행하신 일을 상징한다.

자색은 왕권을 나타내며, 왕이 입는 옷의 색이다. 주님은 왕이시며 아브라함과 다윗의 자손이 되신다. 이스라엘을 애굽에서 구원하고 율법을 반포한 모세보다 뛰어나신 분이다. 하늘과 땅과 모든 권세가 그분의 말씀 앞에 복종한다. 지금도 모든 것을 통치하실 뿐만 아니라, 마지막 날에 영원한 왕으로 다시 오실 분이다. 네 가지 색상이 상징하는 바와 사복음서의 주님에 대한 네 가지 관점을 연결지어 생각해 보면, 자색은 그리스도를 이스라엘의 왕으로 기록한 마태복음에 해당한다.

홍색은 피의 색깔로, 주님이 당하신 고난을 상징한다. 주님은 아버지의 뜻을 이루기 위해 자신을 비워 종의 몸으로 오셨다. 친히 섬기는 자리에서 사람들을 돌보고, 그들의 질병과 아픔에 동참하고, 십자가에 달려 고난을 받아 주님의 뜻을 이루셨다. 주님은 고난받는 종이요, 아버지의 마음을 시원케 해 드리는 참된 종이셨다. 그런 의미에서 홍색은 사복음서 중에서 종 되신 주님을 강조한 마가복음에 해당한다.

흰색은 그리스도의 의(義)를 나타낸다. 주님은 한 사람의 인간으로서도 전혀 흠이 없는 분이셨다. 완전하고 온전해서 죄가 전혀 없는, 그래서 죄인인 우리를 구원할 수 있는 유일한 존재셨다. 순결하신 주님은 모든 죄를 지고 가는 하나님의 참 어린양이며, 인간 수준의 도덕과 윤리의 차원을 넘어 하나님 마음에 온전한 합일이 가능하신 분이다. 그래서 흰색은 의인이신 주님을 강조하는 누가복음에 해당한다.

성막의 마지막 네 번째 색인 청색은 하늘을 의미하는 색으로 하나님, 곧 신성을 나타낸다. 예수님은 인간의 육신을 입으셨지만, 하나님이셨다. 다시 말해서 육체를 입고 오신 하나님이셨다. 전지하고, 전능하시며 불가능이 없는 하나님의 아들이요, 살아 있는 말씀 그 자체이시다. 청색은 말씀이 육신이 된 주님의 신성을 정확하게 묘사한 요한복음에 해당한다.

그렇다면 성막의 입구에 이 네 가지 색깔을 모두 사용한 것은 무슨 의미일까?

생명 되신 예수님과 왕이신 예수님을 각각 의미하는 청색과 자색은, 이 문을 통해 그리스도 안으로 들어오는 사람이 물과 성령으로 거듭날 것을 말해 준다. 또한 거듭났음에도 여전히 죽은 행실 가운데 사는 사람에게 이 문으로 들어와 회개하여 '생명을 얻고 더욱 풍성한 삶'을 얻으라고 초대하는 것이다(요 10:10). 그것이 바로 번제단(십자가)을 거쳐 지성소에 계신 하나님의 보좌로 나아가, 자신만 회복되는 삶을 넘어 남에게까지 축복이 되는 삶을 살라는 아버지의 마음이다. 그리고 죄의 삯인 사망에서 인간을 속량할 뿐만 아니라 지은 죄에서 자유케 하려고 십자가에서 흘리신 주님의 보혈을 의미하는 홍색과 죽음을 이기고 생명의 첫 열매가 되신 주님의 부활을 의미하는 흰색은, 믿음으로 의로워지는 칭의와 날마다 두렵고 떨림으로 구원을 이루는 성화의 삶을 이야기한다. 이 또한 언제나 십자가 앞으로 나아가 회개하고 그리스도의 장성한 성품의 분량까지 자라기 원하시는 아버지의 마음이다. 누가복음 15장에서 패륜아이자 실패자인 둘째 아들이 돌아왔을 때 가장 좋은 옷인 채색 옷을 입혀 준, '탕자의 비유' 속 아버지도 그랬을 것이다.

하나님은 죄인 하나가 돌아오는 것을 얼마나 기뻐하시는지 모른다(눅 15:10). 그래서 육신을 입고 우리와 함께하기 위해 이 땅에 오신 '움직이는 성막'이신 예수님도 "건강한 자에게는 의사가 쓸데없고 병든 자에게라야 쓸데 있느니라 나는 의인을 부르러 온 것이 아니요 죄인을 부르러 왔노라"(막 2:17)고 말씀하셨다.

성막 뜰에 놓인 번제단

이제 살펴볼 것은 성막에서 가장 큰 성구(聖具)인 번제단이다.

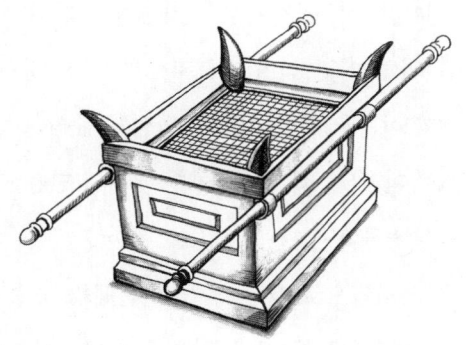

너는 조각목으로 길이가 다섯 규빗, 너비가 다섯 규빗의 제단을 만들되 네모 반듯하게 하며 높이는 삼 규빗으로 하고 그 네 모퉁이 위에 뿔을 만들되 그 뿔이 그것에 이어지게 하고 그 제단을 놋으로 싸고 재를 담는 통과 부삽과 대야와 고기 갈고리와 불 옮기는 그릇을 만들되 제단의 그릇을 다 놋으로 만들지며 제단을 위하여 놋으로 그물을 만들고 그 위 네 모퉁이에 놋 고리 넷을 만들고 그물은 제단 주위 가장자리 아래 곧 제단 절반에 오르게 할

지며 또 그 제단을 위하여 채를 만들되 조각목으로 만들고 놋으로 쌀지며 제단 양쪽 고리에 그 채를 꿰어 제단을 메게 할지며 제단은 널판으로 속이 비게 만들되 산에서 네게 보인 대로 그들이 만들게 하라(출 27:1-8).

문을 통해 성막에 들어가서 맨 처음 보게 되는 것이 바로 번제단, 즉 번제를 드리는 단이다.

번제단은 길이와 너비가 각각 다섯 규빗이다. 가로와 세로가 각각 2.5m 정도 된다는 말이다. 성경에서 숫자 5는 고난과 은혜를 나타낸다. 그리고 번제단의 높이는 삼 규빗으로, 약 1.5m 정도다. 성경에서 숫자 3은 완전수다. 이는 죄와 상처로 범벅되어 불심판을 받을 수밖에 없는 우리를 구속하기 위해 십자가(번제단)에서 고난을 겪으신 완전한 하나님의 사랑을 상징한다.

또한 번제단은 조각목으로 틀을 만들고 전체를 놋으로 쌌다. 조각목이란 가시가 많고 열매를 잘 맺지 못할 뿐만 아니라 다른 식물의 성장까지 방해하는 가시나무다. 이는 죄를 짓고 나서 하나님께 심판받은 인생을 의미한다. 이런 조각목을, 고난을 상징하는 놋으로 감쌌다. 주님이 당하신 고난의 놋으로 조각목과 같은 우리를 싸신 것이다. 이는 대속의 사랑, 받을 수 없는 것을 받게 하는 하나님의 긍휼(mercy)이다.

결정적으로 한글성경에 '제단'으로 번역된 히브리어 원어에는 '들다'라는 뜻이 포함되어 있다. 즉, 번제단이 우리 주님이 못 박혀 들리신 십자가를 상징한다는 말이다(요 12:32). 그러므로 번제단은 저주가 아니라 사랑의 제단이며, 신약의 십자가와 같다. 우리도 이 십자가에서 그리스도와 함께 믿음으로 죽어야 한다. 예수님께서 우리를 위해 죽으신 바로 그 십자가에 우리의 옛사람이 처단된 것을 믿을 때, 하나님은 그 믿음을 의로 여기시고 하나님을 만나는 길을 열어 주신다. 그러므로 십자가와 연합된 그리스도의 제자는 날마다 죽되, 빨리 죽는 것이 좋다. 십자가에서 부활하는 사람은 없다. 십자가에서 빨리 죽어야 무덤으로 내려갈 수 있고, 거기에서 부활한다. 무덤으로 내려가지 못하면 썩을 수밖에 없다. 죽어야 살고, 죽지 않으면 썩는다. 즉, 우리는 죽어야 변화되고, 죽지 않으면 변질된다.

날마다 그리스도와 함께 죽고 그리스도와 함께 사는 십자가와 빈 무덤의 경험은, 우리 심령의 번제단에 사용할 장작을 구하는 유일한 방법이다. 어느 날, 번제단에 필요한 수많은 장작이 복음적인 면에서 어떻게 준비되는지를 묵상하다가 감동적인 계시가 떠올랐다. 내가 날마다 십자가에서 죽음으로 무덤에 들어가 그리스도와 함께 부활할 때마다 사용되는 십자가가 내 심령의 번제단에 장작으로 재사용되는 영상이 마음속에 잡힌 것이다. 그렇다. 그러므로 날마다 그리스도 안에서 죽는 사람은 그 심령이 뜨거울 수밖에 없다. 날마다 내려지는 십자가를 통해 마음의 번제단의 화력이 더 강해지기 때문이다.

그래서 십자가 복음의 불을 품고 살았던 사도 바울도 이렇게 고백했던 듯하다.

형제들아 내가 그리스도 예수 우리 주 안에서 가진바 너희에 대한 나의 자랑을 두고 단언하노니 나는 날마다 죽노라(고전 15:31).

우리는 날마다 번제단 위에 우뚝 서 있는 갈보리의 십자가를 만나야 한다. 주님은 인류를 구원하기 위해 "나무에 달린 자마다 저주 아래에 있는 자"(갈 3:13; 또한 신 21:23 참고)라는 말씀을 이루셨다. 친히 죽음의 저주를 우리의 자리에서 받으신 주님의 사랑은 죽음보다 강한 불같은 사랑이었다. 그 불은 단순히 죄악을 태우는 것을 넘어선다. 인생의 모든 문제를 해결하신 예수 그리스도 십자가의 승리로서의 복음 안에 타오르는 불같은 성령, 불같은 사랑이다.

제단의 불

번제단에는 언제나 불이 있었다(레 6:12-13). 이 불은 하나님이 명령하신 성막이 완성되고 처음으로 제사드릴 때, 하나님으로부터 나온 거룩한 불이다.

아론이 백성을 향하여 손을 들어 축복함으로 속죄제와 번제와 화목제를 마치고 내려오니라 모세와 아론이 회막에 들어갔다가 나와서 백성에게 축복하매 여호와의 영광이 온 백성에게 나타나며 불이 여호와 앞에서 나와 제단 위의 번제물과 기름을 사른지라 온 백성이 이를 보고 소리 지르며 엎드렸더라(레 9:22-24).

그날 제단에 임한 것은, 죄악을 소멸하는 거룩하신 하나님의 불이었다(신 4:24). 나중에 제사장들이었던 아론의 아들 나답과 아비후는 하나님의 말씀을 따르지 않고 이 불이 아닌 다른 불로 분향하려고 하다가, 거룩하신 하나님의 불이 덮쳐 죽고 말았다(레 10:1-2).

1340년대 유럽은 흑사병(Black Death)이라고 불리는 페스트의 창궐로, 전체 유럽 인구의 30퍼센트나 되는 2천 5백만 명이 사망하는 극한 상황을 겪었다. 당시 최선의 방역 대책은 마을 전체를 불태우는 것이었다. 그때나 지금이나 가장 완벽한 소독 방법은 불로 지지거나 태우는 것이다. 하지만 우리 내면에 자리 잡은 죄악의 바이러스는 이 땅의 불로 소멸되지 않는다. 오직 하나님으로부터 나오는 거룩한 불로만 가능하다.

바로 그 하나님의 불이 떨어진 곳이 번제단이며 십자가다. 세초부터 세말까지 세상 안에 범람하는 모든 죄를 한 몸에 지고 갈보리 십자가에 오르신 예수 그리스도의 육체 위에 임한 것이다. 이는 죄에 대해서는 저주와 심판의 불이고, 사람에 대해서는 사랑과 긍휼의 불이다. 불이 임한 그곳에서 인류의 모든 죗값을 치르신 예수 그리스도의 보혈은, 모든 수치심과 정죄감에서 우리를 자유케 한다. 하나님이 겸손하고 정직하게 죄를 고백하는 사람을 용서하실 뿐만 아니라, 그 죄를 기억조차 하지 않으시는 것도 이 보혈의 공로다. 또한 주님의 보혈은 위로부터 오는 불같은 성령과 사랑을 부른다. 십자가를 통해 "피 흘림이 없는 한 죄사함도 없다"는 율법의 요구를 충족시킨 주님이 그 자리에서 이 땅에 불을 던지신 것이다.

> 율법을 따라 거의 모든 물건이 피로써 정결하게 되나니 피 흘림이 없은즉 사함이 없느니라(히 9:22).

> 내가 불을 땅에 던지러 왔노니 이 불이 이미 붙었으면 내가 무엇을 원하리요 나는 받을 세례가 있으니 그것이 이루어지기까지 나의 답답함이 어떠하겠느냐(눅 12:49-50).

번제단과 십자가에는 저주를 복으로, 심판을 긍휼로 바꾸는 불이 있다. 자기를 부인하고 자신의 십자가를 지고 주님의 길을 따르는 제자가 전해야 할 복음이 바로 이것이다. 진정한 복음 안에서는 불같은 성령, 불같은 사랑이 타오른다.

제사를 돕는 기구들

재를 담는 통과 부삽과 대야와 고기 갈고리와 불 옮기는 그릇을 만들되 제단의 그릇을 다 놋으로 만들지며(출 27:3).

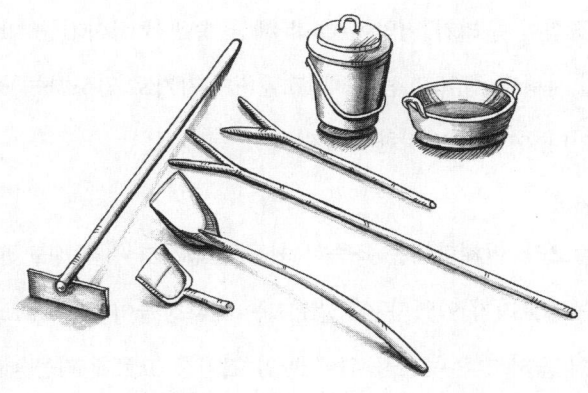

번제단에는 제사 의식에 사용하는 다섯 가지 기구가 있다. 그것들은 재를 담는 통과 부삽과 고기를 담는 대야와 고기 갈고리와 불을 옮기는 그릇이다.

- **놋대야:** 번제물로 바친 짐승은 성물(聖物)이다. 놋대야는 성물인 제물의 피를 받거나 고기의 각을 떠서 번제단에 올릴 때 그릇으로 사용했다. 대야에 담은 제물의 고기가 놋그물(출 35:16)로 옮겨져 불에

타면, 하나님과의 관계가 회복되는 것이다. 그러므로 놋대야는 세상의 모든 죄를 지고 가신 하나님의 어린양 예수 그리스도를 예표한다.

또한 놋대야는 예수 그리스도의 제자인 우리도 잃어버린 영혼을 살리는 대야의 역할을 감당해야 한다는 메시지를 전해 준다. 인생의 모든 문제를 해결하신 예수 그리스도의 승리와 하나님의 풍성한 은혜를 경험한 우리가 죄악에 눌려 세상 속에서 살아가는 이들을 구체적인 사랑의 행위로 섬길 때, 그들을 십자가로 인도하는 놋대야가 될 것이다. 이것이 진정한 전도다.

- **고기 갈고리:** 번제단에는 육중한 제물을 옮기기 위해 정교하게 만들어진 놋갈고리가 있었다. 이 갈고리는 제사장들이 제물로 드린 고기를 찍어 옮기거나, 놋그물 위에 놓인 고기를 고르게 펴는 데 사용했다. 또한 요제로 드리는 고기를 하나님께 흔들어 드릴 때도 사용했다(레 7:30). 이 갈고리가 우리에게 주는 메시지는 '섬김'이다. 갈고리 없이 제대로 제사를 드리기 어려운 것처럼, 섬기는 사람이 없으면 신앙 공동체의 기능도 마비된다.

섬김에는 양면성이 있다. 하나님에 대한 섬김을 통해 이웃을 섬기고, 이웃에 대한 섬김을 통해 하나님을 섬기는 것, 그것은 바로 예배와 삶의 일치를 말한다. 예배를 위한 갈고리와 봉사를 위한 갈고리 노릇을 모두 감당할 줄 아는 사람이 있는 곳에는 하나님으로부터 말미암은 부흥의 바람이 인다.

- **화로(불을 옮기는 그릇)**: 화로는 번제단의 불을 이어가도록 불씨를 제공하는 데 사용한다. 여기서 불은 성령을, 화로는 성령의 불을 받은 성도를 의미한다. 주님이 죽음보다 강한 사랑으로 십자가에서 던지신 불은, 오순절 성령의 역사를 통해 온 세상에 하나님 나라를 확장시켰다. 놋화로와 같은 한 사람이 하늘의 불을 받아 주변에 그 불씨를 나눠 주는 방식으로, 한 사람이 받은 불이 공동체를 이루고, 그 공동체가 마을과 도시를 변화시켰다. 그 불같은 성령과 사랑을 전해야 할 한 사람이 바로 우리다.

- **부삽(재를 담는 기구)**: 삽은 번제단에서 제물이 타고 남은 재와 찌꺼기를 긁어 재통에 담는 기구다.

　재와 찌꺼기를 긁어내다 보면, 부삽은 더러워질 수밖에 없다. 하지만 그것이 맡겨진 소명이기에 감사함으로 섬겨야 한다. 여기서 우리는 더럽고 추한 우리 인생의 길을 기꺼이 체휼하신 예수 그리스도의 모습을 보게 된다. 번제단의 부삽처럼 주님도 우리 마음과 기억 속의 쓰레기, 몸속의 각종 질병, 더러운 귀신과 악하고 추한 생각을 깨끗하게 긁어내 주신다.

　성경을 보면, 일곱 귀신에 붙들려 괴로워하던 막달라 마리아도 예수님을 만나 깨끗하게 치료받은 후 충성되고 헌신적인 제자가 되었다. 각색 병든 자들도 주님을 만나자 깨끗하게 되었다. 오늘도 십자가(번제단) 앞에 가면, 이천 년 전에 모든 것을 해결하신 '부삽'이신 주님이 우리를 섬겨 주신다. 마찬가지로 제자인 우리도 그리스도를 본받아 부삽 같은 삶을 살아야 한다. 낮은 곳을 향해 내려가는 그리스도의 심장을 가진 사람이 되어야 한다.

- **재를 담는 통:** 놋으로 만든 재를 담는 통은, 번제를 드리고 남은 재를 담아 진밖에 내다 버릴 때 사용하는 도구 중 하나다. 번제단의 재는 하나님께 드린 거룩한 제물의 흔적이다. 그러므로 일반적인 재와 달리 구별된 통에 따로 담아서 버려야 했다. 또한 재를 담아 옮길 때는 반드시 뚜껑을 닫아 바람에 날리지 않게 해야 했다.

제물의 재를 처리하는 과정은 더럽고 추한 우리의 죄와 허물을 모두 해결하신 예수 그리스도의 대속의 은혜를 기억나게 한다. 우리의 죄를 용서하신 하나님은 그 죄를 기억하지 않기로 결정하셨다. 회개한 죄를 용서하고 동이 서에서 먼 것같이 멀리 옮겨 깊은 바다에 던져 넣으신 뒤, '낚시 금지' 팻말을 써 붙이신 것이다. 이런 하나님은 정죄하는 분이 아니라 자유케 하고 풀어 주시는 분이다. 그러므로 하나님이 잊기로 하신 죄와 허물을 스스로 끄집어내는 것은, 제 발로 사탄의 정죄 앞에 서는 어리석은 짓이며 불신앙의 죄와 같다.

번제단은 회복의 중심이다

번제단을 거치지 않고 성소로 들어가는 길은 없다. 예수 그리스도의 십자가를 피해 거룩하신 하나님께 나아가기란 불가능한 것처럼 말이다. 다음 시편 말씀을 읽어 보라.

> 주는 나의 힘이 되신 하나님이시거늘 어찌하여 나를 버리셨나이까 내가 어찌하여 원수의 억압으로 말미암아 슬프게 다니나이까 주의 빛과 주의 진리를 보내시어 나를 인도하시고 주의 거룩한 산과 주께서 계시는 곳에 이르게 하소서 그런즉 내가 하나님의 제단에 나아가 나의 큰 기쁨의 하나님께 이르리이다 하나님이여 나의 하나님이여 내가 수금으로 주를 찬양하리이다 (시 43:2-4).

이 시편을 쓴 사람은 지금 극심한 고난 가운데 있다. 하지만 그는 하나님을 원망하는 대신 자신의 마음에 가득 차오르는 더러움을 그분 앞에 토하고 있다. 눈앞의 문제를 해결하는 것보다 모든 것을 다스리시는 하나님의 임재에 들어가 주님의 빛(성령)과 진리(말씀) 안에서 회복되기를 더 간구하는 것이다. 시편 기자가 나아가기 원하는 하나님의 제단은, 인생의 모든 문제를 해결하신 예수 그리스도의 십자가일 것이다. 이렇게 번제단(십자가)은 회복이 시작되는 곳이다.

회복의 표징은, 십자가 앞에 흐르는 보혈의 강수에서 회개한 심령에게 주시는 하늘의 비타민, 즉 기쁨이다. 십자가의 회복이야말로 기쁨의 근원이신 하나님께 나아가는 새롭고 산 길(living way)의 열쇠이기 때문이다.

번제단의 뿔을 붙잡으면 산다

하나님은 놋으로 만든 번제단의 네 모퉁이에 뿔을 달게 하셨다.

> 너는 회막 문 여호와 앞에서 그 송아지를 잡고 그 피를 네 손가락으로 제단 뿔들에 바르고 그 피 전부를 제단 밑에 쏟을지며(출 29:11-12).

'생명의 뿔, 구원의 뿔'로 해석되는 이 뿔은, 그분의 권세와 능력을 상징한다. 또한 제단 뿔에 바른 제물의 피는 예수님의 구속의 피를 예표한다.

그래서 성경을 보면 어떤 죄를 지었든(죽어 마땅한 죄라 할지라도) 제단으로 뛰어들어 이 뿔을 잡는 사람은 용서받았다. 열왕기상 1장에는 학깃의 아들 아도니야가 다윗의 정권을 찬탈하려다 발각되어 죽음의 위기에 처하는 장면이 등장한다. 절체절명의 순간에 아도니야는 번제단으로 달려가, 제물의 피가 묻어 있는 뿔을 붙잡으며 살려 줄 것을 간청한다. 결국 솔로몬은 그를 죽이지 않고 집으로 돌려보냈다.

오늘날도 마찬가지다. 예수님의 보혈이 흐르는 십자가를 붙잡는 자는, 그 죄에 관한 대가지불에서 자유케 된다. 긍휼을 베푸시는 하나님의 사랑이 보혈 가운데 흐르기 때문이다.

멈추지 말고 십자가로 나아가라

주님은 이 땅에 오신 사명을 십자가에서 완수하셨다. 자신이 죽어야 인류에게 살 길이 열린다는 것을 정확하게 알고 계셨다. 사탄 역시 잘 알았다. 그래서 주님이 요단 강에서 세례를 받으신 후 성령에 이끌려 광야에서 금식하며 공생애를 준비하실 때부터, 십자가로 나아가는 길을 막기 위한 유혹의 포문을 열기 시작했다.

특히 광야에서의 세 가지 시험은, 첫 사람 아담과 하와에게 했던 것과 동일한 부분을 공략한 것이었다. 선악을 아는 열매는 먹음직하고 보암직하고 지혜롭게 할 만큼 탐스럽게 보였다. 그리하여 인간은 사탄의 시험에 무너져, "육신의 정욕과 안목의 정욕과 이생의 자랑"(요일 2:16)에 사로잡힌 존재가 되어 버렸다. 이 세 가지 죄의 욕망이 우리의 육(flesh)에 프로그래밍된 것이다. 그런데 주님은 십자가에서 이 죄성의 끝없는 유전을 끊으셨다. 그래서 사도 바울도 갈라디아 교회 성도들에게 이렇게 선포했다.

> 그리스도 예수의 사람들은 육체와 함께 그 정욕과 탐심을 십자가에 못 박았느니라(갈 5:24).

사탄이 십자가로 가는 주님의 발목을 붙잡으려 안간힘을 쓴 것도 이것 때문이다. 주님이 죽으시면, 저주의 틀인 십자가가 회복의 틀로 변화되기 때문이다.

그의 속셈은 주님께 던진 세 번째 시험에 확연히 드러나 있다.

마귀가 또 그를 데리고 지극히 높은 산으로 가서 천하 만국과 그 영광을 보여 이르되 만일 내게 엎드려 경배하면 이 모든 것을 네게 주리라 이에 예수께서 말씀하시되 사탄아 물러가라 기록되었으되 주 너의 하나님께 경배하고 다만 그를 섬기라 하였느니라(마 4:8-11).

사탄은 어떻게 했는가? 자신에게 한 번만 절하면, 처절한 고통의 십자가 없이도 온 세상을 얻게 해주겠다는 백지수표를 내놓았다. 결국 3:0으로 패하고 말았지만, 사탄은 그 이후에도 계속해서 수단과 방법을 가리지 않고 십자가의 길을 걷는 주님을 방해했다. 심지어 십자가에 달리신 순간까지도 참람한 유혹으로 주님을 끌어내리려 했다. 주님이 돌아가시는 그 순간이 바로 자신의 결정적인 패배의 순간임을 잘 알았기 때문이다.

오늘날도 마찬가지다. 주님의 제자들이 날마다 자기를 부인하고 자기 십자가를 지고 주님을 따르기로 작정하고 나설 때, 사탄은 그들이 십자가에 가까이 가지 못하도록 가로막는다. 십자가 앞에 설치된 사탄의 저지선을 통과하는 길은, 십자가로 나아가기를 포기하지 않고 끝까지 '믿음의 주요 온전케 하시는 분'인 주님을 바라보는 믿음뿐이다.

제시 펜 루이스(Jessie Penn-Lewis)는 《십자가의 도》에서 다음과 같이 말했다.

진정 우리를 괴롭게 하는 것은 십자가가 아니라 십자가가 없는 것입니다. 그리스도의 십자가는 우리를 자유케 합니다. 십자가는 우리를 세상에 속한 것들로부터 자유케 합니다. 십자가는 이 세상에서 살 동안 하늘나라를 미리 맛보게 할 뿐만 아니라, 미래에 다가올 하나님의 영광에도 동참하게 합니다.

그의 말처럼 십자가는 우리로 하여금 그리스도의 남은 고난에 참여하게 함으로, 이생과 내생에 약속된 많은 유익을 누리게 하는 승리의 출발선이다. 사실 진짜 고난은 십자가의 고난을 모르는 삶이다.

십자가의 도가 멸망하는 자들에게는 미련한 것이요 구원을 받는 우리에게는 하나님의 능력이라(고전 1:18).

우리는 그 십자가로 나아가야 한다. 날마다 십자가에서 그리스도와 연합된 자신의 죽음을 경험해야 한다. 죽은 자만이 주님과 함께 살 수 있기 때문이다. 그러므로 십자가로 나아가기를 포기하지 말라. 십자가 없이 사는 삶도 꿈꾸지 말라. 육과 세상과 사탄에 대해서는 죽은 자로, 하나님과 그분의 의(義)에 대해서는 산 자로 살아갈 수 있는 자리는 오직 십자가 앞에서 뿐이다.

CHAPTER 4
보혈, 그리고 물두멍

보혈에 대한 지식을 준비하라

오늘날의 휴대폰은 전화 통화 이상의 수많은 일을 해준다. 일일이 손으로 입력하지 않아도, 음성인식 기능을 통해 자동으로 상대방에게 전화를 걸 수 있다. 사실상 초소형 컴퓨터를 한 대씩 들고 다니는 셈이다. 그러다 보니 휴대폰을 분실하거나 어딘가에 빠뜨리고 왔을 때, 가족이나 친구의 전화번호를 기억하지 못해 애를 먹는 경우도 생긴다. 이 점을 놓고 볼 때, 사실 휴대폰에 저장된 전화번호들은 내가 가진 정보가 아니라 휴대폰에 담긴 정보인 셈이다. '구슬이 서 말이라도 꿰어야 보배'라는 말처럼, 알기는 알지만 자기 마음대로 사용할 수 없는 정보와 지식도 이와 같다.

예수 그리스도의 보혈에 대한 지식도 마찬가지다. 당신은 번제단에서 수많은 동물을 죽여야 하는 성막의 제사가 왜 중단된 것인지 아는가? 현대에 와서는 짐승 제사를 드리지 않게 된 성경적 근거가 무엇인지 아는가? 안타깝게도 지금 한국교회에는 이런 질문에 제대로 답하지 못하고 더듬거리는 성도들이 많다.

많은 성도가 그 옛날 선악을 알게 하는 나무 밑에서 시작된 수치감과 정죄감, 그것을 파고드는 사탄의 비난 가운데 살아간다. 당연히 보혈의 능력을 의지하고 그 역사를 체험해야 하지만, 안타깝게도 잃어버린 휴대폰 속 전화번호처럼 이를 전혀 사용하지 못하는 것이다. 배우긴 했으므로 머릿속 어딘가에 분명히 저장되어 있는데도, 정작 필요할 때 믿음의 지식으로 사용할 수가 없다. 현실이 이렇다 보니, 십자가 앞에 나아가더라도 늘 동일한 문제에 동일하게 반응하며 영적 제자리걸음만 할 뿐이다. 더 심각한 현실은, 예수님의 피에 대한 가르침 자체가 교회 안에서 점점 사라지고 있다는 점이다.

사탄은 보혈의 능력을 절대로 이길 수 없다. 공격은커녕 그냥 넘어갈(passover) 수밖에 없다. 그토록 놀라운 보혈의 능력이 우리에게 있음에도 이를 알지도 믿지도 않는다면, 그것만큼 위험한 일도 없을 것이다. 성경에 기록된 대로 마지막 때가 다가올수록 사탄의 공세가 더욱 치열해질 것이기에 더욱 그렇다. 그래서 앤드류 머레이(Andrew Murray)는 《예수님의 보혈의 능력》(*The Power of the Blood of Jesus*)이란 책에서 "신앙은 주로 지식에 많이 좌우된다. 만약 보혈이 이룰 수 있는 것에 관해 완전하게 알지 못한다면, 신앙을 거의 기대할 수 없을 것이다. 그리고 더욱 강력한 보혈의 역사를 기대하기란 도저히 불가능하다.…우리의 신앙은 이미 성취된 사실을 바라봄으로써 더욱 경건해진다"라고 말했다.

보혈의 능력과 역사(役事)는 조건 없이 용서하고 용납하시는 주님의 사랑에 근거한다. 그래서 주님의 피에 흐르는 사랑을 알고 그 사랑의 생명력을 알며 그 생명의 역사로 말미암은 은혜에 진정 감사하는 사람은, 종교인의 옷을 입었다 벗었다 하는 위선의 덫에서 자유케 된다.

지금도 갈보리의 십자가에서 주님의 보혈이 흘러내리고 있다. 보혈로 성결케 된 자만이 하나님의 보좌 앞으로 나아갈 수 있고, 어린양의 보좌에서 흘러내리는 생명수의 강으로 들어갈 수 있다. 그 보혈의 효력과 공로를 믿는 자는 그 배에서 생수의 강이 흘러넘칠 것이다(요 7:38). 자신과 세상과 사탄을 이길 성령과 능력으로 충만해지는 것이다.

피의 속성으로 풀어낸 보혈의 신비

주님의 십자가 고난을 기록한 성경의 여러 본문 중에 이상한 구절이 하나 있다.

그중 한 군인이 창으로 옆구리를 찌르니 곧 피와 물이 나오더라(요 19:34).

몸을 창으로 찌르는데 어떻게 피와 함께 물이 나온 것일까?

인간의 피는 혈구와 혈장으로 구성되어 있다. 혈액을 원심분리기로 돌려 보면, 적혈구와 백혈구, 혈소판으로 이루어진 혈구와 혈장으로 분리된다. 그런데 학계의 연구에 따르면 심장이 극심한 충격을 받아 파열될 경우 피가 심장 옆에 있는 주머니로 모이게 되고, 이때 혈구가 가라앉고 물처럼 보이는 혈장이 위쪽에 뜬다고 한다. 그렇다면 예수님의 옆구리에서 피와 물이 나왔다는 성경의 기록도 설명이 된다. 예수님이 십자가에서 모진 고난을 받으실 때, 극심한 충격으로 심장이 파열되었다면 옆구리에서 나온 물은 물이 아니라 혈장이었을 것이다.

놀라운 창조의 작품들 속에서 주님의 깊고 부요한 진리를 만날 때마다, 우리는 하나님의 지혜 가운데 유기적으로 운영되는 질서의 오묘함 앞에 무릎 꿇을 수밖에 없다. 개역한글 성경으로 이사야 41장을 묵상하던 중에 있었던 일이다.

지렁이 같은 너 야곱아, 너희 이스라엘 사람들아 두려워 말라 나 여호와가 말하노니 내가 너를 도울 것이라 네 구속자는 이스라엘의 거룩한 자니라 보라 내가 너로 이가 날카로운 새 타작 기계를 삼으리니 네가 산들을 쳐서 부스러기를 만들 것이며 작은 산들로 겨 같게 할 것이라(사 41:14-15).

'지렁이 같은 너 야곱아'라는 부분이 자꾸 마음에 걸렸다. 하나님은 왜 이스라엘을 '지렁이'라고 부르셨을까? 물론 이 구절은 열강에 눌려 연약해져 있는 이스라엘에 대한 비유다. 하지만 왜 하필이면 지렁이일까 고민하다가, 백과사전을 집어 들었다. 지렁이에 관한 설명을 찾아보다가 깜짝 놀라고 말았다. 약하고 무기력해 보이는 지렁이에게 약 4천 개의 이빨이 있다는 것이다.

하나님은 이스라엘을 열강 속 연약한 지렁이에 비유하셨지만, 그것은 사실 그분의 때가 오면 4천 개의 이빨을 가진 '지렁이'인 이스라엘이 날카로운 새 타작기계처럼 열강을 쳐부수고 강성대국으로 일어설 것임을 단호하게 천명하신 것이다. 해부학이 발달하기도 한참 전인 BC 6세기 중반에 기록된 성경이지만, 창조자 하나님은 지렁이의 모든 것을 알고 계셨던 것이다.

이와 같이 성경은 단순히 영적 지식뿐 아니라 과학적 사실까지도 포함하고 있다. 그렇다면 앞에서 소개한 이론대로 십자가에 달린 예수님의 심장이 극심한 충격으로 파열되어, 옆구리에서 물처럼 보이는 혈장이 흘러나왔다는 해석도 가능하다. 사실 이미 예수님의 생애를 다룬 영화 속에서 주님이 십자가에서 돌아가시기까지 얼마나 잔인하고 참혹한 고난을 당하셨는지 목격하지 않았는가! 물론 영화의 한 장면이지만, 그만큼 주님이 십자가에서 당하신 영적, 정신적, 정서적, 육체적인 고통은 우리의 상상을 초월하는 것이었으리라.

'물처럼 보이는 혈장'은 "맑은 물을 너희에게 뿌려서 너희로 정결하게 하되 곧 너희 모든 더러운 것에서와 모든 우상 숭배에서 너희를 정결하게 할 것이며"(사 36:25)라는 구절이나 "우리가 마음에 뿌림을 받아 악한 양심으로부터 벗어나고 몸은 맑은 물로 씻음을 받았으니"(히 10:22)라는 구절들의 해석에도 적용할 수 있다. 여기에 기록된 '죄를 정결케 하는 물'의 정체도, 주님의 옆구리에서 흘러나온 혈장이 아닐까.

성막 뜰에 놓인 물두멍

물두멍은 번제단과 회막 사이에 위치한, 물을 담는 커다란 놋그릇이다.

여호와께서 모세에게 말씀하여 이르시되 너는 물두멍을 놋으로 만들고 그 받침도 놋으로 만들어 씻게 하되 그것을 회막과 제단 사이에 두고 그 속에 물을 담으라 아론과 그의 아들들이 그 두멍에서 수족을 씻되 그들이 회막에 들어갈 때에 물로 씻어 죽기를 면할 것이요 제단에 가까이 가서 그 직분을 행하여 여호와 앞에 화제를 사를 때에도 그리 할지니라 이와 같이 그들이 그 수족을 씻어 죽기를 면할지니 이는 그와 그의 자손이 대대로 영원히 지킬 규례니라(출 30:17-21).

당시 여인들의 재산 목록 1호였던 놋거울을 모아 만든 성구(聖具)인 물두멍은, 제사장이 제사 과정에서 더러워진 자신의 손발을 씻는 곳이다. 손이나 발이 더러운 상태로 번제단에 나아가거나 성소에 들어가면 하나님의 거룩하심 앞에서 죽임을 당하기 때문에, 반드시 몸을 깨끗하게 씻어야 했다.

물두멍에서 물로 손을 씻는 것은, 하나님께 나아가는 사람은 반드시 죄를 고백하고 깨끗하게 용서받아야 한다는 의미다. 그래서 놋으로 된 물두멍은 우리 대신 심판을 받으신 주님의 몸을 상징한다.

성경은 주님과 우리의 관계를 신랑과 신부로 비유한다. 신부에게 가장 중요한 가치는 순결과 정결이다. 마지막 때를 사는 오늘날의 성도는 그리스도의 신부답게, 어린양의 피로 정결케 된 흰옷을 입어야 한다(계 7:14). 그러나 죄가 창궐한 세상에서 순결하고 정결한 신부로 살기란 결코 쉽지 않다. 이 세대와 시대가 악할 뿐만 아니라, 우리 속에서 자기 중심적인 옛사람이 불쑥불쑥 고개를 쳐들고 "나 아직 살아 있어!"라며 끊임없이 항변하기 때문이다. 신부 혼자의 힘과 능으로는 어느 것 하나 마음대로 조절할 수 없다. 아니, 오히려 상태가 더 심각해진다.

이런 신앙의 대표적인 예가 바로 이스라엘 백성이다. 선지자들이 활동하던 구약시대의 이스라엘은 종교적으로는 화려하고 세련된 면모를 보였지만, 그 속은 우상숭배와 탐욕으로 썩어 문드러진 상태였다.

너희 소돔의 관원들아 여호와의 말씀을 들을지어다 너희 고모라의 백성아 우리 하나님의 법에 귀를 기울일지어다 여호와께서 말씀하시되 너희의 무수한 제물이 내게 무엇이 유익하뇨 나는 숫양의 번제와 살진 짐승의 기름에 배불렀고 나는 수송아지나 어린 양이나 숫염소의 피를 기뻐하지 아니하노라 너희가 내 앞에 보이러 오니 이것을 누가 너희에게 요구하였느냐 내 마당만 밟을 뿐이니라 헛된 제물을 다시 가져오지 말라 분향은 내가 가증히 여기는 바요 월삭과 안식일과 대회로 모이는 것도 그러하니 성회와 아울러 악을 행하는 것을 내가 견디지 못하겠노라 내 마음이 너희의 월삭과 정한 절기를 싫어하나니 그것이 내게 무거운 짐이라 내가 지기에 곤비하였느니라 너희가 손을 펼 때에 내가 내 눈을 너희에게서 가리고 너희가 많이 기도할지라도 내가 듣지 아니하리니 이는 너희의 손에 피가 가득함이라 (사 1:10-15).

이사야 선지자가 활동하던 시절, 이스라엘 백성의 종교성은 매우 열정적이었다. 안식일을 준수하는 것은 물론 유대 달력으로 매월 첫날인 월삭마다 예배를 드렸고, 모든 절기와 대회를 성실하게 지켰다. 또한 예배하러 나올 때마다 숫염소, 새끼 양, 수송아지 등 수많은 희생제물을 가져왔다. 놀라운 점은 흠이 있거나 병든 것은 하나도 없고, 모두 튼튼하고 살진 것들이었다는 사실이다. 눈속임하는 법 없이, 자신에게 가장 소중한 것을 기꺼이 내놓은 것이다. 또한 그들은 기도도 많이 했다. 전 국민이 금식하는 날을 따로 정해 지켰는데, 정말 '전 국민'이 금식에 동참할 정도였다.

이러한 양상은 예레미야 선지자가 활동하던 시대에도 마찬가지였다. 하나님의 심판이 목전에 다다른 상태였지만, 종교의식은 극도로 활성화되어 있었다. 그들의 종교적 열심이 얼마나 극심했는지, 오늘날의 에티오피아나 남예멘, 심지어 인도까지 가서 번제 때 사용할 향료를 사 올 정도였다(렘 6:20).

이러한 이스라엘 백성은 신앙생활을 잘하고 있다며 나름 자부심을 느끼고 있었을 것이다. 게다가 하나님이 자신들의 예배를 기쁘게 받으신다고 진심으로 믿었을 것이다. 하나님이 자신의 예배를 받지 않으신다고 생각하는 사람이 예배를 위해 큰 대가지불을 할 리 없지 않은가?

하지만 더 놀라운 것은, 종교의식에 열과 성을 쏟을수록 그들의 심령이 돌덩이처럼 굳어져 갔다는 사실이다. 그들은 예수님의 '씨 뿌리는 자'의 비유에 등장하는 길가 밭처럼, 하나님의 말씀을 받아들이기는커녕 아예 튕겨낼 지경이었다. 그런데도 그들은 속죄 제사를 드리며 죄 사함을 받았다는 착각에 빠져 스스로를 위로했다.

이렇게 하나님을 경외하는 마음에서 점점 멀어지는 백성을 바라보며 주님은 매우 마음 아파하셨다. 그래서 이렇게까지 말씀하셨다.

더 이상 헛된 제물을 가져오지 마라. 이제 제물 타는 냄새에는 구역질이 난다. 초하루와 안식일과 축제의 마감날에 모여서 하는 헛된 짓을 나는 더 이상 견딜 수 없다(사 1:13, 공동번역).

오늘날에도 이러한 현상이 일어난다. 십자가에서 회복된 부분이 세상에서 다시 더러워지고 다시 회복되고 다시 더러워지는 반복의 연속이 일어날수록 악습이나 죄성에 대한 타당성이 점차 확립되어 간다. 마치 부모를 사랑하고 순종하라는 하나님의 기본적인 계명마저도 '고르반'(corban, 하나님께 성별하여 드린 물건을 뜻하는 용어로, 후기 유대인들은 자기 재산을 하나님께 바치는 경건을 가장하여 연로한 부모를 부양할 책임을 회피하려 했다)이라는 전통으로 자기 합리화를 했던 것처럼 말이다.

유대인들이 가졌던 종교적 열심의 중심에는 자기중심의 의라는 자아가 들어 있었다. 그들은 마치 회칠한 무덤 같았다. 겉은 깨끗해 보이나 속은 심하게 부패되었던 종교인들의 외식적인 종교생활이 자연스러워 보였던 이유는 양심의 가책에서 벗어나려는 자기 합리화로 점철된 '일리'(一理)를 '진리'(眞理)로 포장하는 사탄의 '대체원리전략'에 원격조정을 받고 있었기 때문이다.

눈물의 선지자 예레미야가 활동하던 시대, 거짓 선지자들에게 영향 받은 남유다 백성은 종교적으로 열심이 충만했다. 그러나 그들은 예레미야의 입을 통해 대언되는 하나님의 음성에 전혀 귀 기울이지 않았다. 그들은 예레미야를 매국노로 몰아치면서 감옥에 넣어 버렸다. 그러나 그들 나름대로 형성된 신앙 안에서 진행되는 종교적 열심은 남달리 뜨거웠다.

캔자스주립대학교는 미국 전역에 걸쳐 '7가지 죄', 즉 탐욕(Greed), 시기(Envy), 분노(Wrath), 정욕(Lust), 과식(Gluttony), 태만(Sloth), 교만(Pride)을 조사했는데, 이를 바탕으로 '일곱 가지 치명적인 죄의 지도'(Mapping the 7 Deadly Sins)라는 도표를 만들었다. 2013년 12월 20일 크리스천 포스트와 인터뷰한 내용을 보면, 연구진은 "교만은 하나님보다 다른 것을 과도하게 찬양하거나 다른 것에 가치를 둔 것으로, 모든 죄의 근본이기에 각각의 죄를 합하여 측정됐다"고 설명하고 있다. 그리고 그 지도에서 발견되는 충격적인 사실은 신앙 전통이 강한 '바이블 벨트'(Bible Belt) 지역이 다른 지역에 비해 '1인당 죄의 분량'이 가장 많은 것으로 나타났다는 점이다. 세상의 소금과 빛으로서의 사명을 감당해야 할 교회가 세상을 감당하기보다는 세상에 의해 변질되어 가고 있었으며, 그 모습이 세상에 의해 모니터링된 것이다. 우리는 디트리히 본 회퍼의 외침을 들어야 한다. 그는 세상을 정화해 낼 수 없는 독일 국가 교회의 종교화된 모습을 보며 기독교의 비종교화를 외쳤다. 지금은 예배갱신을 통한 교회의 갱신을 모색해야 할 때다. 이를 위해서는 우선 물두멍에 비친 우리의 모습을 보고, 깨끗하게 씻는 데서부터 시작해야 한다.

정결케 하는 보혈의 물

구약시대 이스라엘 백성의 예처럼, 종교적 열심으로는 결코 거룩하신 하나님과의 관계를 회복할 수 없다. 그 당시 제사장들은 번제단 앞에서 주어진 거룩한 사명을 따라 열심을 내어 일하고 난 후 자신도 모르게 더러워진 손발을 물두멍 앞에서 깨끗하게 씻었다. 그래야만 성소에 들어갈 수 있었다. 이 사실은 아무리 열심을 다하더라도, 그것이 하나님을 만나는 기초가 되는 것은 아니라는 점을 뒷받침해 준다.

일(work)에 초점을 두고 집중하게 되면, 자기도 모르게 '얼마나 훌

룡해 보이는 일을 얼마나 많이 하고 있는가'에 따라서 자기 정체성의 뿌리를 두게 마련이다. 자신이 하나님께 내어 드린 것에 대한 보상을 기대하는 사람도 있고, 지위나 경력을 자신의 의로 삼아 자랑하는 사람도 있다. 이 모든 것의 공통점은 바로 '관계를 무너뜨린다'는 점이다. 태산같이 많은 일을 하겠다고 나섰으나, 결국 태산처럼 깊은 골짜기만 만들 수도 있다는 말이다.

우리는 왕 같은 제사장으로 부르심 받은 사람들이다. 그러므로 종교적 열심이나 사역으로 관계가 더럽혀지거나 끊어지지 않도록, 주님의 보혈로 정결케 되어야 한다. 그러지 않으면, (이스라엘 백성처럼) 회개를 해도 '회'(悔)는 되나 '개'(改)가 안 되는 경우가 생길 수밖에 없다. 그래서 우리는 더러워진 손발을 물두멍에서 계속해서 씻어야 한다.

십자가에 못 박히시기 전날 밤, 아버지께로 올라가실 때가 되었음을 아신 주님은 열두 제자를 모아 놓고 그들의 발을 일일이 씻겨 주셨다 (요 13:3-10).

이때 열혈 제자 베드로는 손사래 치며 한사코 거부했다. "주님, 어떻게 주님이 저희 발을 씻겨 주신단 말입니까? 제 발은 안 됩니다. 다른 사람들은 몰라도 저만은 그렇게 할 수 없습니다."

하지만 주님은 그에게 이렇게 말씀하셨다. "내가 너를 씻겨 주지 않으면 너와 나는 아무 관계도 아닌 사이가 된다."

그러자 베드로는 돌변해서, 주님께 샤워를 요청한다. "아이고, 주님!

그런 거였으면 처음부터 그렇다고 말씀하지 그러셨어요. 그렇다면 발만 씻겨 주실 게 아니라 아예 손과 머리까지 다 씻겨 주세요."

"아니다, 베드로야. 이걸로 충분하다. 목욕을 한 사람은 발만 씻으면 된다. 이미 온몸이 깨끗하기 때문이다."

여기서 '목욕을 해서 온몸이 깨끗하다'는 주님의 말씀은, 십자가로부터 흘러내리는 보혈의 강에 온몸을 씻으면 '그리스도 안에서' 영원히 의인이 된다는 의미로 해석할 수 있다. 그렇다면 '목욕을 한 사람은 발만 씻으면 된다'는 말씀은, 번제단(십자가)에서 예수의 보혈로 의롭다 하심을 입었다 해도 종교화된 신앙과 악한 세상 속에서 또다시 죄를 지을 수밖에 없으니, 계속해서 주의 보혈로 씻어야 한다는 의미로 받아들일 수 있다. 번제단(십자가)에 뿌려진 붉은 피, 혈구가 교만과 거역의 원죄를 해결하는 칭의(justification)의 효력을 발휘한다면, 물두멍의 물이 상징하는 '물 같은 피', 혈장은 스스로의 생각과 말과 행동으로 지은 자범죄를 해결하는 성화(sanctification)의 효력을 발휘한다.

죄에는 세상의 가치를 좇는 관성(慣性)이 있다. 보혈은 이 관성의 힘을 끊고 여호와를 향한 거룩함에 참여하게 한다. 그래서 주의 보혈로 많이 씻은 사람일수록 보혈 없이 하나님 앞에 설 수 없는 자신을 발견하게 되어, 더욱 겸손해진다. 교만과 거역의 원죄를 가진 인간이 겸손해지는 가장 강력한 방법은, 예수 그리스도를 예표하는 물두멍에 비친 자신의 더러움을 깨끗하게 씻는 것이다. 즉, 미쁘고 의로우셔서 우리의 죄를 용서하며 모든 불의에서 깨끗하게 하시는 하나님께 회개하고 자복하는 것이다.

규격이 없는 물두멍의 은혜

나는 2008년에 미국 공공과학 도서관에서 나온 온라인 학술지 〈플로스원〉(*PLoS ONE*)을 보다가 매우 흥미롭고도 충격적인 사실을 발견하게 되었다. 영국 런던대학의 세미르 제키(Semir Zeki) 교수가 이끄는 연구진이 17명의 남녀에게 그들이 사랑하는 사람과 미워하는 사람의 사진을 보여 주고 뇌에서 일어나는 변화를 촬영했는데, 의외의 결과가 나온 것이다. 미워하는 사람은 물론, 사랑하는 사람의 사진을 보여 줬을 때도 피실험자들의 뇌에서 '증오 회로'라고 부르는 부분이 활성화된 것이다. 이 연구 결과에 따르면, 우리는 모두 태어날 때부터 사랑의 회로가 없는(증오 회로를 빌려서 사랑할 수밖에 없는) 장애인들이나 마찬가지다.

성경이 '미워하는 것은 살인하는 것'이라고 선언하는 배경도 이와 관련되어 있다고 볼 수 있다(요일 3:15). 살인이라는 악한 행위의 근원이 내면의 미움이라면, 살인에 이르게 하는 미움(나는 이것이 사랑하기 싫어하는 마음, 용서하지 않는 마음이라고 생각한다)도 세상에 죄가 들어오기 시작한 선악과 사건 때부터 존재했을 것이다. 에덴동산의 타락 이후로 모든 사람이 사랑 장애인이 되어 버렸다는 말이다.

하루는 베드로가 주님께 이렇게 물었다.

그때에 베드로가 나아와 이르되 주여 형제가 내게 죄를 범하면 몇 번이나 용서하여 주리이까 일곱 번까지 하오리이까(마 18:21).

당시 이스라엘의 랍비들은 세 번까지 용서해 주라고 가르쳤다. 그러니까 베드로의 '일곱 번 용서'는 랍비들보다 갑절이 넘는 셈이었다. 이는 베드로가 관용을 빙자해서 자기 자신을 드러내려고 한 질문이다. 사실 대답까지 베드로가 하고 있지 않은가. 하지만 그의 중심을 보신 주님은 이렇게 말씀하셨다.

예수께서 이르시되 네게 이르노니 일곱 번뿐 아니라 일곱 번을 일흔 번까지라도 할지니라(마 18:22).

아예 미움을 포기하고 사랑하라는 말씀이다. 이것이 사랑 장애인인 인간과 사랑 자체이신 하나님의 차이점이다.

하나님의 긍휼과 용서는 용량제한도 없고 유통기한도 없다. 그것을 명확하게 보여 주는 것이 바로 물두멍이다. 다른 성구(聖具)들과 달리 물두멍에는 정해진 규격이 없었다. 하나님이 따로 치수를 정해 주지 않으신 유일한 기구였다. 손발을 씻는 시간에 대한 규정도 없고, 두멍(그릇)의 크기와 물의 양에 대해서도 정해진 바가 없었다. 많은 물이 필요하면 필요한 만큼 물두멍을 크게 만들 수 있었다. 많은 제사를 치르느라 하루 백 번이 넘게 손발을 씻어야 하는 상황이 벌어져도 끄떡없도록 말이다. 한 마디로 '무제한'이었다. 죄를 씻는 회개의 길을 최대한 크고 넓게 열어 주시려는 하나님의 은혜가 느껴지는 대목이다.

하나님은 우리가 죄 가운데로 들어갈 때 징계보다 용서를 생각하시는 분이다. 계명을 지키겠다고 언약한 백성이 바로 그 자리에서 우상을 섬기는 것을 보고도 하나님은 임마누엘이신 예수 그리스도를 예표하는 성막을 그들 가운데 세우셨다. 그리고 때가 차매 성막을 통해 말씀하신 그대로 십자가의 구원을 성취하셨다. 모든 죄를 용서하며 언제까지나 용서하는, 죄는 싫어하지만 죄인은 사랑하시는 그분의 성품 때문이다. 그분의 용서에는 횟수 제한이 없다.

물두멍의 물이 상징하는 하나님의 말씀

교도소에서 선교사역을 하는 이들이 재소자들에 대해 공통으로 이야기하는 것이 있다. 거의 대부분 재소자가 "당신은 죄인이요"라는 소리를 들을 때 버럭 화를 내며 부인한다는 것이다. 자신의 죄를 인정하지 않는 것이다.

회개에서 가장 필수적인 요소는 정직함이다. 간음과 살인을 저지른 다윗은 비록 죄악의 골짜기로 떨어졌지만, 주님 앞에서 자신의 악한 모습을 깨닫고 삶의 방향을 돌이켰다. 그때 다윗이 하나님께 구한 것이 바로 정직한 마음이었다(시 51:10). 이미 다윗의 죄를 용서할 준비를 하고 계셨던 하나님은 상하고 통회하는 마음을 부으셔서 그가 정직하게 죄를 자백하도록 도와주셨다. 있는 그대로 숨기지 않고 빛 가운데 드러내도록 말이다(요일 1:7).

앞에서 설명한 대로 자범죄를 고백하고 회개하는 자리인 물두멍은 이스라엘 여인들의 놋거울로 만들었다. 거울의 원래 용도는 사람이나 사물의 모습을 있는 그대로 보여 주는 것이지만, 사람들은 그것을 자기 자신이 아닌 다른 존재로 꾸미고 포장하는 데 사용한다. 자신의 모습을 비추는 것이 아니라 극대화된 허영과 탐욕을 투영하는 물건이 되어 버린 것이다. 그런데 바로 그 놋거울이 허영과 탐욕으로 말미암은 죄를 정결하게 씻는 물두멍이 되었다. 그리고 이 물두멍에는 깨끗한 물을 가득 채웠다. 물두멍에 채워진 물은 깨끗하게 하시는 하나님의 말씀을 상징한다.

너희는 내가 일러준 말로 이미 깨끗하여졌으니(요 15:3).

그들을 진리로 거룩하게 하옵소서 아버지의 말씀은 진리니이다(요 17:17).

이는 곧 물로 씻어 말씀으로 깨끗하게 하사 거룩하게 하시고(엡 5:26).

하나님의 말씀은 살아 있고 활력이 있어 좌우에 날선 어떤 검보다도 예리하여 혼과 영과 및 관절과 골수를 찔러 쪼개기까지 하며 또 마음의 생각과 뜻을 판단하나니 지으신 것이 하나도 그 앞에 나타나지 않음이 없고 우리의 결산을 받으실 이의 눈앞에 만물이 벌거벗은 것같이 드러나느니라(히 4:12-13).

이와 같이 하나님의 말씀(레마)에는 물두멍에 사용된 놋거울처럼 정직하게 죄를 드러내게 하며, 물두멍 안에 채워진 깨끗한 물처럼 정결케 하는 능력이 있다. 그러므로 하나님의 말씀으로 풍성한 삶을 살지 않는 그리스도인에게 죄와 회개에 대해 이야기하면, 오히려 이렇게 반응할 것이다. "내가 왜 죄인이야? 꼬박꼬박 주일 성수하고, 헌금과 십일조도 빼먹지 않고, 교회 봉사까지 열심히 했는데! 법 없이도 살 사람인 나한테 죄인이라고?"

이처럼 말씀의 결핍 증상을 보이면서도 이를 자각하지 못하는 안타까운 인생들에게 하나님은 이렇게 말씀하신다.

만일 우리가 죄가 없다고 말하면 스스로 속이고 또 진리가 우리 속에 있지 아니할 것이요…만일 우리가 범죄하지 아니하였다 하면 하나님을 거짓말하는 이로 만드는 것이니 또한 그의 말씀이 우리 속에 있지 아니하니라 (요일 1:8, 10).

이 땅에 살아 있는 말씀으로 오신 주님은 우리가 물두멍으로 나아갈 때마다, 긍휼의 사랑으로 우리 죄를 밝히시고 정직한 영으로 깨달은 죄를 고백하게 하신다.
그것은 다음과 같은 이유 때문이다.

- **용서가 하나님의 본성 자체이기 때문이다.** 우리 같은 인생과 '비교할 수 없을 만큼' 하나님의 성품 안에는 용서의 마음이 충만하다.
- **하나님이 어떤 분인지 깨닫기 원하시기 때문이다.** 하나님은 우리가 끝없는 용서와 용납의 경험 속에서 하나님이 '어떤 것과도 비교할 수 없을 만큼' 좋으신 아버지이심을 깨닫기 원하신다.
- **용서는 행위에 달린 것이 아니라 그분의 은혜임을 보여 주고 싶으시기 때문이다.** 용서가 만들어 내는 놀라운 열매를 통해, 미련해 보이는 하나님의 은혜가 지혜로워 보이는 사람의 행위보다 '비교할 수 없

을 만큼' 탁월하다는 것을, 자기 의를 추구하는 사람들에게 보여 주기 원하신다.
- **어떤 것보다 강렬한 하나님의 열정 때문이다.** 죄의 소욕을 부추겨 영혼을 도둑질하고 죽이고 멸망시키려는 사탄의 파괴적인 열정은 정말 강렬하다. 그러나 우리로 하여금 생명을 얻게 하고 더욱 풍성하게 함으로 영광을 받고 영원토록 함께 즐거워하기 원하시는 하나님의 열정이 사탄과 '비교할 수 없을 만큼' 더 크고 위대하다.
- **우리와 교제하는 기쁨을 포기하지 않으시기 때문이다.** 하나님은 그분의 형상을 따라 지음 받은 우리가 하나님께 나아오는 것을 '무엇과도 비교할 수 없을 만큼' 기뻐하신다. 이것이 하나님이 영과 진리로 아버지를 예배하는 자를 찾으시는 이유이기도 하다.

용서는 우리를 향한 하나님 사랑의 최고 표현이며, 그분의 사랑은 결코 실패하지 않는다(God's love never fail).

물두멍에서
말씀의 빛을 체험한 사람들

물과 성령으로 거듭난 인생은 더 이상 증오회로를 빌어 사랑하지 않는다. 주님의 사랑회로인 십자가를 통해 사랑하는 법을 배우기 시작하기 때문이다. 그런 사람은 십자가를 종교적 상징물로 바라보는 게 아니라 하나님의 사랑이 흐르는 통로로 인식한다.

하나님과 우리 사이를 연결한 십자가는 결코 끊어지지 않는다. 하지만 세상 가운데서 더러워진 발을 계속해서 씻지 않는다면, 거룩하신 주님과 상관할 수 없는 예전의 상태로 돌아갈 수밖에 없다. 그러므로 우리는 더럽혀진 자신을 날마다 말씀으로 조명하며, 하나님과 우리 사이를 가로막는 죄를 물두멍의 보혈로 씻어야 한다.

회개의 신앙이 깊어질수록, 우리 조상 아담과 하와가 잘 다루지 못하고 실패한 옛사람의 교만도 다스릴 수 있게 된다. 겸손한 자기 고백이 이 일을 가능케 한다.

사도 바울은 주님의 영광스러운 빛 가운데 들어가면 갈수록 "죄인 중에 내가 괴수다"(딤전 1:15)라고 고백했다. 사도 바울 이후 신학과 철학에 가장 위대한 업적을 남긴 성 어거스틴은 "나는 망할 자이옵니다"라고 고백했다. 종교개혁의 선구자 마틴 루터는 "나는 버림받을 죄인입니다"라고 고백했다. 칼빈도 유언장을 작성하며 "나는 망할 자다"라고 고백했다. 한국교회 목회자의 영원한 본이 되는 길선주 목사 역시 "나는 아간과 같은 죄인입니다"라고 고백했다.

이 모든 고백은 말씀 가운데 깊고 풍성하게 거함을 통해 하나님의 관점이 그들 안에 심어져야만 가능한 일이다. 이 관점 덕분에 그들은 보이는 것에 치중하는 자기중심적 종교생활이 아니라 하나님만 아시는 내면의 뿌리 영성에 집중할 수 있었을 것이다.

오직 자신이 죄인이고 망할 수밖에 없는 인생임을 시인하는 사람만이 비로소 하나님 한 분만이 온전한 거룩과 사랑이심을 깨닫고 그분께 나아갈 수 있다.

CHAPTER 5
하나님의 임재 처소인 성소

성막은 길과 진리와 생명이 되시는 예수 그리스도를 예표한다. 우리는 성막에서 그리스도를 만난다. 번제단에서는 하나님께 나아가는 길인 그리스도를, 성소에서는 하나님과의 관계를 회복하는 진리인 그리스도를, 지성소에서는 하나님으로부터 말미암는 생명인 그리스도를 각각 만나게 된다.

이번 장에서 우리는 번제단과 물두멍을 지나 성소로 발을 들여놓을 것이다. 성소는 십자가를 통해 하나님께 나아가는 길을 여신 주님이 어떻게 하나님과의 관계 회복에 있어서도 변함없는 기반과 열쇠가 되시는지 명확하게 보여 준다.

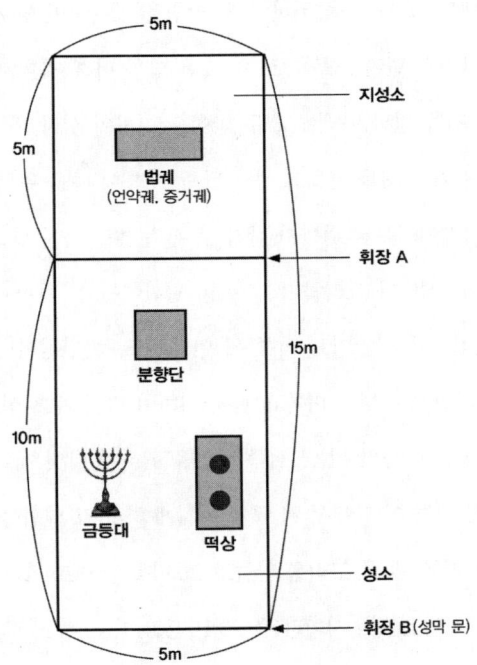

성막의 둘레를 세우는 널판

너는 조각목으로 성막을 위하여 널판을 만들어 세우되 각 판의 길이는 열 규빗, 너비는 한 규빗 반으로 하고 각 판에 두 촉씩 내어 서로 연결하게 하되 너는 성막 널판을 다 그와 같이 하라 너는 성막을 위하여 널판을 만들되 남쪽을 위하여 널판 스무 개를 만들고 스무 널판 아래에 은 받침 마흔 개를 만들지니 이쪽 널판 아래에도 그 두 촉을 위하여 두 받침을 만들고 저쪽 널판 아래에도 그 두 촉을 위하여 두 받침을 만들지며 성막 다른 쪽 곧 그 북쪽을 위하여도 널판 스무 개로 하고 은 받침 마흔 개를 이쪽 널판 아래에도 두 받침, 저쪽 널판 아래에도 두 받침으로 하며 성막 뒤 곧 그 서쪽을 위하여는 널판 여섯 개를 만들고 성막 뒤 두 모퉁이 쪽을 위하여는 널판 두 개를 만들되 아래에서부터 위까지 각기 두 겹 두께로 하여 윗고리에 이르게 하고 두 모퉁이 쪽을 다 그리하며 그 여덟 널판에는 은 받침이 열여섯이니 이쪽 판 아래에도 두 받침이요 저쪽 판 아래에도 두 받침이니라 너는 조각목으로 띠를 만들지니 성막 이쪽 널판을 위하여 다섯 개요 성막 저쪽 널판을 위하여 다섯 개요 성막 뒤 곧 서쪽 널판을 위하여 다섯 개이며 널판 가운데에 있는 중간 띠는 이 끝에서 저 끝에 미치게 하고 그 널판들을 금으로 싸고 그 널판들의 띠를 꿸 금 고리를 만들고 그 띠를 금으로 싸라 너는 산에서 보인 양식대로 성막을 세울지니라(출 26:15-30).

성막은 높이 열 규빗(5m), 넓이 한 규빗 반(75cm)인 널판 48장(우측면 20장, 좌측면 20장, 전면 8장)을 조립해서 만들었다.

조각목에는 금을 입혔는데, 만들어진 널판은 그리스도를 의미하기도 하고 그리스도로 옷을 입은 성도를 의미하기도 한다. 또한 널판의 중간을 가로지는 가름대와 금고리는 네 개의 띠로 연결되었는데, 이는 성도가 그리스도 안에서 한 성령을 통해 하나 된 것을 말한다. "모든 겸손과 온유로 하고 오래 참음으로 사랑 가운데서 서로 용납하고 평안의 매는 줄로 성령이 하나 되게 하신 것을 힘써 지키라 몸이 하나요 성령도 한 분이시니 이와 같이 너희가 부르심의 한 소망 안에서 부르심을 받았느니라"(엡 4:2-4).

그리스도의 몸인 교회가 공동체로 연합하지 않으면, 아무리 뛰어난 사람들이 모여 있어도 꿰지 않은 구슬과 같다. 보배 같은 구슬 서 말을 모은다 해도 한데 꿰지 않으면 그 가치를 발휘하지 못한다.

널판을 지지하는 은받침
성막의 벽이 되는 48개의 조립식 널판은 수평으로 연결했는데, 견고히 세워지도록 널판 하나 당 2개의 은받침을 만들어(총 96개) 수직으로 끼웠다. 개당 40kg이나 되는 은받침은, 이스라엘 백성 중에서 계수함을 받은 남자들이 부담하는 생명의 속전세로 만들었다(20세에서 50세 사이의 남자라면 누구나 빈부에 상관없이 반 세겔씩 속전세를 냈다).

성막의 벽이 흔들리지 않도록 견고히 붙잡아 주는 은받침은, 그리스도 안에 있는 성도를 영원토록 붙드시는 주님을 상징하기도 하고, 그렇게 행하시는 주님에 대한 견고한 믿음을 나타내기도 한다. 이처럼 구원받은 후에도 우리는 믿음이라는 바탕 위에 서 있어야 한다. "복음에는 하나님의 의가 나타나서 믿음으로 믿음에 이르게 하나니 기록된 바 오직 의인은 믿음으로 말미암아 살리라 함과 같으니라"(롬 1:17).

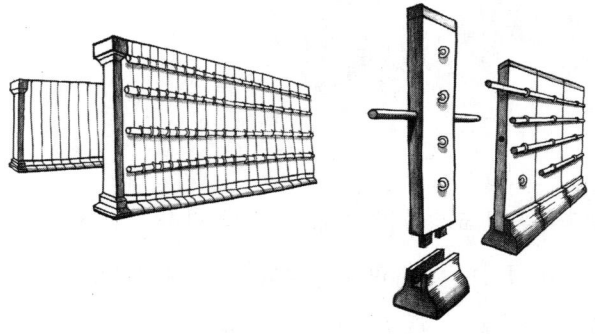

널판 위의 덮개들

너는 성막을 만들되 가늘게 꼰 베 실과 청색 자색 홍색 실로 그룹을 정교하게 수 놓은 열 폭의 휘장을 만들지니 매 폭의 길이는 스물여덟 규빗, 너비는 네 규빗으로 각 폭의 장단을 같게 하고 그 휘장 다섯 폭을 서로 연결하며 다른 다섯 폭도 서로 연결하고 그 휘장을 이을 끝폭 가에 청색 고를 만들며 이어질 다른 끝폭 가에도 그와 같이 하고 휘장 끝폭 가에 고 쉰 개를 달며 다른 휘장 끝폭 가에도 고 쉰 개를 달고 그 고들을 서로 마주 보게 하고 금 갈고리 쉰 개를 만들고 그 갈고리로 휘장을 연결하게 한 성막을 이룰지며 그 성막을 덮는 막 곧 휘장을 염소털로 만들되 열한 폭을 만들지며 각 폭의 길이는 서른 규빗, 너비는 네 규빗으로 열한 폭의 길이를 같게 하고 그 휘장 다섯 폭을 서로 연결하며 또 여섯 폭을 서로 연결하고 그 여섯째 폭 절반은 성막 전면에 접어 드리우고 휘장을 이을 끝폭 가에 고 쉰 개를 달며 다른 이을 끝폭 가에도 고 쉰 개를 달고 놋 갈고리 쉰 개를 만들고 그 갈고리로 그 고를 꿰어 연결하여 한 막이 되게 하고 그 막 곧 휘장의 그 나머지 반 폭은 성막 뒤에 늘어뜨리고 막 곧 휘장의 길이의 남은 것은 이쪽에 한 규빗, 저쪽에 한 규

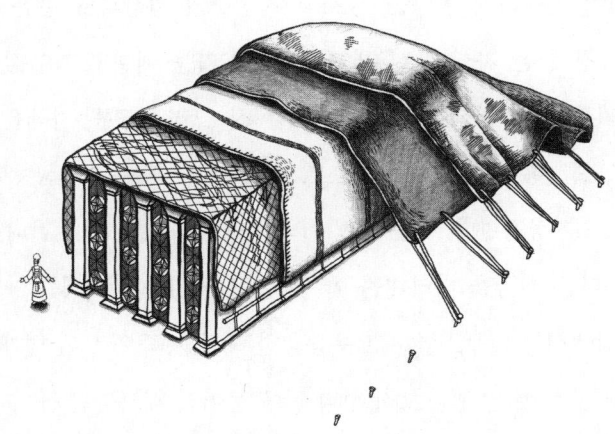

빗씩 성막 좌우 양쪽에 덮어 늘어뜨리고 붉은 물 들인 숫양의 가죽으로 막의 덮개를 만들고 해달의 가죽으로 그 윗덮개를 만들지니라(출 26:1-14).

하나님은 성막을 네 겹으로 덮게 하셨는데, 커튼 형태의 안쪽 두 겹은 '휘장'이라고 불렸고 뚜껑 역할을 하는 다음 두 겹은 '덮개'라고 불렸다. 안쪽의 휘장 두 겹은 우러러보는 휘장이라는 뜻의 '앙장'(仰帳, 우러러 볼 '앙'과 휘장 '장')이라고도 불렸다. 가장 바깥쪽의 덮개는 해달의 가죽, 그다음 덮개는 붉게 물들인 숫양의 가죽, 그다음에 있는 휘장(앙장)은 흰 염소의 가죽, 가장 안쪽의 휘장(앙장)은 네 가지 색깔의 실로 짠 세마포(앙장)가 사용되었다.

첫 번째 덮개: 가늘게 꼰 화려한 세마포

황금빛이 은은하게 빛나는, 성소와 지성소의 천장과도 같은 첫 번째 덮개는 청색 실, 자색 실, 홍색 실, 백색의 가는 베실로 짜여졌다. 앞에서 살펴본 대로 청색은 생명의 근원이신 그리스도를, 자색은 왕이신 그리스도를, 홍색은 고난의 종으로 오신 그리스도를, 백색은 부활하신 그리스도를 상징한다. 이는 마치 천국을 들여다보는 것과 같다.

아름다운 천국을 나타내는 이 첫 번째 덮개는 밖에서는 보이지 않는다. 밖에서는 거무스름하고 우중충한 해달 가죽으로 된 덮개만 보일 뿐이다. 첫 번째 덮개는 오직 성막 안에 들어간 제사장만 볼 수 있었다.

이는 주님을 만나기 위해 지성소로 나아가는 사람만이 그분의 아름다움으로 가득한 영광을 보고 누릴 수 있음을 상징한다. 이 영광을 우리와 나누기 기뻐하시는 하나님은 우리를 왕 같은 제사장으로 세우셨다.

두 번째 덮개: 흰 염소 가죽

그리스도의 속죄 사역을 나타내는 희생제물 중 대표적인 것은 수소와 숫양, 그리고 염소였다(레 3:12-17; 히 9:13). 그중 염소는 일 년에 한 번 대속죄일 때 드려졌다.

> 또 그 두 염소를 가지고 회막 문 여호와 앞에 두고 두 염소를 위하여 제비 뽑되 한 제비는 여호와를 위하고 한 제비는 아사셀을 위하여 할지며 아론은 여호와를 위하여 제비 뽑은 염소를 속죄제로 드리고 아사셀을 위하여 제비 뽑은 염소(scapegoat)는 산 채로 여호와 앞에 두었다가 그것으로 속죄하고 아사셀을 위하여 광야로 보낼지니라(레 16:7-10).

한 마리가 아니라 두 마리를 드리라는 것은, 주님이 하신 사역의 이중성을 나타낸다. 희생제물로 드린 염소는 인류의 모든 죄를 담당하신 예수 그리스도를 나타내고, 아사셀('쫓아 보내는 염소'라는 뜻)을 위해 제비 뽑은 염소는 광야로 보낸 염소가 다시 돌아오지 않고 사라지듯 예수 그리스도에게 고백한 모든 죄도 완전히 잊혀진다는 것이다. 그러므로 흰 염소 털로 만든 두 번째 덮개는, "하나님이 죄를 알지도 못하신 이를 우리를 대신하여 죄로 삼으신 것은 우리로 하여금 그 안에서 하나님의 의(義)가 되게 하려 하심이라"(고후 5:21)는 말씀을 이루신 예수 그리스도의 예표가 된다.

예수 그리스도의 피 묻은 복음에는 하나님의 의가 나타난다. 그래서 하나님의 의를 그리스도 안에서 덧입은 자는 누구나 하나님께 나아갈 길과 진리와 생명을 얻는다. 이처럼 염소 털 가죽 덮개는 우리가 하나님의 의 아래 덮여 있음을 상징한다. 하나님 의(義)의 실상은 하나님의 행동적인 사랑, 십자가에 나타난 죽음보다 강한 불같은 사랑이다.

세 번째 덮개: 붉게 물들인 숫양 가죽

숫양은 번제를 드릴 때 가장 흔하게 사용한 제물 중 하나다. 붉게 물들인 숫양의 가죽은 세상 죄를 구속하기 위해 십자가에서 피 흘려 죽으신 하나님의 어린양 예수 그리스도를 예표한다. 주님이 죽으시며 흘린 피는 인생이 겪는 모든 문제의 근원인 죄의 대가였다. 피 안에 생명이 있고, 죄의 삯은 사망이기 때문이다(레 17:11; 롬 6:23 참고). 이것을 믿을 때 보혈의 능력이 나타난다. 보혈의 공로를 의지하고 믿음으로 지성소로 나아가는 자는, 어린양의 가죽에 붉게 물들인 가죽 덮개 아래 있기 때문에 하나님의 진노를 사지 않는다.

구약 제사에서 흘린 짐승의 피에는 죄를 사할 능력이 없었다. 율법의 속죄 방식을 따라 제물을 드린 사람의 죄를 예수 그리스도의 보혈을 예표하는 짐승의 피 아래 덮어둔 것뿐이었다. 예수 그리스도께서 십자가에서 피를 흘리시기 전까지 인간의 죄는 그 무엇으로도 씻을 수 없었다. 그러므로 구약시대 때 짐승의 피로도 결코 씻을 수 없었던 인간의 죄를, 그저 보셨으나 보지 않으신 것같이 간과(看過)하신 것이었다(롬 3:25).

주님의 보혈은 모든 인류(아담에서부터 이 땅에 마지막으로 태어날 생명에 이르기까지)의 죄를 씻고 구속하셨다. 이와 같이 붉게 물들인 수양의 가죽 휘장은, 예수 그리스도의 사랑과 긍휼 안에 우리를 향한 온전한 용서와 용납이 보장되었음을 상징한다. 그래서 우리는 보혈 지식을 마음으로 받아들여야 한다. 보혈 지식이 머리의 정보로만 남으면, 죄의 권능인 율법이 날린 정죄의 화살이 우리의 마음을 찌를 수 없다.

네 번째 덮개: 해달의 가죽

성막의 가장 바깥쪽 덮개는 매우 질기고 단단한 해달(물개) 가죽으로 만들었다. 사막의 모래 먼지, 흙, 열기, 건조한 바람, 그리고 일 년에 한두 번 내리는 비를 막기 위해서였다. 색깔이 거무스름해서 볼품이 없는 해달 가죽은, "마른 땅에서 나온 뿌리 같아서 고운 모양도 없고 풍채도 없은즉 우리가 보기에 흠모할 만한 아름다운 것이 없"(사 53:2)는, 고난 받으실 예수 그리스도를 예표한다.

그런데 모세는 광야에서 해달 가죽을 어떻게 구했을까? 성막 덮개로 사용한 해달 가죽은, 원래 이스라엘 백성이 애굽에서 나올 때 신발을 만들어 신으려고 가져온 것들이었다. 성막을 제작을 위해 이스라엘 백성은 아낌없이 해달 가죽을 바쳤는데, 그 덕분에 사십 년 광야 생활 가운데 옷이 해어지지 않고 신발이 닳지 않는 초자연적인 은혜를 누릴 수 있었다(신 8:4, 29:5). 또한 그들은 광야에서 어려움을 겪을 때마다 성막을 덮고 있는 해달 가죽을 보며 위로와 힘을 받았을 것이다. 마치 자신의 신발 위에 하나님의 임재를 상징하는 구름기둥과 불기둥이 임하는 것 같았을 테니 말이다.

이 시대를 살아가는 우리도 인류의 죄를 지고 온전한 속죄의 제사를 드린 십자가의 주님을 믿음으로 바라보아야 한다. 그럴 때 마음의 천국을 이루고 사는 신자만이 받을 수 있는 의와 평강과 희락을 누릴 뿐만 아니라 새 하늘과 새 땅으로 다가올 천국의 소망을 얻을 것이다.

믿음의 주요 또 온전하게 하시는 이인 예수를 바라보자(히 12:2).

성소의 금등대

너는 순금으로 등잔대를 쳐 만들되 그 밑판과 줄기와 잔과 꽃받침과 꽃을

한 덩이로 연결하고 가지 여섯을 등잔대 곁에서 나오게 하되 다른 세 가지는 이쪽으로 나오고 다른 세 가지는 저쪽으로 나오게 하며 이쪽 가지에 살구꽃 형상의 잔 셋과 꽃받침과 꽃이 있게 하고 저쪽 가지에도 살구꽃 형상의 잔 셋과 꽃받침과 꽃이 있게 하여 등잔대에서 나온 가지 여섯을 같게 할지며 등잔대 줄기에는 살구꽃 형상의 잔 넷과 꽃받침과 꽃이 있게 하고 등잔대에서 나온 가지 여섯을 위하여 꽃받침이 있게 하되 두 가지 아래에 한 꽃받침이 있어 줄기와 연결하며 또 두 가지 아래에 한 꽃받침이 있어 줄기와 연결하며 또 두 가지 아래에 한 꽃받침이 있어 줄기와 연결하게 하고 그 꽃받침과 가지를 줄기와 연결하여 전부를 순금으로 쳐 만들고 등잔 일곱을 만들어 그 위에 두어 앞을 비추게 하며 그 불 집게와 불 똥 그릇도 순금으로 만들지니 등잔대와 이 모든 기구를 순금 한 달란트로 만들되 너는 삼가 이 산에서 네게 보인 양식대로 할지니라(출 25:31-40).

성소 내부를 비추는 조명 기구는 좌우로 세 개씩, 총 일곱 개의 가지 위에 등잔이 각각 한 개씩 달려 있고, 줄기와 가지에 스물 두 송이의 살구꽃이 핀 살구나무 모양의 순금 등대였다.

추운 시기인 1-2월에 피는 살구꽃은 여러 식물들 중에서 제일 먼저 봄의 소식을 전해 주는 것으로 알려져 있다. 그래서인지 살구나무를 뜻하는 히브리어 '샤케드'(שׁקֵד)는 '파수꾼, 보초'라는 단어에서 유래한 것으로, 늘 자신의 자리를 지키는 가운데 좋은 소식과 나쁜 소식을 살펴 알려 준다는 의미를 담고 있다. 또한 살구나무는 생명을 약속하며, 하나님이 예레미야에게 소명을 일깨워 주기 위해 사용하신 나무이기도 하다(렘 1:11-12).

주조(鑄造)가 아닌 단조(鍛造)된 금등대

정금 한 달란트로 만들어진 금등대의 무게는 68kg이었다. 하나님은 금등대를 제작할 때, 녹인 금을 거푸집에 부어서 만드는 주조(鑄造)가 아니라 망치로 두드려서 원하는 모양을 만드는 단조(鍛造) 방식을 주문하셨다.

　주조로 만들어진 제품은 쉽게 금이 가거나 깨지지만, 단조로 만들어진 제품은 그렇지 않다. 온실에서 자란 나무와 야생의 모진 풍상 속에서 자란 나무가 다른 것과 같은 이치다. 그래서 세계적인 바이올리니스트의 악기는 골짜기에서 자란 '고난을 아는' 나무로 만든다. 흘러나오는 소리 자체가 다르기 때문이다. 금등대에 부어지는 올리브 기름은 완전히 짓이겨서 나온 기름이다. 이는 마치 하나님이 찾으시는 '상한 심령'(broken heart)이 되어야 그분 앞에 나아가 새롭게 될 수 있는 것처럼, 깨어지지 않고서는 어두움을 밝히는 자로 세움을 받을 수 없다는 의미다.

주님이 십자가에서 경험하신 고난과 죽음도 같은 맥락으로 이해할 수 있다. 주님 역시 올리브처럼 짓밝혀 육체에서 물과 피를 다 쏟으셨다. 이는 물과 피로 성결함을 받은 이들에게 성령의 기름을 부어 주기 위함이었다. 그러므로 성령의 기름부음에 의해서 드러나는 빛은 단조된 신앙인격을 통해서 드러나는, 하나님 아버지께 영광을 돌리는 빛이다(마 5:15-16). 가만히 보면 '그 그릇에 그 기름'이다.

어둠을 향해 돌진하는 삶

2001년 9월 11일 미국, 전 세계를 충격과 경악으로 몰아넣은 대규모 테러 사건이 일어났다. 당시 테러범들에 의해 납치되어 추락한 민간 항공기 중 한 대에는 토드 비머(Todd Beamer)라고 하는 32세의 젊은 샐러리맨이 타고 있었다. 기독교 사학의 명문인 휘튼 대학 출신으로 신실한 기독교인이었던 토드 비머는, 비행기가 납치된 것을 알게 되자 기내 좌석에 설치된 GTE 전화로 지상의 교환원에게 기내 상황을 알렸다. "테러범 두 명이 비행기를 탈취했습니다. 현재 그들은 허리에 폭탄을 차고 있고, 두 구의 시체가 조종실 밖 복도에 쓰러져 있습니다."

그는 "제 아내 리사에게 사랑한다는 말을 꼭 전해 주시오"라는 말로 통화를 마친 후, 다른 탑승객 몇 명과 함께 테러범들과 맞붙어 보기로 했다. 마음을 가다듬기 위해 주기도문과 시편 23편을 암송한 그는, 빛이 어두움을 향해 전진하듯이 자리에서 일어섰다. 그때 바닥에 떨어진 전화기를 통해 그의 마지막 목소리가 지상에 전해졌다. "자, 다들 준비 됐죠? 그럼 한 판 붙어 봅시다!"(Are you guys ready? Let's roll!)

잠시 후 몸싸움을 벌이는 소리가 들려왔고, 결국 비행기는 요동치며 펜실베니아 피츠버그의 한적한 들판에 추락했다. 비록 탑승자 44명 전원이 사망하고 말았지만, 목숨을 걸고 테러범들과 맞선 토드 비머와 일부 승객들 덕분에 더 큰 참사를 막을 수 있었다.

토드의 아내 리사(Lisa)는 남편이 마지막으로 남긴 "Love You"라는 말이 사고 이후 찾아온 어려움을 극복하는 데 결정적인 힘이 되었다고 고백했다. 이후 그는 《Let's Roll》이라는 제목으로 남편에 관한 수기를 출판했는데, 이 책은 미국에서 초대형 베스트셀러가 되었다. 그리고 남편의 재산과 보험금, 책의 인세를 모아 '토드 비머 장학 재단'을 설립한 뒤, 절망에 빠진 이들에게 희망을 심어 주는 희망 전도사로 활동하기 시작했다. 자신을 슬픔과 낙심에서 구해 준 남편의 "사랑한다"는 말을 절망 가운데 있는 또 다른 이들에게 전하게 된 것이다.

나는 이것이야말로 하나님을 온전히 사랑하는 사람들의 모습이라고 믿는다. 하나님을 향한 온전한 사랑은 두려움을 쫓아내고, 어둠을 향해 빛으로 돌진해 들어가게 한다. 그리스도인은 어둠이 공격해 올 때 빛으로 나서라는 사명을 받은 자들이다. 외부와 차단된 성소처럼 어두운 세상을 밝히는 금등대의 사명을 받은 우리는, 어둠의 공격 앞에 강하고 담대해야 한다. 악으로부터 멀리 도망치는 것이 아니라 선으로 그것을 이겨야 한다. 강하고 담대해야 하는 존재는 하나님이 아니라 우리다(수 1:9). 하나님은 원래부터 강하고 담대한 분이셨다. "악에게 지지 말고 선으로 악을 이기라"(롬 12:21).

영광의 빛은 그냥 주어지지 않는다

캄캄절벽인 성소 내부를 밝히는 유일한 빛은 금등대에서 나온다. 이 빛은 물리적인 빛이 아니다. 영적인 빛이다. 진리의 빛이며, 생명의 빛이고, 구원의 빛이며, 사랑의 빛이다. 이 빛에는 어두움을 몰아내는 힘이 있다. 이것이 바로 하나님의 영광의 빛이다.

하나님의 영광을 나타내는 히브리어 '카보드'(כָּבוֹד)는 '무거움, 무게'라는 의미다. 그래서 히브리어에서는 '가장 중요한 사람'을 '가장 무거운 사람'으로도 표현한다. '영광의 하나님'을 달리 말하면, '세상에서 가장 무거우신 하나님'이 되는 것이다. 어떤 어두움도 밀고 들어올 수 없을 만큼 강력하고 무거운 존재, 이것이 바로 하나님의 영광인 셈이다. 즉, 성경의 다양한 표현을 종합해 볼 때, 나는 하나님의 영광을 이렇게 정의하고 싶다. "영광이란 하나님의 존재 자체이며, 그 존재에 의해서 나타나는 성품이며, 그러한 하나님 되심을 드러내는 현상이다."

그래서 하나님은 우리도 그 영광 가운데 들어가 살라고 부르신다. 빛이신 하나님이 우리를 세상의 빛이라고 부르시는 것은 그 때문이다

(요일 1:5; 마 5:14).

웨스트민스터 신앙고백의 첫 번째 질문은 "인생의 제일 되는 목적은 무엇인가?"다.

그에 대한 답변은 다음과 같다. "하나님을 영화롭게 하며 그분을 영원토록 즐거워하는 것이다"(To glorify God and enjoy Him forever).

이러한 삶은 하루아침에 이루어지지 않는다. 하나님께 영광을 돌리며 언제 어디서나 그분을 기뻐하는 삶을 살려면 전제 조건이 필요하기 때문이다.

첫째, 하나님이 어떤 분이신지 알아야 한다.
둘째, 나를 향한 하나님의 뜻이 무엇인지 구해야 한다.
셋째, 주님이 주신 나를 향한 뜻을 따라 믿음으로 순종해야 한다.
넷째, 순종의 결과로 맺어진 열매가 전적으로 하나님의 은혜임을 알고 감사와 찬양으로 그분을 영화롭게 하며 그분께만 영광을 돌려드려야 한다.

이 네 가지가 자연스럽게 우리의 영적체질이 되려면, 무엇보다 먼저 우리 자신이 하나님의 영광에 참여해야 한다. 그렇다면 어떻게 해야 하나님의 영광에 참여할 수 있을까? 나는 그 길을 주님의 산상수훈 가운데 나오는 '소금과 빛' 비유에서 찾을 수 있다고 생각한다.

우선, 본문을 유의해서 살펴보라. 먼저 짚고 넘어가야 할 것은, 주님이 (우리가 흔히 생각하는 대로) '빛과 소금'이 아니라 '소금과 빛'의 순서로 말씀하셨다는 점이다.

> 너희는 세상의 소금이니 소금이 만일 그 맛을 잃으면 무엇으로 짜게 하리요 후에는 아무 쓸데없어 다만 밖에 버려져 사람에게 밟힐 뿐이니라 너희는 세상의 빛이라 산 위에 있는 동네가 숨겨지지 못할 것이요 사람이 등불을 켜서 말 아래에 두지 아니하고 등경 위에 두나니 이러므로 집 안 모든 사람에게 비치느니라 이같이 너희 빛이 사람 앞에 비치게 하여 그들로 너희 착한 행실(good works)을 보고 하늘에 계신 너희 아버지께 영광을 돌리게(카바드) 하라(마 5:13-16).

하나님께 영광을 돌리기 원한다면, 겉모습이 아니라 내면에서 흘러나오는 착한 행실을 빛처럼 드러내야 한다. 그래서 주님은 소금이 되라는 말씀을 먼저 하셨다. 우리는 세상의 빛이 되기 전에 세상의 소금이 되어야 한다. '빛'이 겉으로 드러나는 '줄기 영성'이라면, '소금'은 보이지 않는 '뿌리 영성'이다. 뿌리 없는 줄기란 존재할 수 없듯이 줄기에 맺혀지는 열매는 근본인 뿌리에서 그 질이 결정된다. 사람의 됨됨이는 겉사람이 아닌 속사람에서 드러나듯이, 소금은 뿌리이고 빛은 줄기다. 주님이 말씀하시는 착한 행실은 종교적 의무의 이행이나 우리 자신이 닦은 인격의 발로가 아니며, 도덕성의 표현도 아니다. 그리스도 안에서 새로워진 자아가 추구하는 그리스도를 닮아가기 위한 뿌리 영성의 결실이 줄기 영성으로 드러나는 자연스러운 결과일 따름이다. 줄기에서 열리는 열매의 결정적인 맛은 뿌리에서 나온 것이기 때문이다.

 소금의 핵심 가치는 '짠맛'이다. 소금에 짠맛이 나지 않는다면, 그 근본 정체성에 문제가 생긴 것이다. 밖에 버려져서 모래처럼 사람들에게 밟히게 될 뿐이다. 정체성의 문제를 해결할 수 있는 길은 오직 하나, 창조주 하나님이 임하시는 지성소로 들어가는 것뿐이다. 우리 존재의 근원이신 하나님께 나아가, 잠잠히 그분 앞에 머물러야(being with God) 한다. 뻣뻣한 배추가 소금물에서 숨이 죽고 절여져서 맛있는 김치가 되는 것처럼, 주님 앞에서 우리의 자아가 죽고, 우리의 속사람이 주님의 성품의 맛으로 절여져야 한다. 이를 성소의 금등대로 말하자면, 연단(鍊鍛)의 망치로 단조(鍛造)되는 시간이라 할 수 있다. 뿌리 영성이 준비되어지는 시간이다. 고통스럽지만 그 시간을 보내야 한다. 그래야만 건강한 뿌리 영성이 줄기로 치솟아 오를 수 있고, 뭇사람들이 그 줄기에 열린 열매의 맛을 보고 하나님께 영광을 돌리게 되기 때문이다.

성소의 떡상

너는 조각목으로 상을 만들되 길이는 두 규빗, 너비는 한 규빗, 높이는 한 규빗 반이 되게 하고 순금으로 싸고 주위에 금 테를 두르고 그 주위에 손바닥 넓이만한 턱을 만들고 그 턱 주위에 금으로 테를 만들고 그것을 위하여 금 고리 넷을 만들어 그 네 발 위 네 모퉁이에 달되 턱 곁에 붙이라 이는 상을 멜 채를 꿸 곳이며 또 조각목으로 그 채를 만들고 금으로 싸라 상을 이것으로 멜 것이니라 너는 대접과 숟가락과 병과 붓는 잔을 만들되 순금으로 만들며 상 위에 진설병을 두어 항상 내 앞에 있게 할지니라(출 25:23-30).

성소에 들어서면 금촛대 맞은편 북쪽에 떡상이 있다. 길이가 2규빗(90cm), 폭이 1규빗(45cm), 높이가 1.5규빗(68cm)인 떡상은, 조각목을 정금으로 싸서 만들었다. 그리고 주위에 금테를 둘러 사면에 턱을 만들고, 그 턱 주위에 금으로 테를 두르고 운반을 위해 채나 손잡이를 꿸 금고리를 네 개 달았다. 그 위에는 열두 개의 떡을 여섯 덩이씩 두 줄로 진열했다. 이 떡은 안식일마다 새것으로 교체했으며, 묵은 것은 제사장이 먹었다(레 24:5-9).

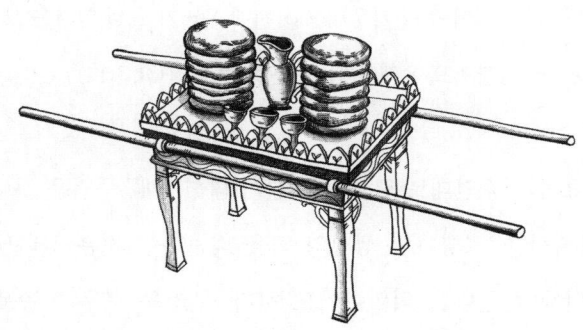

떡상과 그 위에 진열한 떡은 모두 예수 그리스도를 의미한다. 더 정확하게 말하자면, 떡상은 우리를 살리시는 주님이고, 떡은 우리에게 생명을 주시기 위해 십자가에서 찢긴 주님의 몸이다. 그래서 주님도 이렇게 말씀하셨다.

> 예수께서 이르시되 나는 생명의 떡이니 내게 오는 자는 결코 주리지 아니할 터이요 나를 믿는 자는 영원히 목마르지 아니하리라…내가 곧 생명의 떡이니라…나는 하늘에서 내려온 살아 있는 떡이니 사람이 이 떡을 먹으면 영생하리라 내가 줄 떡은 곧 세상의 생명을 위한 내 살이니라 하시니라 (요 6:35, 48, 51).

또한 이 떡은 주님의 몸인 동시에 성도들의 생명 양식인 하나님의 말씀을 상징한다.

> 말씀이 육신이 되어 우리 가운데 거하시매 우리가 그의 영광을 보니 아버지의 독생자의 영광이요 은혜와 진리가 충만하더라(요 1:14).

사도 요한의 증언대로 말씀이 육신이 되셨기에, 주님은 하나님의 말씀 그 자체시다. 그렇다면 생명의 떡을 먹는다는 것은 하나님의 말씀으로 충만해야 한다는 의미이기도 하다. 우리는 모두 말씀을 먹어야 믿음으로 살 수 있다. 그래서 주님은 광야에서 시험해 오는 사탄에게 "기록되었으되 사람이 떡으로만 살 것이 아니요 하나님의 입으로부터 나오는 모든 말씀으로 살 것이라"(마 4:4)고 말씀하셨다.

육신이 살려면 육의 양식이 필요하듯, 영이 살아가는 데에도 영의 양식인 하나님의 말씀이 필요하다.

> 살리는 것은 영이니 육은 무익하니라 내가 너희에게 이른 말은 영이요 생명이라(요 6:63).

우리의 영은 영으로만 만족할 수 있다. 영으로만 새 힘을 얻을 수 있다. 그러므로 성도는 영이신 하나님의 말씀을 읽고 묵상하고 적용하는 것을 통해 그리스도의 장성한 분량으로 자라가야 한다.

한국교회 최초의 외국인 순교자인 토마스 선교사는 죽기 직전에 한문성경 세 권을 최치량이라는 열두 살 소년의 손에 건네주었다. 성경이 금서(禁書)라는 사실을 알고 겁이 난 최치량은 다시 이를 박영식이라는 사람에게 건네주었다. 그런데 종이의 질이 마음에 든 박영식은 성경을 뜯어 방을 도배하는 데 사용하고 말았다. 그 덕분에 방에만 들어서면 사방에 성경말씀이 보였다. 처음에는 무슨 말인지 이해할 수 없었지만, 계속해서 읽고 또 읽는 가운데 영생과 심판에 관해 심각한 고민을 하기 시작했다. 결국 박영식은 예수님을 자기 인생의 주인으로 영접하고, 구원을 얻게 되었다. 더 놀라운 사실은 성경으로 도배한 박영식의 집이 나중에 평양 최초의 교회인 '널다리골 예배당'이 된 것이다. 그리고 이 교회가 바로 1907년 영적 대각성 운동이 일어난 장대현교회의 전신이다.

이처럼 하나님의 말씀은 살아 있고 운동력이 있어서, 읽고 듣는 모든 사람을 변화시킨다. 생명의 역사와 부흥은 말씀이 있는 곳에서 시작된다.

진리의 말씀으로 충만하라

요즘 사람들은 '진리'라고 하면, 현실과 거리가 먼 이상적인 것으로 생각하는 경향이 있다. 그래서 "진리(말씀)를 따른다"고 하면, 전근대적이고 보수적인 성향에 머물러서 사는 것처럼 오해한다.

신약성경에서 '진리'로 번역된 헬라어 '알레데이아'(ἀλήθεια)는, '실체가 덮여 있지 않고 드러나 그대로 있는 것'이라는 의미를 갖고 있다. 상상하거나 변조하거나 위조하지 않은, 현실적이고 진정한 것이 진리라는 이야기다. 또한 구약성경에서 '진리'로 번역된 히브리어는 동사 '아멘'에서 파생된 '아멧'이라는 단어인데, 이것은 '안전함, 신용, 지지하기 위해 믿을 수 있는 근거'라는 뜻을 갖고 있다. 두 단어를 비교해 보면, 히브리적 사고는 "신뢰할 수 있는가?"라는 기준으로 진리를 판단하고, 헬라적 사고는 "현실성이 있는가?"라는 기준에서 진리를 판단하는 것을 알 수 있다.

그런데 세상에서는 신뢰와 현실성을 함께 갈 수 없는 물과 기름 같은 것으로 생각한다. 하지만 주님의 말씀은 그와 다른 관점을 제시한다. 진리를 사랑하고 마음에 품으면 그 진리를 신뢰할 수 있고, 진리를 신뢰하면 그 진리가 우리 삶의 현장에 이루어지는 하나님의 은혜가 된다는 것이다. 이런 의미에서 하나님께 나아가는 사람은 진리의 말씀으로 충만한 사람이다. 이런 사람이 있는 곳에는 일치와 연합이 있다. 공동체가 처한 현실을 분별하는 지혜와 계시의 영이 있고, 그 분별한 바를 믿음으로 풀어나갈 진리가 능력이 되어 그의 마음과 생각을 지키기 때문이다. 이렇게 마음으로부터 시작되어 입술을 통해 선포되는 말에는, 하나님의 기름부음이 있어서 역사가 일어난다.

안타까운 것은 우리가 사는 시대는 '일리'(一理)나 '합리'(合理)가 진리(眞理)로 인정받는다는 점이다. 그 이유는 절대적인 가치는 상대화하고 상대적인 가치는 절대화해서, '다양성 속에 일치'(unity in diversity)라는 명제 아래 일치와 연합을 부르짖는 포스트모더니즘과 종교다원주의가 하나님 말씀의 권위에 도전하고 있기 때문이다. 영적 공격으로 가득 찬 이 시대를 교회가 정복하고 다스릴 수 있으려면, 삶을 통해 말씀이 절대적인 진리임을 입증해 주어야 한다. 그것 말고는 길이 없다.

시대사조가 우리를 조롱하듯 춤을 추는 것은, 세상을 향해 소금과 빛으로 부름을 받은 우리가 하나님의 말씀을 진리로 믿고 삶으로 증명하지 못하기 때문이다. 그러므로 오늘날의 교회는 이렇듯 하나님을 대적하는 시대를 거슬러 올라갈 수 있는 영적인 용장, 즉 하나님이 찾으시는 예배자를 세워야 한다. 세상 안에서 살지만 세상에 속하지 않고, 세상을 그리스도의 사랑으로 품으나 세상과는 구별된 삶을 사는 하나님의 사람 말이다. 이런 사람들을 만나 보면 공통점을 발견할 수 있다. 모두 다윗같이 하나님의 말씀을 사랑하기에 주야로 묵상하며, 믿음이 충만하다.

말씀 묵상을 통해 하나님의 입에서 나오는 말씀을 먹고 자란 다윗은 믿음의 사람으로 성장했다. 조국이 풍전등화(風前燈火) 같은 위기를 만났을 때, 그는 만군의 여호와의 이름으로 나아가 3m 장신의 블레셋 장수 골리앗을 물맷돌 한 방에 쓰러뜨렸다. 어려서부터 하나님의 말씀을 사랑한 다윗은 형통한 삶을 누린 묵상의 대가였고, 강하고 담대한 믿음의 용장이었다.

> 믿음은 들음에서 나며 들음은 그리스도의 말씀으로 말미암았느니라 (롬 10:17).

성경이 말하는 믿음은 세상이 말하는 믿음과 다르다. 하나님의 말씀이 생산하는 믿음은 항상 소망과 사랑이 함께하면서, 그중에 제일인 사랑의 열매를 맺는다.

이 믿음 안에는 믿음의 주요 우리를 온전케 이인 예수 그리스도를 바라보게 하는 영적인 눈이 있다.

다윗은 구약시대를 살면서 복음의 본체이신 십자가의 예수 그리스도를 믿음으로 내다보았다. 그리하여 그는 하나님이 구하시는 제사는 짐승을 잡아서 드리는 희생제사가 아니라 정직한 영을 구하며 자신의 어두워진 마음을 진리의 빛 가운데 깨뜨리는 상한 심령(broken heart)임을 고백할 수 있었다. 즉, 그는 예배 정신의 핵심을 보았던 것이다.

금향단

너는 분향할 제단을 만들지니 곧 조각목으로 만들되 길이가 한 규빗, 너비가 한 규빗으로 네모가 반듯하게 하고 높이는 두 규빗으로 하며 그 뿔을 그것과 이어지게 하고 제단 상면과 전후 좌우 면과 뿔을 순금으로 싸고 주위에 금 테를 두를지며 금 테 아래 양쪽에 금 고리 둘을 만들되 곧 그 양쪽에 만들지니 이는 제단을 메는 채를 꿸 곳이며 그 채를 조각목으로 만들고 금으로 싸고 그 제단을 증거궤 위 속죄소 맞은편 곧 증거궤 앞에 있는 휘장 밖에 두라 그 속죄소는 내가 너와 만날 곳이며 아론이 아침마다 그 위에 향기로운 향을 사르되 등불을 손질할 때에 사를지며 또 저녁 때 등불을 켤 때에 사를지니 이 향은 너희가 대대로 여호와 앞에 끊지 못할지며 너희는 그 위에 다른 향을 사르지 말며 번제나 소제를 드리지 말며 전제의 술을 붓지 말며 아론이 일 년에 한 번씩 이 향단 뿔을 위하여 속죄하되 속죄제의 피로 일 년에 한 번씩 대대로 속죄할지니라 이 제단은 여호와께 지극히 거룩하니라 (출 30:1-10).

하나님께 분향하는 단인 금향단은, 그리스도의 인성을 의미하는 조각목을 그리스도의 신성을 의미하는 금으로 싸서 만들었다. 성소와 지성소 사이를 가로막고 있는 휘장 앞에 있었으며, 가로와 세로는 각각 1규빗(50cm), 높이는 2규빗(1m)이었다. 모서리마다 뿔을 달았고, 뿔과 뿔 사이에는 향이 아래로 빠지지 않도록 턱을 만들었다.

제사장은 등을 손질하는 매일 아침과 등불을 켜는 저녁때마다 분향단 위에 향기로운 향을 피워야 했다. 그럴 때마다 향연(香煙)은 성소와 지성소를 가득 채웠다. 속죄일에는 이 향연을 증거궤 위 속죄소까지

가득 채운 상태에서만 대제사장이 지성소로 들어갈 수 있었다. 그렇게 하지 않으면 죽음을 면할 수 없었다(레 16:12-13). 그래서 금향단은 그때나 지금이나 변함없이 우리의 중보자 되시는 그리스도를 예표한다.

놋으로 만든 번제단은 어린양 되신 그리스도가 십자가에서 우리를 위해 죽으셨고, 그 보혈로 우리와 하나님의 관계를 회복시키셨으며, 그분 안에서 우리가 영원한 구원을 누리게 되었음을 보여 준다. 반면에 금으로 만든 향단은, 부활하고 하늘에 오르사 하나님 보좌 우편에 앉아 계신 그리스도가 그분의 십자가 복음으로 구원받은 성도들을 위해 중보하고 계심을 상징한다. 놋 번제단은 그리스도의 죽음 위에, 금향단은 그리스도의 부활 위에 서 있는 것이다. 그런데 완벽하고 온전한 구원을 성취하신 주님이 무엇을 위해 지금도 중보하고 계신 것일까?

주님의 십자가에서 죽고 주님의 생명으로 다시 살았지만, 우리는 여전히 연약한 육신의 장막을 입은 채 죄악으로 가득한 세상에서 살아간다. 이런 안팎의 문제들로 우리의 손발은 수시로 더러워진다. 하늘에 계신 주님이 그에 대한 대책으로 마련해서 수행하고 계신 것이 바로 모든 성도를 위한 중보사역이다. 그러므로 금향단에서 피어오르는 향불은 여전히 옛 성품과 세상에 영향받는 우리 힘으로는 하나님의 거룩하심을 온전히 만족시킬 수 없다는 것과, 그래서 주님의 중보가 반드시 필요하다는 것을 보여 주는 것이다. 우리의 기도도 마찬가지다. 성도의 기도도 중보자 되시는 예수 그리스도의 이름을 통해서만 하나님 아버지께 올라간다.

> 그 두루마리를 취하시매 네 생물과 이십사 장로들이 그 어린 양 앞에 엎드려 각각 거문고와 향이 가득한 금 대접을 가졌으니 이 향은 성도의 기도들이라…또 다른 천사가 와서 제단 곁에 서서 금 향로를 가지고 많은 향을 받았으니 이는 모든 성도의 기도와 합하여 보좌 앞 금 제단에 드리고자 함이라 향연이 성도의 기도와 함께 천사의 손으로부터 하나님 앞으로 올라가는지라(계 5:8, 8:3-4).

또한 금향단의 향로에는 불이 있어야 한다. 이 불은 성막 완공 후 처음 번제를 드릴 때 하늘에서 내려온 불이다. 하나님은 이 거룩한 불을 향로에 담으라고 하셨다. 향로의 뜨거운 불로 말미암아 향을 뿌릴 때 그윽한 향연이 하늘 보좌로 향하고 지성소에 가득 차면서 주님의 영광이 임했다. 이 시대의 금향로인 우리의 심령에도 뜨거운 성령의 불이 있어야 한다. 그럴 때 "이 향은 너희가 대대로 여호와 앞에 끊지 못할 것이라"(출 30:8)는 말씀대로 항상 쉬지 말고 기도(살전 5:17)할 수 있다.

금향단에서 피워올린 네 가지 향

하나님께서는 향단에서 피울 향의 제조법까지 친히 가르치셨다. 그 재료로 소합향, 나감향, 풍자향, 유향을 사용했는데, 네 가지 모두 이스라엘 땅에서 구할 수 없어서 백 퍼센트 수입해야 할 만큼 최고급 향료들이었다. 이것은 하나님이 우리의 가장 귀한 것을 받으시기 합당한 분이며, 기도에는 우리 삶에서 가장 소중한 시간을 드리는 대가지불이 필요함을 가르쳐 주는 대목이다.

여호와께서 모세에게 이르시되 너는 소합향과 나감향과 풍자향의 향품을 가져다가 그 향품을 유향에 섞되 각기 같은 분량으로 하고 그것으로 향을 만들되 향 만드는 법대로 만들고 그것에 소금을 쳐서 성결하게 하고 그 향 얼마를 곱게 찧어 내가 너와 만날 회막 안 증거궤 앞에 두라 이 향은 너희에게 지극히 거룩하니라(출 30:34-36).

이 네 가지 향에는 각각 귀중한 영적 메시지가 있다.

- **소합향: 치유하시는 하나님** 소합향으로 번역된 히브리어 '나타프'(נָטָף)의 뜻은 '물방울'이다. 소합향은 2m에서 7m까지 자라는 때죽나뭇과(科) 낙엽관목의 수액을 추출해서 모은 것으로, 향을 피울 때뿐 아니라 '치료제'로도 사용했다. 이 향은 기도를 통해 우리를 치유하시는 하나님을 기억하게 한다.

물론 기도의 목적은 치유가 아니라 하나님과의 인격적인 대화에 있다. 하지만 우리의 연약함을 아시는 하나님은 그리스도가 강림하시는 날까지 우리의 영과 혼과 육이 온전하기 원하신다(살전 5:23). 그래서 우리의 영을 강건케 하시고, 슬픈 마음이 가득한 사람에게 희락의 기름을 부어 주시고, 근심으로 가득한 사람에게 찬송의 옷을 입혀 주시며, 육신의 질병을 치유하시는 광선을 발하셔서 외양간에서 나온 송아지같이 뛰게 하신다(말 4:2).

기도를 통한 치유의 목적은 몸과 마음의 병이 낫는 것뿐만 아니라 하나님을 전인격적으로 경험하고 아는 데 있다. 우리가 여호와 라파, 즉 치유하시는 하나님의 성품을 알기 원하시는 것이다.

- **나감향: 깨뜨리시는 하나님** 나감향으로 번역된 히브리어 '셰헬레트'(שְׁחֵלֶת)의 뜻은 '껍질'이다. 나감향은 인도나 홍해 근처에 서식하는 오닉스(onyx)라는 조개류의 껍질을 빻아서 만든다. 흥미로운 사실은 이 조개껍질은 잘게 빻으면 빻을수록 더 깊고 강한 향기가 난다는 점이다.

요즘 세대는 잘 모르겠지만, 1970년대 한국교회 부흥기에 한얼산 기도원 원장으로 섬기던 이천석 목사라는 분이 있다. 소위 '깡패' 출신인 이 목사님이 즐겨 사용하던 표현이 하나 있다. "깨지려면 '와장창, 충창, 추장장창' 깨어져야 합니다. 전부 따라하세요. 와장창, 충창, 추장장창!" 그리스도의 향기를 발하는 삶을 살려면 먼저 하나님 앞에서 아주 확실하게 깨져야 한다는 뜻이다. 농담 섞인 말이긴 하지만, 질그릇 같은 우리 안에 최고의 보화이신 주님이 계시다는 것을 믿는다면, 우리는 철저히 깨져야 한다. 많이 깨질수록 더 강한 향기를 내는 나감향 조개껍질처럼, 악한 세상에서 풍겨 나는 썩은 냄새 대신 그리스도의 향기를 발하는 성도가 되어야 한다.

주님도 '기름 짜는 틀'이라는 뜻의 '겟세마네' 동산에서 자아를 깨뜨리셨다. 그곳에서 주님이 드리신 기도는 나감향 기도의 표본이다.

> 아버지여 만일 아버지의 뜻이거든 이 잔을 내게서 옮기시옵소서 그러나 내 원대로 마시옵고 아버지의 원대로 되기를 원하나이다(눅 22:42).

하나님은 이렇게 자신을 깨뜨리는 자에게 하늘로부터 새로운 힘을 공급해 주신다.

> 천사가 하늘로부터 예수께 나타나 힘을 더하더라(눅 22:43).

이렇게 몸도 맘도 연약하나 새 힘 받아 사는 성도는 상한 심령(broken heart)을 통해 나감향 향기를 퍼뜨린다. 하나님은 이러한 사람을 통해 사랑과 진리의 물꼬를 트신다.

- **풍자향: 보호하시는 하나님** 풍자향으로 번역된 히브리어 '헬베나'

(חֶלְבְּנָה)의 뜻은 '풍성하다, 기름지다'다. 키가 크고 당근과 비슷하게 생긴 지중해산 다년생 초본(草本)의 뿌리에서 노란색이나 갈색의 점액을 채취하여 얻는 풍자향은, 네 가지 향 중에서 가장 강한 냄새가 나는 향료다. 그런데 짐승들이 이 향을 싫어한다. 이동식 시설인 성막에는 바닥이 없었다. 광야 마른 땅에 천막처럼 세워진 구조이므로, 전갈이나 도마뱀, 두더지, 뱀 같은 짐승이나 독성이 있는 곤충들이 침입하기 쉬웠다. 하지만 풍자향의 향연(香煙)이 성막 안팎으로 퍼지면, 이런 짐승들은 가까이 오지 못하고 도망치고 말았다. 풍자향은 선한 목자로서 우리를 보호하시는 하나님의 사랑과 능력을 상징한다.

영적싸움의 차원에서 기도는 풍자향과 같다. 기도하는 개인과 가정과 교회는, 악한 짐승과 벌레 같은 어두움의 영이 도적질하고 죽이고 멸망시키려고 침입할 수 없다. 인생의 모든 문제를 해결하신 그리스도의 향기가 감돌기 때문이다.

> 항상 우리를 그리스도 안에서 이기게 하시고 우리로 말미암아 각처에서 그리스도를 아는 냄새를 나타내시는 하나님께 감사하노라 우리는 구원받는 자들에게나 망하는 자들에게나 하나님 앞에서 그리스도의 향기니 이 사람에게는 사망으로부터 사망에 이르는 냄새요 저 사람에게는 생명으로부터 생명에 이르는 냄새라(고후 2:13-16).

- **유향: 성결케 하시는 하나님** 유향으로 번역된 히브리어 '레보나'(לְבוֹנָה)는 성경에 열일곱 번이나 언급되었다. 소말리아, 오만, 예멘이 원산인 감람과(Burseraceae)의 낙엽성 관목의 줄기에서 얻은 수액으로 만든 유향은, 독성이 없으면서도 강력한 방부 작용과 박테리아 성장 억제, 관절염 치료 등의 효과가 있다. 또한 스트레스나 정신적 치료에도 상당히 효과적이어서, 한마디로 정신과 몸을 깨끗하게 하여 소통을 원활하게 하는 '해독제'와 같은 향이다.

    이는 우리의 육신과 내면세계, 그리고 하나님과의 소통(疏通)을 여는 능력이 기도에 있음을 의미한다. 기도가 향기로우면 영이신 하나님과 영통(靈通)하게 된다. 하나님 나라의 역사가 시작되는 것이다. 영통하면 하나님 성품의 역사를 통해 인통(人通)하게 된다. 더 나아가 이러한 성도가 물질을 통해 하나님 나라를 가속화하기 원할 때에는 물통(物通)의 은혜까지 누리게 된다. 성경은 이러한 것을 성공이라 하지 않는다. 성공은 개인이 공을 세워 이루는 것이다. 성경은 이러한 것을 바로 형통(亨通)이라 말한다. 하나님은 형통하는 사람에게 그분의 영광을 위해 세상을 지배하고 정복하고 다스릴 영광을 주신다.

- **모든 향에 소금을 치다** 하나님은 향을 만들 때 소금을 넣으라고 말씀하셨다. 그 이유는 성결하게 하기 위해서였다. 하나님께 올려드리

는 기도도 마찬가지다. 인간 중심의 욕구가 섞인 기도는 향기가 되어 주님께 올라갈 수 없다. 그렇다면 우리의 기도에 들어가야 할 소금은 어떤 것일까? 우리의 생각과 느낌이 아니라 하나님의 말씀에 나타난 그분의 성품과 원칙을 따라 구하는 것이다. 이것이 바로 하나님의 마음에 합한 기도, 즉 하나님의 뜻을 따라 드리는 기도다.

금향단의 위치와 중보기도

1년에 한 번 대속죄일이 되면 대제사장은 지성소로 들어가 속죄의 제사를 드렸다. 이때는 금향단의 위치를 성소 휘장 앞쪽에서 휘장 안쪽으로 옮겨서 향을 피웠다. 대제사장은 하나님께 올려드리는 향연으로 가득한 지성소로 들어가 이스라엘 백성에게 긍휼을 베풀어 달라는 기도를 올렸다. 이때 대제사장은 부활 승천하셔서 하나님의 보좌 우편에 앉아 성도의 유일한 중보자가 되신 예수 그리스도를 예표한다.

그런데 성경은 구원받은 성도인 우리도 '왕 같은 제사장'이라고 선언한다.

> 그러나 너희는 택하신 족속이요 왕 같은 제사장들이요 거룩한 나라요 그의 소유가 된 백성이니 이는 너희를 어두운 데서 불러내어 그의 기이한 빛에 들어가게 하신 이의 아름다운 덕을 선포하게 하려 하심이라(벧전 2:9).

사도 베드로가 기록한 대로 그리스도 안에 있는 우리는 분명 신약의 제사장들이다. 그러므로 예수 그리스도의 십자가 보혈을 힘입어 하나님의 임재 가운데 담대히 나아가 그분의 백성을 위해 기도한 구약의 제사장처럼, 예배자와 중보기도자가 되어야 한다.

하나님은 이미 이뤄진, 그러나 장래에 성취될 역사를 믿음으로 바라보며, 세상이 주님께 나아올 다리를 놓을 중보자와 예배자를 찾고 계신다. 날마다 하나님의 눈(가치)과 마음(중심과 뜻)이 계시되는 지성소로 들어가 그분의 보좌 앞에 머물러 영과 진리로 예배하며, 그분이 보여 주시는 결렬된 곳으로 들어가 기도로 그 틈을 메우는 사람 말이다. 중보기도는 하나님의 뜻과 마음을 품어야 감당할 수 있는 고귀한 부르심이다.

그런데 우리의 중보기도는 과연 어떠한가? 무심(無心)한 말과 행동으로도 충분히 때울 수 있는 종교적인 인사나 격식 행위가 되어 버렸다. 우리는 그동안 "기도하겠습니다"라는 말 한 번으로 얼마나 많은 기도의 무릎을 대신해 왔는가? 중보기도가 얼마나 위대한 특권인지, 중보기도에 얼마나 막강한 능력이 있는지, 중보기도가 얼마나 효과적인 도구인지 진정으로 깨달을 때에도 그렇게 할 수 있을까?

아브람을 생각해 보라. 자칫하면 자신까지 하나님의 진노를 뒤집어쓸 수 있는 상황인데도, 아브람은 조카 롯은 물론 멸망할 도시 소돔과 고모라를 위해 하나님의 마음을 바꾸어 가면서까지 중보기도를 드렸다. 또한 모세는 원망과 불평으로 가득찬 이스라엘 사람들의 반복되는 불순종의 결열된 틈으로 들어가 생명을 걸고 중보기도를 드려서 하나님의 마음을 바꾸었다. 무엇보다 예수 그리스도는 인류의 영원한 죄의 문제를 위해 결열된 곳에 십자가를 세우시고 돌아가셔서, 그분의 삶으로 인류를 위해 중보하셨다. 그분은 날마다 십자가에 연합하여 그리스도와 함께 죽고 그리스도와 함께 사는 그리스도인들을 통해 그 중보가 일어나기를 원하신다. 그래서 주님은 중보자를 찾으신다. 그래서 다른 사람을 위해 중보기도를 하는 것은, 모든 그리스도인에게 주어진 엄청난 특권이다. 그러한 사람은 지금도 하나님의 보좌 우편에서 우리를 위해 중보하고 계시는 예수 그리스도의 동역자로 쓰임 받기 때문이다.

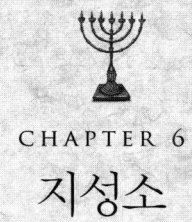

CHAPTER 6
지성소

휘장이 둘로 찢어지다

너는 청색 자색 홍색 실과 가늘게 꼰 베 실로 짜서 휘장을 만들고 그 위에 그룹들을 정교하게 수 놓아서 금 갈고리를 네 기둥 위에 늘어뜨리되 그 네 기둥을 조각목으로 만들고 금으로 싸서 네 은 받침 위에 둘지며 그 휘장을 갈고리 아래에 늘어뜨린 후에 증거궤를 그 휘장 안에 들여놓으라 그 휘장이 너희를 위하여 성소와 지성소를 구분하리라 너는 지성소에 있는 증거궤 위에 속죄소를 두고(출 26:31-34).

성소에는 두 개의 휘장이 있다. 성소로 들어가는 문의 휘장과 성소와 지성소를 구분하는 휘장이다.

이 두 휘장에는 공통점과 차이점이 있다. 공통점은 청색과 자색과 홍색, 그리고 흰색을 사용하여 만든 것이고, 차이점은 성소 문의 휘장과 달리 지성소로 들어가는 휘장에는 그룹(Cherubim) 천사를 수놓았다는 것이다. 지성소 휘장의 그룹 천사 모양은 하나님의 임재와 함께, 아담과 하와가 죄를 범한 이후에 그룹 천사가 두루 도는 불 칼과 함께 생명나무를 지켰음을 나타낸다(창 3:24).

하나님은 원죄로 인해 주님과 분리된 인간이 생명나무 열매를 먹고 영생하게 되면 영원히 회복할 수 없는 불행에 빠지기 때문에, 에덴에서 쫓아내고 생명나무로 가는 길을 막으셨다. 제사와 피 뿌림을 통해 정결케 되지 않은 인간이 함부로 거룩하신 하나님께 나아와 죽음을 당하지 않게 하시려고 휘장을 설치하신 것처럼 말이다.

그런데 이 휘장이 두 조각으로 찢어지는 놀라운 사건이 일어났다. 이것은 하나님께서 그룹 천사와 불 칼을 치우시고 생명나무로 나아가는 길을 여신 것과 같다. 이 모든 일은 지금으로부터 이천 년 전, 골고다 언덕의 십자가에서 시작되었다.

제육시로부터 온 땅에 어둠이 임하여 제구시까지 계속되더니 제구시쯤에 예수께서 크게 소리 질러 이르시되 엘리 엘리 라마 사박다니 하시니 이는 곧 나의 하나님, 나의 하나님, 어찌하여 나를 버리셨나이까 하는 뜻이라 거기 섰던 자 중 어떤 이들이 듣고 이르되 이 사람이 엘리야를 부른다 하고 그 중의 한 사람이 곧 달려가서 해면을 가져다가 신 포도주에 적시어 갈대에 꿰어 마시게 하거늘 그 남은 사람들이 이르되 가만 두라 엘리야가 와서 그를 구원하나 보자 하더라 예수께서 다시 크게 소리 지르시고 영혼이 떠나시니라 이에 성소 휘장이 위로부터 아래까지 찢어져 둘이 되고 땅이 진동하며 바위가 터지고 무덤들이 열리며 자던 성도의 몸이 많이 일어나되 예수의 부활 후에 그들이 무덤에서 나와서 거룩한 성에 들어가 많은 사람에게 보이니라(마 27:45-53).

유대인의 시간 개념으로 '제육시'는 낮 12시, 즉 정오다. 그런데 하늘이 캄캄해지며 세상이 어두워졌고, '제구시' 즉 오후 3시까지 그 상태가 지속되었다. 오후 3시가 되자 고통이 극에 달한 예수님은 "엘리 엘리 라마 사박다니!"(나의 하나님, 나의 하나님, 왜 나를 버리십니까?)라고 부르짖으셨다.

이윽고 길과 진리와 생명이신(요 14:6) 주님이 십자가에서 "다 이루었다"고 외치며 운명하시는 순간, 예루살렘 성전의 성소와 지성소를 구분하는 휘장이 위에서 아래로 찢어져 두 조각이 되었다(막 15:37-38). 휘장이 위에서 아래로 찢어진 것은 그것이 사람이 아니라 하나님이 행하신 일임을 말해 준다. 사람이 했다면 당연히 휘장 아래쪽에서부터 찢어졌을 것이다. 게다가 당시 성전의 휘장은 황소 두 마리가 양쪽에서 잡아끌어도 끄떡없을 만큼 튼튼했다고 한다. 이는 오직 하나님만이 하실 수 있는 기적이었다.

이때부터 그리스도 안에 있는 사람은 누구나 찢어진 휘장 사이를 통해 지성소로 들어가게 되었다. 구약시대 때는 죄인인 인간이 공의롭고 거룩하신 하나님 앞에 가면 죽을 수밖에 없어서 휘장으로 길을 막았지만, 화목제물로 오신 주님을 통해 사람과 하나님 사이에 가로막힌 담이 허물어졌다. 일 년에 한 번 대속죄일에 오직 대제사장밖에 할 수 없었던 하나님과의 만남이, 그분을 믿는 모든 이에게 날마다 가능해진 것이다.

그래서 히브리서 기자는 성소의 휘장을 '예수 그리스도의 육체'라고 표현한다.

우리에게는 이 소망이 있으니, 그것은 안전하고 확실한 영혼의 닻과 같아서, 휘장 안에까지 들어가게 해줍니다. 예수께서는 앞서서 달려가신 분으로서, 우리를 위하여 거기에 들어가셔서, 멜기세덱의 계통을 따라 영원히 대제사장이 되셨습니다(히 6:19-20, 새번역).

이런 관점에서 주님의 십자가 죽음과 부활은 '하나님과의 만남'인 예배가 회복되는 출발점이다.

찢어진 휘장 사이로

그러나 사실 오늘날 많은 그리스도인이 이 엄청나게 감격적인 사실을 대수롭지 않게 여긴다. 보혈의 공로만 붙잡으면 누구나 언제든지 하나님을 만나러 지성소로 나아갈 수 있다는 사실이 얼마나 놀라운 특권인지 별로 실감하지 못한다. 하지만 대제사장이 지성소에서 감수해야 할 위험을 보면, 신약의 성도들이 자유롭게 하나님 앞에 나아가게 된 것이 얼마나 놀라운 은혜인지를 깨달을 수밖에 없다.

일 년에 한 번 돌아오는 대속죄일에는 제사장 중에서도 대제사장으로 제비 뽑힌 자만이 지성소에 들어갈 수 있었다. 학자들에 따르면 주님이 육신을 입고 이 땅에 사셨던 시대에 18,000명 정도의 유대 제사장이 있었다고 한다. 그렇게 많은 사람 가운데서 대제사장으로 뽑혀 지성소까지 혼자 들어간다면, '와, 이런 가문의 영광이!'라고 생각하는 사람이 있을지도 모르겠다. 그러나 그가 맡은 책임의 실상을 보면, 전혀 그렇지만은 않다.

휘장 안에는 아무나 들어갈 수 없었다. 그렇게 하면 곧바로 목숨을 잃었다. 1년에 네 차례 들어가는 대제사장 역시 아무 준비 없이 들어갈 경우 목숨을 잃었다. 반드시 짐승의 피를 들고 향을 피워서 지성소 안까지 연기가 가득 찼을 때 들어가야 했다. 그리고 제사장의 옷에는 방울이 달려 있어서 움직일 때마다 소리가 났는데, 이는 지성소에 들어간 대제사장의 생사 여부를 확인하는 수단이었다.

이처럼 지성소는 아무나 들어갈 수 없고, 유일한 출입자인 제사장도 거룩하신 하나님 앞에 죄가 드러나면 즉시 죽임을 당하는 무서운 곳이었다. 따라서 '그런데도 과연 대속죄일에 대제사장으로 뽑히기를 원하고 바란 사람이 있을까?'라고 질문하는 것은 우리의 연약함 안에서 떠오르는 정직한 질문일 수 있다.

왕 같은 제사장인 우리의 특권

그래서 사도 베드로는 주 보혈의 공로로 누구나 하나님 앞에 나아갈 수 있게 된 이 엄청난 사건을 최고의 미사여구를 동원해서 표현했다.

> 너희는 택하신 족속이요 왕 같은 제사장들이요 거룩한 나라요 그의 소유가 된 백성이니 이는 너희를 어두운 데서 불러내어 그의 기이한 빛에 들어가게 하신 이의 아름다운 덕을 선포하게 하려 하심이라(벧전 2:9).

신앙 때문에 억울한 박해를 받고 있는 사회적 약자이자 소수인 무리에게 "너희는 왕과 같으며, 능히 한 민족과 국가라고 불릴 만한 사람들이다!"라고 하다니, 아무리 주님의 은혜가 크다고 해도 너무 과장이 심한 것 아닌가? 그런데 복음으로 말미암은 변화에 대한 극찬은 사도 바울도 절대 뒤지지 않는다. 그는 주님과의 관계가 회복된 성도의 놀라운 신분을 '빛'으로 묘사했다.

> 너희가 전에는 어둠이더니 이제는 주 안에서 빛이라 빛의 자녀들처럼 행하라(엡 5:8).

하지만 이것은 성도들을 포함한 당시의 모든 사람이 어처구니없다며 실소(失笑)를 터뜨릴 만한 말이었다. 초대교회 시절의 그리스도인들은 사회적으로나 문화적으로 결코 빛의 영역에 거할 수 없는, 오히려 어둠에 속한 사람들이었다. 당시 빛이라고 부를 수 있는 사람들은, 정치와 예술과 철학과 건축 분야에서 놀라운 업적을 일구어 낸 그리스 로마인들이었다. 종교 차원에서는 유대교와 유대 율법주의자들이 빛이었다. 그들이 대대로 모든 것을 걸고 고수해 온 모세의 율법과 예루살렘 성전, 그 밖의 종교 제도 전부가 빛이었다.

그런데 왜 사도 바울은 가진 것도, 이룬 것도, 내세울 것도 없는 초대교회 성도들을 빛의 자녀라고 선포한 것일까? 근거를 알 수 없는 그의 자신감은 도대체 어디서 온 것일까?

사도 바울도 세상에서 빛이라고 불리는 영역에 속했던 사람이다. 그는 그리스도인들을 어둠으로 규정하고 색출하고 처단하려 하다가 진정한 빛을 만나 경험하게 되었다. 그 빛은 바로 예수 그리스도였다.

참 빛 곧 세상에 와서 각 사람에게 비추는 빛이 있었나니(요 1:9).

그제야 사도 바울은 진정한 빛은 유대교의 율법과 헬라 철학이 아니라 나사렛 예수 그리스도임을 깨달았다. 진정한 빛의 자녀는 학문적으로 뛰어나고 율법을 준수하는 사람이 아니라, 그리스도 안에 있는 사람이었다. 성도 자신이 빛의 근원이 되는 게 아니라, 달이 햇빛을 반사하며 빛을 발하듯 그리스도 안(in Christ)에 있는 사람은 누구나 하나님의 빛을 비추는 존재가 되었다는 의미다.

이는 길과 진리와 생명이신 예수 그리스도께서 우리의 자리에 들어와 한 번의 영원한(once for all) 제물이 되어 주셨기에 가능한 역사다. 오늘날의 그리스도인들은 이제 짐승의 피를 들고 예배하지 않는다. 주님이 흘리신 피의 역사를 믿는 믿음으로 하나님께 나아가면 된다. 행위의 결과가 아니라 주님이 우리를 위해 이루신 은혜에 대한 믿음으로 말이다.

이 믿음을 가진 사람은 예배 시간뿐 아니라 삶의 모든 영역에서 주님의 대권을 부여받아, 그리스도의 온유와 겸손으로 영혼을 구원하고 이웃을 섬기며 세상의 소금과 빛으로 살아간다. 이것이 하나님이 찾으시는 예배자의 삶이다. 이들의 예배는 지성소와 삶의 현장이 통합되며, 언제 어디서나 주님과 동행하고 동역하며 하나님 나라의 의와 평강과 희락을 체험하는 자리가 된다.

법궤와 속죄소

그들은 조각목으로 궤를 짜되 길이는 두 규빗 반, 너비는 한 규빗 반, 높이

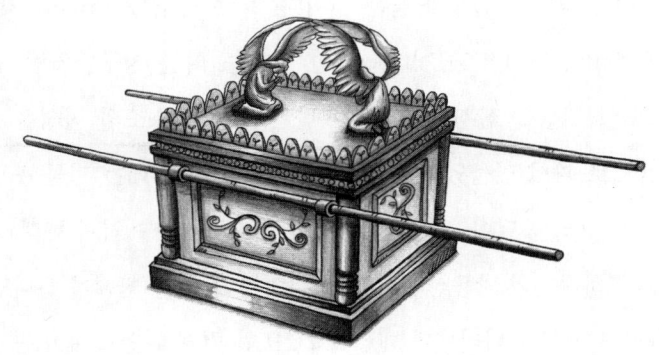

는 한 규빗 반이 되게 하고 너는 순금으로 그것을 싸되 그 안팎을 싸고 위쪽 가장자리로 돌아가며 금 테를 두르고 금 고리 넷을 부어 만들어 그 네 발에 달되 이쪽에 두 고리 저쪽에 두 고리를 달며 조각목으로 채를 만들어 금으로 싸고 그 채를 궤 양쪽 고리에 꿰어서 궤를 메게 하며 채를 궤의 고리에 꿴 대로 두고 빼내지 말지며 내가 네게 줄 증거판을 궤 속에 둘지며 순금으로 속죄소를 만들되 길이는 두 규빗 반, 너비는 한 규빗 반이 되게 하고 금으로 그룹 둘을 속죄소 두 끝에 쳐서 만들되 한 그룹은 이 끝에, 또 한 그룹은 저 끝에 곧 속죄소 두 끝에 속죄소와 한 덩이로 연결할지며 그룹들은 그 날개를 높이 펴서 그 날개로 속죄소를 덮으며 그 얼굴을 서로 대하여 속죄소를 향하게 하고 속죄소를 궤 위에 얹고 내가 네게 줄 증거판을 궤 속에 넣으라 거기서 내가 너와 만나고 속죄소 위 곧 증거궤 위에 있는 두 그룹 사이에서 내가 이스라엘 자손을 위하여 네게 명령할 모든 일을 네게 이르리라 (출 25:10-22).

법궤는 성막의 심장과 같은 것이다. 가로 2.5규빗(125cm), 세로 1.5 규빗(75cm), 높이 1.5규빗(75cm)인 법궤는, 다른 성구들처럼 예수 그리스도의 인성을 상징하는 조각목을 예수 그리스도의 신성을 상징하는 금으로 싸서 만들었다. 위쪽에는 사면을 둘러 테를 만들고, 밑에는 네 개의 고리를 달아 채(장대)를 꿰어 메고 다닐 수 있게 했다. 성경은 법궤를 '하나님의 발등상'으로도 표현하는데, 이는 법궤가 하나님이 임재하시는 곳임을 나타낸다(대상 28:2). 또한 법궤를 언약궤 또는 증거궤라 부르는 것은, 그 안에 하나님이 친히 자기 백성과 맺은 언약의 증거인 십계명 돌판을 넣었기 때문이다(출 26:33, 34:27-28).

법궤 안에는 십계명 돌판 외에도 깊은 영적 의미를 가진 물건이 두 가지가 더 들어 있었다. 하나는 출애굽한 이스라엘 백성이 기나긴 광야 여행을 하면서 먹은 하늘의 양식 만나를 담은 금 항아리였고, 다른 하나는 하룻밤 사이에 싹이 나고 꽃이 피어 열매를 맺은 아론의 지팡이였다.

그리고 하나님은 법궤 위에 가로 2.5규빗, 세로 1.5규빗의 속죄소를 뚜껑처럼 만들어 올려놓게 하셨다. 말 그대로 죄를 속하여 주는 장소인 속죄소는, 죄인이 마땅히 받아야 할 벌을 받지 않도록 속죄하시는 하나님의 긍휼의 은혜, 즉 헤세드(chesed) 사랑이 드러나는 곳이었다. 그래서 시은좌 혹은 은혜의 보좌(the throne of grace), 긍휼의 보좌(the mercy seat)라고도 불렀는데, 속죄소 양편에는 그룹 천사를 서로 마주 보게 붙였고, 두 날개를 펴서 속죄소를 덮도록 만들었다. 금등대처럼 순금덩어리를 단조(鍛造)해서 제작하는 속죄소는, 인생의 죄를 대속하기 위해 영적, 정신적, 정서적 육체적으로 고통당하신 예수 그리스도의 고난을 떠올리게 한다.

주님의 보혈이 법궤 위 속죄소에 뿌려졌을 때, 법궤 속 율법은 정죄의 권세를 상실했다. 그리고 하나님은 속죄소의 두 그룹 천사 사이에 임하셔서 이스라엘 백성의 대표자로 들어온 대제사장을 만나 주셨다. 속죄소는 하나님 임재의 자리인 동시에 하나님과 만나는 자리였다.

거기서 내가 너와 만나고 속죄소 위 곧 증거궤 위에 있는 두 그룹 사이에서 내가 이스라엘 자손을 위하여 네게 명령할 모든 일을 네게 이르리라 (출 25:22).

'속죄'로 번역되는 영어 단어는 'atonement'다. 이 단어의 구성을 살펴보면 'at+one+ment(…이 되다)', 즉 '하나님과 하나 된다'(making one with God)는 의미다. 이는 예수 그리스도의 속죄 사역의 근본 목적이 하나님과의 관계를 회복하여 화목하게 되는 것임을 나타낸다.

이 예수를 하나님이 그의 피로써 믿음으로 말미암는 화목제물로 세우셨으니 이는 하나님께서 길이 참으시는 중에 전에 지은 죄를 간과하심으로 자기의 의로우심을 나타내려 하심이니(롬 3:25).

이 말씀에서 '화목제물'로 번역된 헬라어 '힐라스테리온'(ἱλστήριον)의 뜻이 바로 '속죄소'다. 이와 같이 속죄소는 하나님과 분리된 인간을 연합시키려고 화목제물이 되신 예수 그리스도를 예표한다.

그리스도께서는 장래 좋은 일의 대제사장으로 오사 손으로 짓지 아니한 것 곧 이 창조에 속하지 아니한 더 크고 온전한 장막으로 말미암아 염소와 송아지의 피로 하지 아니하고 오직 자기의 피로 영원한 속죄를 이루사 단번에 성소에 들어가셨느니라 염소와 황소의 피와 및 암송아지의 재를 부정한 자에게 뿌려 그 육체를 정결하게 하여 거룩하게 하거든 하물며 영원하신 성령으로 말미암아 흠 없는 자기를 하나님께 드린 그리스도의 피가 어찌 너희 양심을 죽은 행실에서 깨끗하게 하고 살아 계신 하나님을 섬기게 하지 못하겠느냐(히 9:11-14).

이와 같이 성막은 예수 그리스도의 피가 우리에게, 그리고 하나님과 우리의 관계에 어떤 일을 행하셨는지 분명하게 보여 주는 증거다. 그리스도의 피로 우리는 온전한 구원과 자유, 하나님과의 친밀한 관계를 누리게 되었다. 누구든지 하나님께 나아가는 사람은 보혈의 능력을 믿기에 이미 율법의 정죄에서 자유롭다. 그렇기 때문에 회복을 넘어 성화의 단계로 나아가 세상 가운데 살아 계신 하나님을 높이며 선포하는 예배자로 살아갈 수 있다.

하나님의 발등상과 예배자

한글 성경에 '발등상'으로 번역된 히브리어 '하돔'(הֲדֹם)은, 발을 올려놓는 데 쓰는 받침대(footstool)를 의미한다. 또한 전쟁과 관련된 상황에서는, 승전국의 왕이 패전국의 수장이나 적장의 목을 발로 짓밟고 자신들의 승리를 선포한다는 의미로도 사용되었다.

다윗은 하늘에 올라가지 못하였으나 친히 말하여 이르되 주께서 내 주(하나님 아버지)에게 말씀하시기를 내가 네 원수로 네 발등상이 되게 하기까지 너는 내 우편에 앉아 있으라 하셨도다(행 2:34-35).

예수 그리스도는 아버지의 말씀에 죽기까지 복종하셔서, 십자가에서 죽음으로 인생의 모든 문제를 해결하셨다. 하늘 아버지는 이를 기뻐하며 그분을 지극히 높이셨고, 하늘 보좌 우편에 하늘과 땅의 모든 권세를 다스리는 대권을 주셨다(마 28:18). 그러므로 보혈의 능력을 힘입은 자들은 누구든지 지성소의 하나님의 발등상인 법궤 앞에 나아가 영과 진리로 예배할 때, "내가 세상 끝 날까지 너희와 항상 함께 있으리라"(마 28:20)고 하신 말씀을 누리게 된다. 이런 사람만이 "너희는 가서 모든 민족을 제자로 삼아 아버지와 아들과 성령의 이름으로 세례를 베풀고 내가 너희에게 분부한 모든 것을 가르쳐 지키게 하라"(마 28:19-20)는 선교의 대명령을 순종할 힘과 성품의 기름부으심을 받을 수 있다. 복음을 머리가 아닌 가슴으로 알고 그 복음을 삶으로 실천하는 사람이 되어지는 것이다. 그렇다. 되는 것이 아니라 되어지는 것이다. 그렇기 때문에 이 부름을 알고 순종하는 것은 은혜가 아닐 수 없다. 바로 이 은혜가 식지 않는 사람은 사도 바울과 같이 기꺼이 그리스도의 남은 고난을 주님의 몸 된 교회를 위해 감당하기로 결단하게 된다(골 1:24). 바로 이것이 하나님 나라 확장을 위한 선교적 부르심에 응답하여 자신을 산 제물로 드리는 예배자의 모습이다.

한국교회의 예배 횟수는 정말 많다. 그런데 예배 속에서 하나님의 눈과 마음을 만나는 횟수는 너무 적다. 인본주의적 예배 수위가 높아지고 있기 때문이다. 계명(예배)이 사명(선교)을 낳는 법이나, 온전한 예배를 드리지 않으므로 선교가 외형적인 실적주의로만 이야기되고 있다. 이처럼 현장에서 일어나는 부작용은 성령을 근심케 하고 있다.

물론 다 그런 것은 아니다. 예배가 살아 있는 곳에서는 이단들처럼 포교활동을 하지 않는다. 전도(선교)는 성령 활동에 우리가 순종하는 것이기 때문이다. 그러므로 우리는 선교사역의 주체가 성령임을 기억해야 한다. 그분은 우리를 통해 역사하시려고 하나님이 임재하시는 지성소의 발등상(법궤)에서 우리의 눈과 마음을 열어 주신다. 이곳으로 나아가는 예배자에게는 이 땅을 향한 거룩한 산 제물로 드려지는 성령과 능력의 기름부음이 있다.

이 점을 더 명확히 설명하고자, 나의 간증을 하나 나누어 보겠다.

마지막 때에 추수하게 되리라고 했는데, 우리는 마지막 때가 언제인지 모른다. 그러나 확실한 것은 사람들이 군집된 도시에서 추수하게 될 거라는 점이다. 성경도 동산에서 시작하여 도시로 끝이 나기 때문이다. 주님은 마지막 때 가장 중요한 선교지가 도시라고 생각한 나를 21세기의 로마인 뉴욕 맨해튼을 향해 선교사로 보내셨다. 다리놓는 사람들(Bridge Builders) 선교사역과 뉴저지 예수마을교회를 통해 교회와 선교의 본질과 그 상호 관계를 마치 실험실처럼 알게 하셨다. 그리고 어떻게 해야 도시의 영혼들을 제자화해야 하는지에 관한 하나님의 전략을 보게 하셨다. 그래서 도시 안에 교회 심기(Church Planting)라는 마지막 때의 선교 전략을 따라, 그 첫 교회로 킹스웨이 채플

(Kingsway Chaple)을 시작하게 되었다.

마음의 소원을 두고 행하시는 주님의 다스림은 이러했다. 주님은 빌립보 성(city)의 루디아 같은 분을 통해 시작할 수 있는 아름다운 장소를 열어 주셨다. 그런데 바로 예배를 시작하지 말고 중보의 제단을 쌓으라고 하시면서 가나 혼인 잔치의 첫 번째 기적 이야기를 마음에 떠올려 주셨다. 즉시, 예수마을교회 기도의 용장들과 함께 잔칫집의 빈 항아리 여섯 개에 물을 붓는 마음으로 중보하며 예배 카운트다운에 들어갔다. 주일마다 역대하 7장 14절 정신을 따라 저녁 7시 14분에 모여 기도했다. 우리는 그 모임을 714PM(Prayer Movement)이라고 불렀다.

그렇게 6개월이 지났을 즈음, 누군가 "목사님, 언제 예배가 시작되는 건가요?"라고 물었는데, 그 질문이 마치 "목사님, 이제 여섯 항아리 모두 물이 가득 차지 않았나요?"라고 들리는 듯했다. 그래서 나는 주님 앞으로 나아가 기도드렸고, 2014년 첫 주부터 예배를 시작해야겠다는 마음을 확정하게 되었다.

그리고 그 주 목요일 오후, 아닌 밤중에 홍두깨 같은 전화를 한 통 받았다. 뉴욕 버펄로에서 목회하는 김성찬 목사의 전화였다. 맨해튼에서 교회를 개척하라는 마음을 받아 한국에 계신 아버지와 상의했는데, '맨해튼이라면 김진호 목사에게 전화해서 조언을 들어보라'고 했다는 것이었다. 맨해튼에서의 교회 개척이라는 말에 소름이 돋았다. 개척하려는 그 마음의 동기와 주님의 인도하심에 관해 듣던 나는 그가 함께 비전을 나누고 동역하도록 주님이 보내신 사람이라는 생각이 번뜩 들었다. 그래서 그날 곧바로 그에게 주님이 주신 비전을 나누었다. 놀라운 것은 비전을 받아 본 김 목사 역시 나와 같은 마음을 받았다는 점이었다. 우리 모두에게 놀라운 사실이었다.

그중에서도 놀라웠던 것은 김성찬 목사가 애틀랜타에서 교회 안의 독립된 교회로 '청년.com' 사역을 할 때, 주일 저녁 7시 14분 예배를 드리면서 만들었던 714Worship 포스터를 카톡으로 받았을 때였다. 그 순간까지 나는 714PM 사역이 '다리놓는사람들' 비전에서 시작된 것이기에 나누지 않고 있었다. 나는 미소를 머금으며 그에게 714PM 포스터를 전송해 주었다. 이는 우리 모두에게 마지막 확정이 되었다. 6개월 동안 여섯 항아리에 물을 붓듯 신실하게 기도했던 분들은 하나님이 역사하시는 방식을 보면서 "하나님이 두렵다"라고까지 고백했다.

이러한 왕이신 하나님의 다스림을 보면서 흔들리지 않는 확신이 있다. 그것은 하나님의 발등상 앞에 나아가 예배드리는 가운데 그분이 우리에게 보여 주시는 이 땅을 향한 기도의 제목을 따라 중보하는 사역이 모든 사역 가운데 선행돼야 한다는 확신이다. 그래서 성경은 하나님이 그분의 발등상 앞에 나아가 영과 진리로 예배하는 것이 얼마나 중요한지를 아는 예배자를 찾으시고, 인생과 역사의 결열된 틈으로 들어가 기도하는 중보자를 찾으신다고 한다. 하나님은 이렇듯 그분의 마음에 합한 자를 찾으셔서 기름부으신다. 또한 지성소의 법궤(시 132:7)

뿐만 아니라 온 땅을 하나님의 발등상 삼으신(사 66:1) 것을 나타내셔서, 예배와 기도가 삶이 되고 삶이 예배와 기도가 되게 하신다.

능력은 주님의 임재 안에 있다

이스라엘에게 법궤는 하나님 임재의 상징이었다. 그들 안에 있는 이러한 의식은 이스라엘 백성이 여호수아와 함께 요단 강을 건너 가나안으로 들어가는 대목에서 분명하게 드러난다.

> 요단이 곡식 거두는 시기에는 항상 언덕에 넘치더라 궤를 멘 자들이 요단에 이르며 궤를 멘 제사장들의 발이 물가에 잠기자 곧 위에서부터 흘러내리던 물이 그쳐서 사르단에 가까운 매우 멀리 있는 아담 성읍 변두리에 일어나 한 곳에 쌓이고 아라바의 바다 염해로 향하여 흘러가는 물은 온전히 끊어지매 백성이 여리고 앞으로 바로 건널 새 여호와의 언약궤를 멘 제사장들은 요단 가운데 마른 땅에 굳게 섰고 그 모든 백성이 요단을 건너기를 마칠 때까지 모든 이스라엘은 그 마른 땅으로 건너갔더라(수 3:15-17).

법궤를 멘 제사장들이 넘실거리는 강물에 발을 들여놓았을 때 요단 강이 갈라졌고, 그들은 걸어서 가나안 땅에 들어갔다. 하지만 이 기적은 법궤 자체에 신비한 능력이 있어서 일어난 것이 아니었다.

또 여호와께서 여호수아에게 명령하사 백성에게 말하게 하신 일 곧 모세가 여호수아에게 명령한 일이 다 마치기까지 궤를 멘 제사장들이 요단 가운데에 서 있고 백성은 속히 건넜으며(수 4:10).

여호수아와 이스라엘 백성은 하나님의 말씀대로, 즉시 순종했다. 요단강이 갈라진 것은 그들이 순종한 결과이자, 하나님이 언약한 바를 신실하게 행하신 결과였다. 초자연적인 능력을 가진 법궤라는 매개체를 갖고 있었기 때문이 아니라, 하나님과의 온전한 관계가 성립되었기 때문에 일어난 기적이라는 말이다.

하나님의 임재(Presence) 안에서는 인생의 모든 문제(Problems)가 해결된다. 그러나 법궤 자체가 하나님의 임재를 보증하는 것은 아니다. 법궤를 발등상 삼고 자신의 임재를 나타내기로 작정하신 하나님의 아이디어를 믿고 법궤 앞으로 나아가 엎드리는 자에게 주어지는 하나님의 임재로 말미암아 그분의 능력이 나타나는 것이기 때문이다. 즉, 법궤 자체는 하나님이 자신의 임재와 역사를 가시적으로 나타내기 위해 친히 설정하신 상징물일 뿐이다.

구약시대에 사무엘 선지자가 아직 어렸을 때, 이스라엘이 블레셋과의 전쟁에서 대패하여 4천 명가량 사상자를 낸 적이 있다(삼상 4:1-2).

이때 대세를 뒤집기 위해 이스라엘 장로들이 생각해 낸 것이 바로 법궤, 즉 언약궤였다.

> 여호와께서 어찌하여 우리에게 오늘 블레셋 사람들 앞에 패하게 하셨는고 여호와의 언약궤를 실로에서 우리에게로 가져다가 우리 중에 있게 하여 그것으로 우리를 우리 원수들의 손에서 구원하게 하자(삼상 4:3).

여호수아와 이스라엘 백성이 가나안 정복 전쟁을 수행할 때 법궤를 앞세우고 나아가 승리했던 것을 기억한 모양이다. 그들은 당장 실로에 있던 언약궤를 전쟁터로 옮겨왔다. 하지만 결과는 비참했다. 이스라엘은 블레셋에게 패배했고, 언약궤까지 빼앗기는 수치를 당하고 말았다.

이스라엘은 전쟁을 승리로 이끄는 신비한 능력이 언약궤 자체에 있다고 착각했다. 하나님과의 온전하고 건강한 관계를 잃어버린 이스라엘의 어리석은 결정에 주님은 그들을 떠나셨고, 언약궤의 관리자였던 제사장 엘리의 두 아들 홉니와 비느하스는 죽고 말았다. 기적을 일으키는 주체인 하나님을 바라보지 못하고 하나님이 허락하신 기적의 매개체만 의지한 것이다.

눈에 보이는 것에 휩쓸리기 쉬운 인생의 연약함을 아시기에 상징을 통해 하나님을 바라보게 하신 그분의 의도를 알고, 상징을 통해 역사하시는 주님을 경외하며 나아갈 때에만 하나님 임재의 역사가 나타나는 법이다. 그리고 이 원칙은 십자가에도 적용된다. 십자가의 능력은 두 개의 나무를 십자 형태로 연결한 구조물에 있는 것이 아니다. 창조주요 만유의 주재이신 하나님이 죄인인 인간의 구원을 위해 죽으신 사랑과 그분의 임재가 십자가를 통해 드러나고 흘러가는 것뿐이다.

하나님과 만나는 자리가 세상의 중심이며 삶의 중심이다

성막에서는 지성소가 세상의 중심이 된다. 지성소에 있는 법궤 위 속죄소가 하늘 보좌에 앉으신 이의 발등상이기 때문이다. 온 세상 만물을 다스리시는 주님의 통치는 그분이 임하시는 개인과 공동체에서 시작된다.

이런 관점에서 나는, 지금도 여전히 교회가 세상 가운데 하나님이 일하시는 중심축이라고 믿는다. 아무리 하나님의 뜻을 떠나 망가지고 타락해도, 그분은 자신의 신부인 교회를 포기하지 않으실 것이다. 자신의 피값을 주고 사서 자신의 몸으로 삼았기 때문이다. 이것은 '그럼에도 여전히' 교회가 세상에 거룩한 영향을 주고 땅 끝까지 나아가 세계 선교를 감당하는 핵심이라는 말이기도 하다. 주님은 지금도 변함없이 그리스도 안에 있는 교회가 세상의 소금과 빛이라고 말씀하신다.

오늘의 교회를 주님의 마음으로 분별하지 않고 비판의 눈으로만 바라보는 사람은 이에 동의하지 못하며 이렇게 말할 것이다. "도대체 지금의 교회 어디에 소금과 빛의 모습이 있단 말입니까? 이제 교회는 세상의 소망이 아니라 실망입니다!"

교회를 통해 나타나는 현상만을 보면 그 말이 맞다. 그러나 우리가 잊지 말아야 할 것은, 이 땅의 교회 역시 의인의 공동체가 아니라 죄인의 공동체라는 사실이다. 그리스도 안에서 그분의 보혈로 의로워졌을 뿐, 여전히 죄인들이 모인 공동체다. 그래서 서로 부닥치고 시끄럽고 깨지는 것이다. 하지만 그냥 죄인과 의롭게 된 죄인(righteous sinner) 사이에는 엄청난 차이가 있다. 죄인이 물 같은 인생이라면, 의롭게 된 죄인은 그 물이 변해서 만들어진 포도주 같은 인생이기 때문이다. 물은 그대로 놓아두면 썩는다. 하지만 포도주는 두면 둘수록 숙성(熟成)된다. 문제는 "물 같은 우리가 어떻게 포도주로 변화되고 더 좋은 포도주로 숙성되는가?" 하는 점이다.

가나의 혼인잔치 때처럼 답은 하나뿐이다. 주님을 만나 그분과 함께하는 것이다. 하나님과의 만남과 관계가 그 답이다.

그래서 여호와 하나님이 임하시는 곳, 하나님이 눈과 마음을 두시는 곳, 예수 그리스도의 피값을 주고 사신 교회 공동체가 바로 세상 가운데서 하나님이 일하시는 중심축인 것이다. 따라서 왕 같은 제사장인 성도, 주님의 신부이자 그분의 몸 된 교회가 그 어떤 것보다 애쓰고 집중해야 하는 것은 바로 하나님과의 만남, 그분과의 관계다. 즉, 예배다. 예배야말로 그리스도 몸으로서의 핵심 가치인 생명을 낳는 사랑이 흐르는 중심이기 때문이다. 사랑이 없는 예배는 종교행위에 지나지 않을 뿐이다. 예배는 하나님을 사랑하는 목적을 달성하도록 관계(relationship)를 좋아하시는 하나님이 우리에게 주신 사랑의 방식이다. 주님이 우리에게 주신 율법의 핵심은 그분이 주신 계명으로써 "이스라엘아 들으라 우리 하나님 여호와는 오직 유일한 여호와이시니 너는 마음을 다하고 뜻을 다하고 힘을 다하여 네 하나님 여호와를 사랑하라"(신 6:4-5)는 것이며, 그것을 실천하는 첫걸음이 바로 예배다.

이 본질의 핵심에서 벗어난 이스라엘 백성은 율법을 행함으로 복을 받으려는 자기중심적인 행위에 붙잡혔고, 그것이 또한 자기 의가 되어서 하나님을 사랑하는 예배의 본질을 가렸다. 여호와 종교가 되어 버린 것이다. 요즈음 기독교가 기독교 종교가 되어 가는 것처럼 말이다.

그래서 주님은 그분의 발등상 앞에서 전 인격을 다해 그분을 사랑하는 예배자를 찾으신다. 하나님이 사랑 결핍증에 걸리셔서 그런 것이 아니다. 사랑이라는 생명을 낳는 관계를 통해 그분의 눈(가치)과 마음(중심/뜻)을 보이시고, 그 가치와 뜻을 따라 살아가도록 새 힘과 새 성품의 기름부음을 주시기 위함이다. 성령과 능력의 기름부으심 말이다.

우리의 변화는 하나님의 임재 속, 하나님과의 만남을 통해서 일어난다. 변질된 사람이 변화된 사람으로 세움 받는 곳이 하나님과의 사랑의 관계 안으로 들어가는 예배다. 예배는 변질이 변화로 바꾸어지는 곳이다. 그래서 예배자는 "내가 변화된 만큼 내 주변을 변화시킬 수 있다"는 결코 변하지 않는 법칙을 안다. 이런 변화가 없으므로 변질로 향하게 되는 성도의 내면과 교회 공동체는 구약시대 에스겔 선지자가 목격한 마른 뼈만 가득한 골짜기와 같다.

한 장의 그림으로, 하나님과의 만남을 상징하는 그분의 보좌를 중심으로 살아가는 그리스도인과 그렇지 않은 '종교인'의 차이점을 정리해 보았다. 219쪽 그림을 보라.

우리는 이 그림에서 크게 두 가지 중심축을 발견한다. 신앙의 중심축인 십자가(번제단)와 삶의 중심축인 하나님의 보좌(법궤)다. 신앙과 삶은 동전의 양면성처럼 하나가 되어야 하지만, 예배를 마치고 세상에 발을 딛는 순간부터 물과 기름같이 분리된 삶을 사는 이들이 많다. 그 이유는 간단하다. 하나님과의 만남이 없기 때문이다. 십자가(번제단) 앞에서 주님의 은혜를 받으나, 세상으로 돌아가 죄를 반복하기 때문이다. 구약시대의 사람들처럼 자신의 행위적인 죄의 문제를 짐승의 제사로 해결하면서도 죄를 다시 반복했던 것과 같다. 이러한 모습의 문제는 하나님의 은혜에 점차 익숙해져 감으로, 그 감동이 사라져 버린다는 점이다.

십자가와 보좌는 동일 선상에 놓여 있다. 진실로 십자가에서 놀라운 사랑을 받은 사람은 마음과 뜻과 성품과 힘을 다하여 하나님의 보좌를

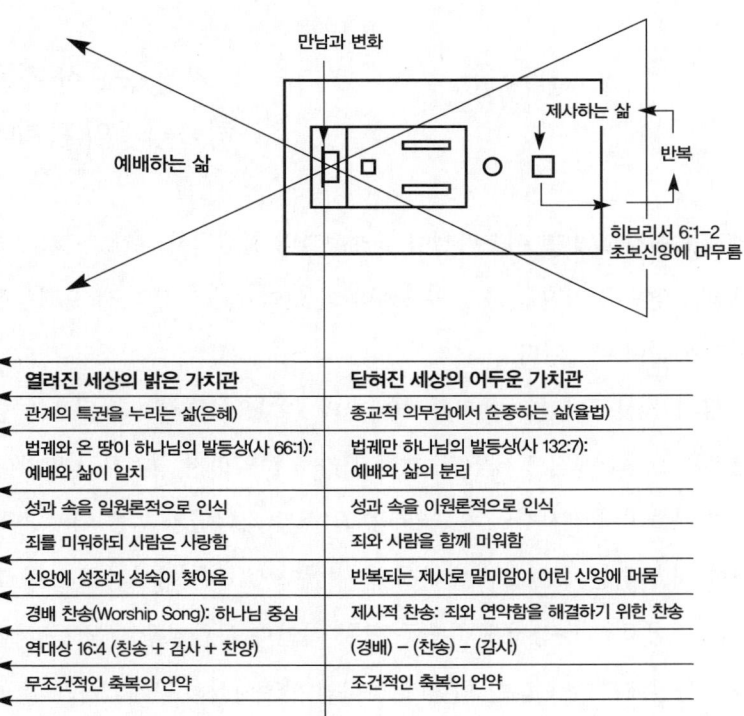

열려진 세상의 밝은 가치관	닫혀진 세상의 어두운 가치관
관계의 특권을 누리는 삶(은혜)	종교적 의무감에서 순종하는 삶(율법)
법궤와 온 땅이 하나님의 발등상(사 66:1): 예배와 삶이 일치	법궤만 하나님의 발등상(사 132:7): 예배와 삶의 분리
성과 속을 일원론적으로 인식	성과 속을 이원론적으로 인식
죄를 미워하되 사람은 사랑함	죄와 사람을 함께 미워함
신앙에 성장과 성숙이 찾아옴	반복되는 제사로 말미암아 어린 신앙에 머물
경배 찬송(Worship Song): 하나님 중심	제사적 찬송: 죄와 연약함을 해결하기 위한 찬송
역대상 16:4 (칭송 + 감사 + 찬양)	(경배) – (찬송) – (감사)
무조건적인 축복의 언약	조건적인 축복의 언약

향해 나아가 사랑을 드릴 수 있다. 그때 하나님은 우리를 복의 통로로 세우시기 위해 세상을 지배하고 정복하고 다스릴 새 힘과 새 성품을 부어 주신다. 바로 이곳이 하나님을 만나는 세상의 중심이자, 우리 삶의 중심이다.

가장 중요한 것은
하나님과의 관계다

언약궤를 갖고 있던 이스라엘이 블레셋과의 전쟁에서 대패한 것은, 하나님의 영광과 기적을 불러 일으켜야 할 언약궤가 고장 나서 오작동을 했기 때문이 아니었다.

당시 제사장이었던 엘리는 하나님의 음성을 분별할 수 없을 만큼 영적으로 둔감해진 상태였다. 게다가 가정 사역까지 실패하고 말았다. 그의 아들이며 제사장인 홉니와 비느하스가 하나님의 법을 어기며 불량한 짓을 하는데도 그냥 내버려 둔 것이다. 그들은 하나님께 드릴 고기를 먹어치우고, 성전에서 수종 드는 여인과 성관계를 갖는 등 하나님의 눈앞에서 계속 죄를 범했다. 하나님 현존의식의 부재였다.

어떻게 이런 자들이 버젓이 살아서 언약궤 옆을 오가며 제사장 노릇을 할 수 있었을까? 왜 거룩하신 하나님은 그들에게 격돌해서 목숨을 취하지 않으신 걸까? 하나님이 그분의 임재 처소이며 발등상인 언약궤를 떠나셨기 때문이다. 이름과 용도는 그대로지만, 더 이상 하나님은 언약궤 가운데 머물지 않으셨다. 더 놀라운 것은 하나님의 임재가 언약궤를 떠났음을 누구보다 분명하게 알았을 엘리와 그의 아들들이 끝까지 하나님 앞에서 회개하지 않았다는 사실이다. 당시 이스라엘에서 하나님과 가장 가까운 사람들이었을 제사장들이 그분과 얼마나 비인격적인 관계를 맺고 있었는지 알 수 있는 대목이다.

블레셋과의 전투에서 이스라엘이 패한 뒤, 언약궤는 만들어진 이래 최초로 외국 유배(流配)를 당하게 된다. 승리감에 도취한 블레셋은 전리품인 언약궤를 아스돗에 있는 다곤이라는 우상의 사당에 옮겨 놓았다. 그런데 다곤 사당에 언약궤가 들어온 다음 날부터 이상한 일이 일어나기 시작했다(삼상 5:1-4). 자고 일어나면 다곤 신상이 얼굴을 땅에 박고 여호와의 궤 앞에 엎어져 있는 것이 아닌가? 나중에는 다곤 신상의 사지가 절단되는 사태까지 벌어졌다. 불길한 일이라며 수군대던 아스돗 사람들의 불안은 곧 현실로 나타나기 시작했다. "여호와의 손이 아스돗 사람에게 엄중히 더하사 독한 종기의 재앙으로 아스돗과 그 지역을 쳐서 망하게 하니"(삼상 5:6).

그래서 부랴부랴 언약궤를 가드로 옮겼지만, 상황은 더 악화됐다. "그것을 옮겨 간 후에 여호와의 손이 심히 큰 환난을 그 성읍에 더하사 성읍 사람들의 작은 자와 큰 자를 다 쳐서 독한 종기가 나게 하신지라…죽지 아니한 사람들은 독한 종기로 치심을 당해 성읍의 부르짖음이 하늘에 사무쳤더라"(삼상 5:9, 12).

패역한 제사장 홉니와 비느하스 때문에 언약궤를 떠나셨던 하나님이, 이번에는 가장 더러운 곳에 가장 거룩한 성구(聖具)를 놓아둔 것에 대해 벌을 내리신 것이다. 견디다 못한 블레셋 사람들은 언약궤를 다른 곳으로 보내기로 결정한다. 자신들이 섬기는 우상이 엎드러져 박살 나는 것을 몇 번이나 목격했다면, 이스라엘의 하나님이 참 신이라는 것을 인정하고 그분께 회개하며 나아가는 것이 정상적인 반응이다. 하지만 그들은 언약궤만 보내 버리면 자기들을 괴롭히는 신도 함께 쫓아 버릴 수 있다고 생각했다. 그들에게 언약궤의 하나님은 그저 치워 버려야 할 골칫거리일 뿐이었다. 이 얼마나 비인격적인 관계인가?

결국 언약궤는 예루살렘에서 남쪽으로 3km 떨어진 벧세메스라는 곳으로 옮겨졌다. 그러나 패역한 인간들의 오만한 행동은 언약궤가 이스라엘로 돌아온 뒤에도 끝나지 않았다. 벧세메스 사람들이 경외심이 아니라 호기심으로 거룩하신 여호와의 궤를 들여다 본 까닭에 (오만) 칠십 명이나 죽는 비극이 일어나고 만 것이다(삼상 6:19). 거룩하신 하나님이 선민 이스라엘에 속한 자들에게까지 신기한 구경거리 정도로 취급당하여 비인격적 대우를 받으셨다. 더 안타까운 것은, 엄청난 참극을 겪은 벧세메스 주민들의 반응이 앞서 언약궤 가까이에 있었던 자들과 동일했다는 사실이다.

> 벧세메스 사람들이 이르되 이 거룩하신 하나님 여호와 앞에 누가 능히 서리요 그를 우리에게서 누구에게로 올라가시게 할까 하고 전령들을 기럇여아림 주민에게 보내어 이르되 블레셋 사람들이 여호와의 궤를 도로 가져왔으니 너희는 내려와서 그것을 너희에게로 옮겨 가라(삼상 6:20-21).

머리를 쥐어뜯으며 고민하던 벧세메스 사람들은 인근의 기럇여아 림에 언약궤를 떠맡긴다. 자신들의 죄와 무지를 인정하고 회개함으로 하나님께 나아간 것이 아니라 그분의 임재 자체를 거부한 것이다. 이 들도 살아 계신 여호와의 손이 행하신 일을 언약궤라는 물건에 저주가 깃든 탓이라고 생각한 듯하다.

숱한 우여곡절을 겪고 일곱 달 만에 이스라엘에 돌아온 언약궤는 기럇여아림의 아비나답이라는 사람의 집에 자리를 잡았다.

> 기럇여아림 사람들이 와서 여호와의 궤를 옮겨 산에 사는 아비나답의 집에 들여놓고 그의 아들 엘리아살을 거룩하게 구별하여 여호와의 궤를 지키게 하였더니 궤가 기럇여아림에 들어간 날부터 이십 년 동안 오래 있은지라 이 스라엘 온 족속이 여호와를 사모하니라(삼상 7:1-2).

이 본문에는 우리가 매우 오랜만에 만나는 두 단어가 있다. 그것은 바로 '거룩하게'와 '구별하여'다. 이 두 단어는 기럇여아림 사람들이 여 호와의 궤를 짐짝 취급하지 않았음을 보여 준다. 놀랍게도 그들은 언 약궤를 둘 장소를 따로 정해 두었고, '성결 의식'을 통해 언약궤를 지키 고 관리할 전담사역자를 따로 세웠다. 자신들이 할 수 있는 선에서 하 나님께 최고의 대우를 해 드린 것이다.

그렇게 여호와의 언약궤는 기럇여아림에서 이십 년이라는 긴 시간을 머물렀다. 이때부터(하나님을 하나님으로 모시는 인격적 관계가 회복된 다음부터) 이스라엘 족속의 심령 가운데 하나님을 사모하는 마음이 피어나기 시작한 것은 결코 우연의 일치가 아니다. 그리고 바로 이 시기에 하나님이 예비하신 불세출의 영적 지도자가 등장한다. 이스라엘과 하나님의 관계 회복 과정을 보여 주는 언약궤 기사가 끝나면서 등장하는 그는 바로 사무엘이다.

> 사무엘이 이스라엘 온 족속에게 말하여 이르되 만일 너희가 전심으로 여호와께 돌아오려거든 이방 신들과 아스다롯을 너희 중에서 제거하고 너희 마음을 여호와께로 향하여 그만을 섬기라 그리하면 너희를 블레셋 사람의 손에서 건져내시리라 이에 이스라엘 자손이 바알들과 아스다롯을 제거하고 여호와만 섬기니라(삼상 7:3-4).

이후 사무엘은 블레셋 군대를 압도적으로 격퇴하고 이스라엘의 명실상부한 영적 지도자와 통치자로 견고히 자리매김한다. 그때부터 이스라엘은 영적, 정치적 안정기를 맞이한다(삼상 7:13-17). 이렇게 하나님과 올바른 관계를 맺는 사람들에게는 나라와 민족까지 뒤흔드는 놀라운 능력이 흘러나온다. 가장 중요한 열쇠는 관계다.

법궤와 하나님의 아이디어

여호와의 궤가 기럇여아림 아비나답의 집에 도착한 이후 오랜 시간이 흘렀다. 사무엘 선지자도 세상을 떠나고, 이스라엘의 왕정시대를 연 초대왕 사울도 세상을 떠났다. 그러고 나서 하나님이 이스라엘의 지도자로 세운 사람이 다윗이다.

우리가 잘 아는 대로 다윗은 하나님이 주신 마음(중심)을 따라 한눈팔지 않고 달려가는 예배자였고, 평생 하나님의 성전을 건축하는 꿈을 가슴에 품고 살았다. 그래서 이스라엘의 왕이 되어 나라 안팎을 안정시킨 뒤에 그가 제일 먼저 착수한 일도 여호와의 궤를 다윗 성으로 옮겨 오는 것이었다(삼하 6:1-2).

다윗은 아비나답의 집으로 3만 명의 정병을 파송했고, 그들의 호위를 받으며 아비나답의 아들 웃사와 아효가 새 수레에 법궤를 싣고 길을 나섰다. 그런데 수레가 나곤의 타작마당이라는 곳에 이르렀을 때, 예상치 못한 사고가 일어났다. 수레를 끌던 소들이 갑자기 뛰기 시작한 것이다. 수레가 흔들리자, 곁에 있던 웃사가 엉겁결에 손으로 여호와의 궤를 붙들었다. 바로 그 순간, 하나님이 웃사를 치셨고 그는 그 자리에서 즉사하고 말았다. 정말 너무 놀라운 사건이다. 경사스럽고 축복된 국가적 행사에서 사람이 죽고 말았다. 이 사건에 충격을 받은 다윗은 "나 같은 자가 어떻게 여호와의 궤를 감당할 수 있겠는가?"라며 가드 사람 오벧에돔의 집에 언약궤를 옮겨 놓고는 돌아가 버렸다(삼하 6:9-10).

하나님은 언약궤를 운반할 때 "성물은 만지지 말라 그들이 죽으리라 회막 물건 중에서 이것들은 고핫 자손이 멜 것이며"(민 4:15)라고 명하셨다. 그 말씀을 무시하고 수레나 짐승이 운반하는 것은 가인의 제사와 같은 인본주의적 행위였다. 농사꾼 가인은 분명히 부모에게 제사 드리는 법을 배웠을 것이다. 부모인 아담과 하와는 친히 가죽옷을 입혀 주셔서 자신들을 수치에게 자유케 하신 하나님의 사랑을 늘 기억하며, 희생이 따르는 제사의 원형에 대한 교훈을 실천했을 것이다. 그리고 가인과 아벨에게도 제사는 짐승을 잡아서 희생과 수고가 따라야 한다고 가르쳤을 것이다. 그러나 가인은 "나의 것을 드리면 되지, 뭐!" 하면서 자신의 생각대로 제사를 드렸다.

하나님은 "순종이 제사보다 낫다"(삼상 15:22)고 하셨다. 제아무리 우리가 하나님을 위해 드리는 것이라 할지라도, 그것이 하나님의 말씀에 따르는 순종이 아닐 때에 하나님은 받지 않으신다. 아마도 다윗 왕은 언약궤를 빨리 옮겨 가고 싶었을 것이다. 힘이 센 소가 끄는 수레로 하루라도 빨리 운반해 가면, 하나님께 더 많이 칭찬받을 수 있으리라 생각했을지도 모른다. 그러나 하나님 나라는 사람을 기쁘게 하는 방식으로 운영되지 않는다. 아무리 우리가 경영학적인 머리를 가지고 효율성(해야 할 일을 더 잘할 수 있는 것)과 효과성(어떤 일을 할 때 쓸데없는 일은 빼고 꼭 해야 할 일만 하는 것)을 따져 일한다고 할지라도, 그것이 주님의 말씀에 위배되면, 그것은 하나님의 마음에 합하지 않는 불순종일 뿐이다. 하나님이 원하시는 순종은 '실적'에 의한 것이 아니라 '관계'에 의한 것이기 때문이다.

하나님의 역사는 그분의 말씀에 순종할 때에야 이루어질 수 있다. 우리는 하나님의 말씀을 사랑하고, 그분의 말씀을 주야로 묵상해야 한다. 그래야만 말씀 속에서 하나님의 진리를 만나며, 그 진리로 하나님을 기쁘시게 해 드리지 못하는 우리의 자아를 깨뜨릴 수 있다. 하나님의 진리(眞理)는 결코 우리의 일리(一理)나 합리(合理), 편리(便利)로 대치될 수 없다. 아무리 열심히 하나님을 섬긴다고 해도 자신의 방식으로 섬기는 것은 모두 불순종이다. 하나님을 사람의 방법으로 섬겨서는 안 된다. 하나님은 하나님의 방법(Ways of God)으로 섬겨야 한다.

그렇다면 왜 하나님은 언약궤를 사람이 직접 어깨에 메고 운반하게 하신 것일까? 성경에는 그 이유가 명확하게 기록되어 있지 않지만, 곰곰이 따져 보면(내 개인적인 묵상의 결과이긴 하지만) 말씀의 행간에 담긴 하나님의 뜻과 마음을 헤아릴 수 있다.

언약궤의 운반 규정을 묵상하다 보면 저절로 연결되는 말씀이 있다.

이에 예수께서 제자들에게 이르시되 누구든지 나를 따라오려거든 자기를 부인하고 자기 십자가를 지고 나를 따를 것이니라(마 16:24).

언약궤는 반드시 제사장이, 반드시 어깨에 메야 했다. 그런데 주님은 십자가도 반드시 (제자들) 자신이, 반드시 (등으로) 져야 한다고 말씀하신다. 그리스도 안에서 우리는 언약궤를 어깨로 메듯 하나님의 임재를 의식하며 살아야 할 왕 같은 제사장으로 부르심 받았다. 그리고 동시에 우리는 십자가를 등에 지듯 섬김과 헌신의 길을 가야 하는 제자로 부르심 받았다. 이것은 자신이 아닌 남의 힘이나 하나님이 아닌 다른 것에 의지하지 않고, 하나님의 임재 가운데 내 안에 살아 계신 주님을 따라 살아가라는 복음의 메시지다. 인생의 모든 문제를 해결하신 예수 그리스도의 십자가의 승리를 누리는 자는 문제 속에서도 하나님의 임재를 누리며, 믿음의 주요 우리를 온전케 하시는 주님을 바라보는 사람이다. 항상 기뻐하며 쉬지 않고 기도하며 범사에 감사함으로, 자신 앞에 놓인 문제를 통해 자신을 향한 하나님의 뜻을 아는 십자가의 영성을 소유한 하나님의 사람이다. 이러한 사람이 바로 복음을 삶 속에서 적용하며 사는, 주님이 찾으시는 중보자이자 예배자다.

성경에 기록되어 있지는 않지만, 나곤의 타작마당에서 웃사가 죽고 나서 언약궤를 오벧에돔의 집에 가져갈 때는 하나님의 말씀대로 제사장들이 어깨에 메고 옮겼을 것이다. 그렇지 않았다면 언약궤를 옮길 수도 없었을 것이고, 하나님이 오벧에돔의 집에 복을 내리지도 않으셨을 것이기 때문이다.

하나님의 궤가 오벧에돔의 집에서 그의 가족과 함께 석 달을 있으니라 여호와께서 오벧에돔의 집과 그의 모든 소유에 복을 내리셨더라(대상 13:14).

여기서 자칫 초점을 잃으면, 하나님을 마치 규칙과 규정으로 우리를 옭아매시는 분처럼 느낄 수도 있다. 하지만 지금까지 살펴본 대로 하나님은 규칙 준수와 매개체 자체를 절대시하시는 분이 아니다. 하나님께 가장 중요한 것은 처음부터 끝까지 인격적인 관계다. 그것을 가장 잘 보여 주는 것이 바로 다윗의 장막이다.

여호와의 궤를 메고 들어가서 다윗이 그것을 위하여 친 장막 가운데 그 준비한 자리에 그것을 두매 다윗이 번제와 화목제를 여호와 앞에 드리니라 (삼하 6:17).

다윗은 성경에서 유일하게 하나님의 마음에 맞는 사람이라는 칭찬을 들었다. 그 이유는 그가 지성소에 담긴 하나님의 마음(중심)을 깨닫고, 장차 오실 예수 그리스도를 믿음으로 바라보았기 때문이다.

다윗이 그를 가리켜 이르되 내가 항상 내 앞에 계신 주를 뵈었음이여 나로 요동하지 않게 하기 위하여 그가 내 우편에 계시도다 그러므로 내 마음이 기뻐하였고 내 혀도 즐거워하였으며 육체도 희망에 거하리니 이는 내 영혼을 음부에 버리지 아니하시며 주의 거룩한 자로 썩음을 당하지 않게 하실 것임이로다 주께서 생명의 길을 내게 보이셨으니 주 앞에서 내게 기쁨이 충만하게 하시리로다 하였으므로 형제들아 내가 조상 다윗에 대하여 담대히 말할 수 있노니 다윗이 죽어 장사되어 그 묘가 오늘까지 우리 중에 있도다 그는 선지자라 하나님이 이미 맹세하사 그 자손 중에서 한 사람을 그 위에 앉게 하리라 하심을 알고 미리 본 고로 그리스도의 부활을 말하되 그가 음부에 버림이 되지 않고 그의 육신이 썩음을 당하지 아니하시리라 하더니 이 예수를 하나님이 살리신지라 우리가 다 이 일에 증인이로다(행 2:25-32).

아직 그리스도께서 오시기 전인 구약의 율법 시대에 다윗은, 모든 백성이 언약궤 가까이 나아가 하나님을 예배하는 길을 열었다. 이것은 십자가의 주님이 자신의 육체를 통해 성소의 휘장을 찢으시고, 짐승의 제사를 믿음의 예배로 바꾸신 역사의 예표였다. 하나님은 마치 기다리셨다는 듯이 다윗과 그의 장막에서 드리는 찬미의 제사를 흠향하셨다.

율법이 주관하는 구약시대를 살았던 다윗이 어떻게 해서 사람과의 관계를 회복하기 위해 은혜를 베풀기 원하시는 하나님의 마음을 깨달을 수 있었던 것일까? 어릴 적 양을 치던 시절부터 홀로 하나님과 교제하던 '지성소 체험', 그리고 간음죄를 회개하며 깨지고 상한 심령을 갖게 된 '번제단' 체험을 통해서다. 사울 왕에게 쫓겨 목숨을 구걸하며 살아가던 고난과 모멸의 세월 속에 하나님의 망치질에 '단조'되었던 과정을 통해서다. 그래서 하나님은 연약하고 미성숙한 이스라엘과 시내 산에서 맺은 것과는 차원이 다른 언약을 다윗과 맺으셨다. 그것은 놀랍게도 다윗은 이행해야 할 것이 전혀 없는, 무조건적인 언약이었다.

또한 내 종 다윗에게 이처럼 말하라 만군의 여호와께서 이처럼 말씀하시기를 내가 너를 목장 곧 양 떼를 따라다니던 데에서 데려다가 내 백성 이스라엘의 주권자로 삼고 네가 어디로 가든지 내가 너와 함께 있어 네 모든 대적을 네 앞에서 멸하였은즉 세상에서 존귀한 자들의 이름 같은 이름을 네게 만들어 주리라 내가 또 내 백성 이스라엘을 위하여 한 곳을 정하여 그들을 심고 그들이 그 곳에 거주하면서 다시는 옮겨가지 아니하게 하며 악한 사람들에게 전과 같이 그들을 해치지 못하게 하여 전에 내가 사사에게 명령하여 내 백성 이스라엘을 다스리던 때와 같지 아니하게 하고 또 네 모든 대적으로 네게 복종하게 하리라 또 네게 이르노니 여호와가 너를 위하여 한 왕조를 세울지라 네 생명의 연한이 차서 네가 조상들에게로 돌아가면 내가 네 뒤에 네 씨 곧 네 아들 중 하나를 세우고 그 나라를 견고하게 하리니 그는 나를 위하여 집을 건축할 것이요 나는 그의 왕위를 영원히 견고하게 하리라 나는 그의 아버지가 되고 그는 나의 아들이 되리니 나의 인자를 그에게서 빼앗지 아니하기를 내가 네 전에 있던 자에게서 빼앗음과 같이 하지 아니할 것이며 내가 영원히 그를 내 집과 내 나라에 세우리니 그의 왕위가 영원히 견고하리라 하셨다 하라(대상 17:7-14).

지금도 하나님은 다윗처럼 그분의 마음에 맞는 사람을 찾고 계시다. 하지만 그분은 아무나 붙잡고 속내를 털어놓지 않으신다. 원하는 사람을 찾아 아무데나 돌아다니지도 않으신다. 하나님은 지성소에서 주 보혈의 공로를 힘입어 담대히 은혜의 보좌 앞으로 나아오는 영과 진리의 예배자들에게만 그분의 뜻과 마음을 나눠 주신다(히 4:16; 요 4:23).

예배에 불만족하는 그리스도인들의 마음을 들여다보면, 노래나 음악, 워십리더와 찬양 팀의 실력, 설교자와 설교의 수준, 시설과 환경 때문에 예배에 은혜를 받지 못한다고 투덜댄다. 하지만 사실 문제는 예배 의식에 관련된 사람이나 요소에 있지 않다. 많은 사람이 노래와 음악, 설교, 기도 자체가 은혜를 준다는 착각에 빠져 있기 때문이다. 초점이 망가진 예배관으로 말미암아 예배 장애가 일어난 줄도 모르고 비판하는 이들이 많다는 것이다. 이들은 이미 불만족스러워하며 비판하거나 판단하는 것을 우상으로 삼고 있다. 예배 가운데 하나님을 발견한 사람은 그러한 병리적인 생각의 함정에 빠지지 않는다.

예배 장애가 일어난 사람은 뼛속까지 자아숭배자가 팔짱을 끼고 앉아 있다. 그래서 자신이 기대하며 은혜 받기를 원하는 부분에서 감동과 감격을 누리지 못하면, 마치 음식점에서 맛없는 음식을 먹고 나오면서 투덜대듯이 부정적인 말의 씨앗을 뱉어낸다. 그래서 만족을 누리지 못한 것에 대한 대리 만족의 일환으로, 여러 형태의 교제 속에서 보상을 받으려고 하게 된다. 그러다 보니 교회가 복음이 역사하는 곳이라기보다는 인간관계를 통한 실리추구의 현장으로 기울어지고 만다. 이러한 성도는 교회에 결정적인 문제가 드러날 때에 이를 복음 안에서 해결하지 못한다. 결국 시간을 달리해서 당파가 갈린 예배를 드린다. 예배의 기도나 설교가 마치 성토대회의 연설 같다. 그러다가 마치 하나님은 해결하실 수 없는 문제라고 결론을 맺은 양 모든 문제를 세상 법정으로 가져가서 맡겨 버리고 만다. 예배 장애가 결국 하나님을 만홀히 여기는 태도로 나타난 것이다. 그래서 교회갱신은 예배갱신이 없이는 불가능하다.

수가 성의 사마리아 여인에게 주님이 하신 말씀처럼, 예배는 관계다. 하나님의 자녀는 의무이기 때문이 아니라 아버지이기 때문에 그분을 예배한다. 진실로 아버지의 중심을 알면, 무언가 얻기 위해서가 아니라 아버지가 기뻐하시기 때문에 예배한다. 예배는 인격적인 관계다.

이제 정직하게 자기 자신에게 질문을 던져보라. "나는 지금 아무것도 변화시키지 못하는 예배를 드리고 있지 않은가? 눈물도 감동도 있는 예배를 드리고 있음에도, 마치고 돌아서면 공허하고 외롭지 않은가? 1년 52주 한 번도 빠지지 않고 예배에 참석하지만, 일 년 동안 함께 예배드린 사람을 진정한 인격관계 안에서 얼마나 알고 있는가?" 이것들은 모두 비인격적인 관계에서 나타나는 증상들이다.

이러한 비인격적인 관계를 인격적인 관계로 바꾸는 길은 하나뿐이다. 십자가 복음을 경험하는 것이다. 내가 죽고 내 속에 그리스도가 살게 하는 십자가의 능력을 경험하는 것이다. 그러므로 우리는 날마다 십자가에서 다시 태어나야 한다. 그리고 십자가에서 하나님을 만나는 '새롭고 산 길'(new and living way)을 따라 들어가 하나님의 임재 속에서 예배해야 한다. 해야 할 일이 있고 이뤄야 할 목적이 있어서가 아니다. 나의 하나님 아버지를 사랑하기 때문에 함께하고 교제해야 하는 것이다. 그리고 그 만남으로 부요케 되면 자연스레 이웃 형제와 자매를 내 몸같이 사랑하게 되고, 그때 비로소 세상은 우리가 예수의 제자임을 알게 된다. 이 사랑의 흐름이 세상에 감동을 줄 때에 선교는 열매를 맺기 시작한다.

그러므로 예배는 하나님과 사랑의 관계이며, 우리는 이 관계 속에서 맺히는 열매 안에 있는 수많은 사랑의 씨앗을 이웃과 세상의 관계 가운데 뿌릴 수 있어야 한다. 이것이 선교다. 즉, 진정한 선교는 진정한 예배자를 낳는 생명 역사의 사이클 안에서 영혼과 세상을 변화시키는 하나님의 구원 역사다.

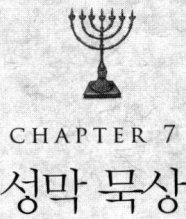

CHAPTER 7
성막 묵상

십자가로 나아가는 21일 동안의 성막 묵상

여로보암 2세가 통치하던 시절의 북이스라엘 왕국은 경제적으로는 고도성장을 이뤘지만, 우상숭배와 부패가 극에 달한 상태였다(BC 793-753). 그때 하나님은 선지자 호세아를 불러, 성적으로 문란한 삶을 살아가던 고멜이라는 여인과 결혼하게 하셨다. 하나님의 말씀에 순종한 호세아는 고멜을 아내로 맞아 극진히 사랑했고, 자녀까지 낳았다. 하지만 고멜은 호세아의 사랑을 거부했고, 집을 나가 외간 남자들과 간음을 저지르고 말았다.

그런데도 하나님은 호세아에게 고멜을 다시 집으로 데려와 이전처럼 사랑하라고 말씀하셨다. 그 하나님에 그 선지자라고나 할까. 호세아는 이번에도 하나님께 순종했다. 하나님의 사랑 없이는 결코 있을 수 없는 행동이었다. 이에 유대인들은 탈무드 페사킴 87장에 호세아를 이사야보다 위대한 선지자로 기록했다. 그의 마음에 흐르는 초자연적 사랑에 충격과 감동을 받았기 때문이다.

호세아서에 등장하는 음탕한 여인 고멜은, 자신들을 눈동자처럼 보호하고 사랑하는 하나님을 떠나 풍요과 다산의 신이자 재물과 성욕의 신인 바알과 영적 간음에 빠진 이스라엘 백성을 상징한다. 그리고 당시 이스라엘의 총체적 타락상이 21세기 한국교회와 성도들 가운데 고스란히 재연되고 있다고 말하기를 주저하지 않는 이들이 늘고 있다. 사회뿐만 아니라 교회 안에도 각종 죄악의 먼지바람이 휘날리고 있는 이 시대를 사는 성도들은 자기도 모르는 사이 죄악을 범하며 살아간다. 뱀처럼 똬리를 틀고 앉아 있는 옛사람에게 조정당해, 좌로나 우로 구불거리는 행보를 보인다. 그러다 문득 자신의 현실을 깨달아 수치심과 정죄감에 빠지고, 자신의 의지로는 제어할 수 없는 육신의 소욕을 종교 활동으로 억누르고 가두기 위해 눈물겨운 노력을 기울인다. 하지만 결과는 언제나 같다. 늘 제자리걸음일 뿐이다.

그러나 주님의 십자가 복음 안에서는 이야기가 달라진다. 옛사람을 바라보는 출발점 자체가 정반대이기 때문이다. 그리스도 예수의 사람들은 더는 옛사람을 의식하고 다스리려고 애쓰지 않는다. 아니, 아예 옛사람을 취급하지 않는다. 이미 주님의 십자가에 육체의 정과 욕심이 못 박혀 죽었기 때문이다(갈 5:24). 이미 옛사람은 죽고 없는데, 무얼 어떻게 한다는 말인가?

그런데 문제는 신앙 연륜이 오래된 '기성' 교인, 섬김과 봉사정신으로 똘똘 뭉친 '교회 일꾼', 리더십으로 공동체를 섬기는 직분자, 심지어는 목회자 중에도 주님의 십자가 앞에 서 보지 않은 사람이 많다는 사실이다. 십자가 앞에 서 보지 않았으니 자아의 생사 여부를 확인해 본 적도 없다. 설교나 성경공부, 교리 교육 등을 통해 예수 그리스도의 십자가에 자신도 함께 못 박혔다고 배우기는 했지만, 관념만으로는 여태껏 붙잡고 살아온 정과 욕심을 죽일 수 없다. 기껏해야 자기 의지로 '참는' 것뿐이다.

하나님에 대해서도 마찬가지다. 이런 사람들은 옛사람을 억누르기 위해 애쓰는 것만큼이나 하나님을 사랑하기 위해 노력한다. 노력하지 않고서는 하나님을 사랑할 수 없다는 얘기다. 주님을 기뻐하기 위해 애쓰고, 주님의 말씀을 즐거워하기 위해 애쓰고, 주님께 기도하기 위해 애쓰고, 주님이 기뻐하시는 사람이 되기 위해 애쓴다. 하나님을 사랑해야 하는 것도 알고, 하나님을 사랑하겠다고 결정도 했지만, 사랑할 수는 없다. 안 된다. 마음이 그렇게 움직이지 않는다. 그러니까 자꾸 하나님께 무언가 보상해 드리려고 노력하게 되는 것이다.

그렇다면 어떻게 해야 주님의 십자가 앞에 설 수 있을까? 어떻게 해야 십자가를 통해 하나님과의 관계 회복을 시작할 수 있을까? 어떻게 해야 복음이라는 이름으로 주님이 베풀어 놓으신 넓고 길고 높고 깊은 그분의 사랑을 경험할 수 있을까? 성막을 통해 그렇게 할 수 있다. 성막을 묵상하는 가운데 주님의 십자가와 만날 수 있다. 성막의 요소마다 새겨진 그분의 용서와 만날 수 있다. 믿음으로 성막의 각 단계와 과정에 참여하는 우리와의 관계를 회복하기 원하시는 하나님 아버지를 만날 수 있다.

지금까지 우리는 성막이라는 거대한 숲을 이루는 나무들, 즉 성막의 구성 요소들을 차례대로 살펴보았다. 이번 장에서는 다시 처음으로 돌아가, 관련된 말씀을 묵상하며 차례대로 성막을 경험하는 시간을 가지려 한다. 성막에 대한 연구를 마쳤으니 이제는 그 속에 담긴 십자가 복음을 만나 보자는 것이다. 이제까지 관찰하고 탐색하는 입장으로 책을 읽었다면, 이번 장에서는 성막에 흐르는 십자가 복음과 아버지 사랑에 '참여하는' 입장으로 함께해 주기 바란다.

소그룹으로 다른 사람들과 함께 읽어도 좋고, 개인이 혼자 읽어도 좋다. 진리인 성경말씀의 울타리 안에서 읽고 묵상한다면, 여러분의 영적 상상력을 마음껏 발휘해도 좋을 것이다. 연구하고 분석해서 검증하는 자리가 아니기 때문이다.

DAY 01
성막으로 들어가기 전에

성막의 과정을 하나씩 짚어 가는 가운데 소망하는 바는, 그것을 통해 당신이 예수 그리스도의 십자가 고난과 부활의 생명에 참여하게 되는 것이다. 이는 사도 바울 역시 감옥 안에서까지 그토록 간절히 바라던 일이었다. 이제 다음의 본문을 통해, 주님의 십자가에 참여하기 원하는 사도 바울의 열망을 묵상해 보자.

나는 팔일 만에 할례를 받고 이스라엘 족속이요 베냐민 지파요 히브리인 중의 히브리인이요 율법으로는 바리새인이요 열심으로는 교회를 박해하고 율법의 의로는 흠이 없는 자라 그러나 무엇이든지 내게 유익하던 것을 내가 그리스도를 위하여 다 해로 여길뿐더러 또한 모든 것을 해로 여김은 내 주 그리스도 예수를 아는 지식이 가장 고상하기 때문이라 내가 그를 위하여 모든 것을 잃어버리고 배설물로 여김은 그리스도를 얻고 그 안에서 발견되려 함이니 내가 가진 의는 율법에서 난 것이 아니요 오직 그리스도를 믿음으로 말미암은 것이니 곧 믿음으로 하나님께로부터 난 의라 내가 그리스도와 그 부활의 권능과 그 고난에 참여함을 알고자 하여 그의 죽으심을 본받아 어떻게 해서든지 죽은 자 가운데서 부활에 이르려 하노니 내가 이미 얻었다 함도 아니요 온전히 이루었다 함도 아니라 오직 내가 그리스도 예수께 잡힌 바 된 그것을 잡으려고 달려가노라(빌 3:5-12).

겉으로 보이는 성막은 거무스름한 해달의 가죽을 덮어쓴 볼품없는 텐트일 뿐이다. 그와 마찬가지로 세상의 눈으로 볼 때 그리스도인과 교회 공동체도 연약하고 초라해 보인다. 간혹 '이런데도 세상에 교회가 필요한가?'라는 생각이 들 때도 많다. 하지만 그리스도인과 교회 공동체에게는 세상 어디에서도 찾을 수 없고 구할 수도 없는 귀한 보물이 있다. 그것은 바로 하나님의 독생자 예수 그리스도의 복음이다. 1장에서 나눈 것처럼, 바울이 주님의 십자가 고난과 죽음, 그리고 부활의 영광에 참여하기 원한 것도 이 때문이다. 십자가에서 함께 죽고 다시 사는 것이야말로 주님께 잡힌바 된, 그분과 함께하는 '복음'의 시작이다.

Q. 당신은 메마르고 황량한 광야 한가운데 서 있는, 볼품없고 초라한 천막 속에 세상 어떤 것보다 귀하고 값진 보화가 있음을 믿는가? 그 보화를 얻기 위해 기꺼이 어떤 대가라도 치르겠다는 결단을 내렸는가?

성막 묵상 여행을 시작하기 전에 우리 안에도 사도 바울과 동일한, 주님의 십자가 복음을 향한 열망을 달라고 기도하자. 희한하고 색다른 것을 찾는 구경꾼이 아니라, 시종일관 거리를 두고 팔짱을 낀 채 바라보는 관찰자가 아니라, 그 속에 뛰어들어 성막에 새겨진 그리스도의 죽음과 부활의 생명을 경험하고 누리는 참여자가 되겠다고 결정하라. 그 영광스러운 여행에 여러분을 초대한다.

이제 다음과 같이 기도하자.

> 사랑의 하나님! 먼저 성막을 구약시대의 구닥다리로 여겼던 저의 무지를 용서하옵소서. 이제 이 거룩한 성막 여행을 하는 동안, 책임감독이었던 오홀리압과 브살렐에게 주셨던 지혜와 계시의 정신을 저에게도 허락해 주옵소서. 그로 말미암아 성막 안에 숨겨 둔 복음의 빛을 보게 하시고, 저의 영혼이 온전한 자유를 누리게 하옵소서. 이 여행으로 저를 부르신 주께 감사드립니다. 습관처럼 되뇌던 수많은 종교적 언어들 속에서 무뎌져 골동품같이 종교화된 제 신앙이 깨어지고 녹아지게 하셔서 진정한 은혜와 지혜의 사람으로 세워지게 하옵소서. 그래서 더는 성막을 이스라엘 백성에게 주신 구시대적 유물로 보지 않고, 제 인생의 모든 문제를 해결해 주신 예수 그리스도의 십자가 승리를 누리게 하는 복음의 로드맵임을 경험하게 하옵소서. 아멘.

DAY 02

성막의 안과 밖, 어디에 설 것인가

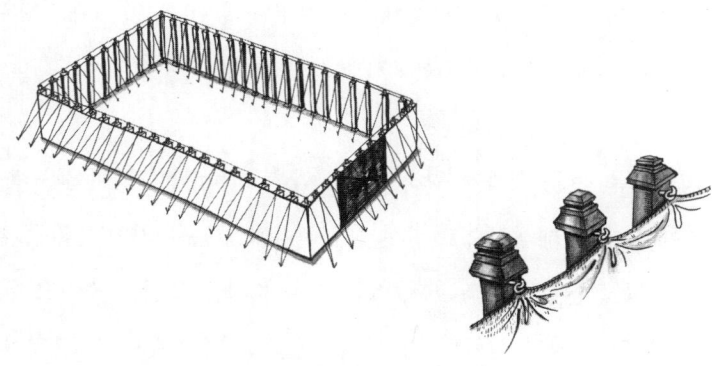

사탄과 세상, 육신의 욕망에 눌려 있는 우리가 맨 처음 바라봐야 할 것은 성막의 울타리다. 이 울타리는 세상과 주님을 구별하는 경계선이다. 그 안쪽은 도피성이며, 우리는 그 안에 들어가야 살 수 있다.

이제 다음의 본문을 통해 성막 안에 들어가는 사람을 향한 하나님의 은혜의 선언을 묵상해 보자.

그러므로 내가 한 법을 깨달았노니 곧 선을 행하기 원하는 나에게 악이 함께 있는 것이로다 내 속사람으로는 하나님의 법을 즐거워하되 내 지체 속에서 한 다른 법이 내 마음의 법과 싸워 내 지체 속에 있는 죄의 법으로 나를 사로잡는 것을 보는도다 오호라 나는 곤고한 사람이로다 이 사망의 몸에서 누가 나를 건져내랴 우리 주 예수 그리스도로 말미암아 하나님께 감사하리로다 그런즉 내 자신이 마음으로는 하나님의 법을 육신으로는 죄의 법을 섬기노라 그러므로 이제 그리스도 예수 안에 있는 자에게는 결코 정죄함이 없나니 이는 그리스도 예수 안에 있는 생명의 성령의 법이 죄와 사망의 법에서 너를 해방하였음이라(롬 7:21-8:2).

인간은 선을 행하기 원하면서도 악을 기뻐하는 두 마음을 품은 패역한 존재다. 태생적으로 위선자일 수밖에 없는 우리의 끝없는 갈등에 종지부를 찍는 유일한 길은, 죄의 법을 섬기는 육신을 죽이고 예수 그리스도의 생명의 성령의 법 아래로 들어가는 것뿐이다. 그것이 바로 성막의 뜰 문을 젖히고 들어가는 것이다. 이전까지 딛고 서 있던 성막 바깥의 세상을 완전히 떠나, 예수 그리스도를 자신의 구원자와 주님으로 영접하기로 결정하는 것이다.

Q. 당신에겐 '내 상태와 상관없이 성막 안에 들어가면, 즉 하나님께 나아가면 자유케 되리라'는 믿음과 소망이 있는가?

성막 안에 흐르는 진리가 나를 자유케 하리라는 믿음이 있어야, 성막을 향한 발걸음을 재촉할 수 있다. 문을 젖히고 성막으로 들어가는 사람, 즉 주님을 영접하고 구원받는 사람은 하나님의 소유가 되고 그분의 보호 안에 들어왔음을 의미하는 세마포 울타리 안에 거하게 된다. 그곳이 바로 사도 바울이 로마서 8장 1절에서 고백한 '그리스도 예수 안'(in Christ Jesus)이다.

이제 다음과 같이 기도하자.

> 사랑과 은혜가 충만하신 하나님, 주님을 믿는다며 오랜 세월 열심을 내어 달렸지만, 신앙생활의 기쁨은 온데간데없고 그저 익숙함 속에서 힘들어하다 못해 싫증이 고개를 내밀고 있었습니다. 입술로는 "예배 드림이 기쁨됩니다"라고 고백했으나, 마음 가운데서는 그러한 고백이 사라진 지 오래였습니다. 불꽃같은 눈으로 제 중심을 보시는 주님, 의무감이나 부담감으로 나아오던 제 모습을 꿰뚫어 보시는 주님, 이제 제가 죄와 세상에 대하여는 죽고 하나님과 의에 대하여는 살아 있게 하소서. 저의 영적 가나안이 되시는 울타리 안으로 들어가오니, 죽음으로 인류의 문제를 다 이루신 죽음보다 강한 하나님의 사랑을 만나게 하시고 그 능력에 사로잡히게 하옵소서. 그 사랑으로 말미암아 생명을 낳게 하시는 성령의 역사 속으로 들어가게 하옵소서. 그리하여 "세상과 나는 간 곳이 없고 구속한 주만 보이도다"는 고백이 저의 진정한 고백되게 하셔서, 주님과 세상 사이에서 갈등케 하는 가치관이 배설물처럼 버려지게 하소서. 저를 늘 새롭게 하소서. 아멘.

DAY 03
성막의 네 가지 색깔

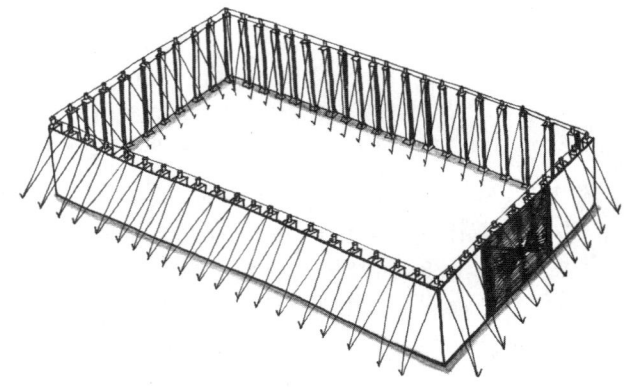

하나님은 성막을 만들 때 사용할 색깔을 네 가지로 제한하셨다. 바로 청색, 자색, 홍색, 흰색이다. 청색(생명)과 자색(왕권)은 우리로 생명을 얻게 하고 더 풍성히 얻게 하러 오신 주님의 사명을, 홍색(보혈)과 흰색(부활)은 구속의 대가로 치르신 주님의 십자가와 죽은 지 사흘 만에 다시 살아나신 부활(흰색)을 의미한다. 곧 복음의 핵심인 예수 그리스도, 그분의 십자가 부활을 상징하는 것이다.

우리는 이 네 가지 색을 성막 뜰로 들어가는 문의 세마포 포장에서 처음 만날 수 있다. 성막으로 나아가는 맨 처음 단계에서부터 독생자 예수님을 통해 이루어진 구원과 회복의 역사를 모두 보게 되는 것이다. 즉, 여기에는 한 사람이라도 더 그 문으로 들어와 구원에 참여하기 원하시는 아버지 하나님의 마음이 담겨 있다.

또 이르시되 어떤 사람에게 두 아들이 있는데 그 둘째가 아버지에게 말하되 아버지여 재산 중에서 내게 돌아올 분깃을 내게 주소서 하는지라 아버지가 그 살림을 각각 나눠 주었더니 그 후 며칠이 안 되어 둘째 아들이 재물을 다 모아 가지고 먼 나라에 가 거기서 허랑방탕하여 그 재산을 낭비하더니 다 없앤 후 그 나라에 크게 흉년이 들어 그가 비로소 궁핍한지라 가서 그 나라 백성 중 한 사람에게 붙여 사니 그가 그를 들로 보내어 돼지를 치게 하였는데 그가 돼지 먹는 쥐엄 열매로 배를 채우고자 하되 주는 자가 없는지라 이에 스스로 돌이켜 이르되 내 아버지에게는 양식이 풍족한 품꾼이 얼마나 많은가 나는 여기서 주려 죽는구나 내가 일어나 아버지께 가서 이르기를 아버지 내가 하늘과 아버지께 죄를 지었사오니 지금부터는 아버지의 아들이라 일컬음을 감당하지 못하겠나이다 나를 품꾼의 하나로 보소서 하리라 하고 이에 일어나서 아버지께로 돌아가니라 아직도 거리가 먼데 아버지가 그를 보고 측은히 여겨 달려가 목을 안고 입을 맞추니 아들이 이르되 아버지 내가 하늘과 아버지께 죄를 지었사오니 지금부터는 아버지의 아들이라 일컬음을 감당하지 못하겠나이다 하나 아버지는 종들에게 이르되 제일 좋은 옷을 내어다가 입히고 손에 가락지를 끼우고 발에 신을 신기라 그리고 살진 송아지를 끌어다가 잡으라 우리가 먹고 즐기자 이 내 아들은 죽었다가 다시 살아났으며 내가 잃었다가 다시 얻었노라 하니 그들이 즐거워하더라 맏아들은 밭에 있다가 돌아와 집에 가까이 왔을 때에 풍악과 춤추는 소리를 듣고 한 종을 불러 이 무슨 일인가 물은대 대답하되 당신의 동생이 돌아왔으매 당신의 아버지가 건강한 그를 다시 맞아들이게 됨으로 인하여 살진 송아지를 잡았나이다 하니 그가 노하여 들어가고자 하지 아니하거늘 아버지가 나와서 권한대 아버지께 대답하여 이르되 내가 여러 해 아버지를 섬겨 명을 어김이 없거늘 내게는 염소 새끼라도 주어 나와 내 벗으로 즐기게 하신 일이 없더니 아버지의 살림을 창녀들과 함께 삼켜 버린 이 아들이 돌아오매 이를 위하여 살진 송아지를 잡으셨나이다 아버지가 이르되 얘 너는 항상 나와 함께 있으니 내 것이 다 네 것이로되 이 네 동생은 죽었다가 살아났으며 내가 잃었다가 얻었기로 우리가 즐거워하고 기뻐하는 것이 마땅하다 하니라(눅 15:11-32).

아버지는 "살아 돌아온 것만으로 충분하다!"며 패륜아 둘째 아들을 기쁘게 받아들였다. 무슨 짓을 해도 용서하고 그냥 넘어갈 수 있다는 것처럼 느껴진다. 맏아들이 아버지에게 강하게 항의한 것은, 그가 특별히 못된 사람이거나 동생을 미워했기 때문이 아니다. 나와 당신이었더라도 맏아들처럼 행동했을 것이다. 문제는 아버지의 비합리적이고 비이성적인 결정이었다. 아버지의 마음을 헤아리지 못하면, 그것은 결코 이해할 수도 이해되지도 않는 일이었다.

Q. 당신은 자기 자신과 다른 사람을 판단하는 당신의 기준이 결코 도달할 수 없을 만큼 높다는 것을 알고 있는가? 솔직히 말해서 '무조건적인 용서와 사랑'이 믿어지지 않거나 너무 과하다고 생각하지는 않는가?

누구나 볼 수 있도록 네 가지 색깔로 복음 메시지를 대놓고 새겨 놓은 성막 뜰 문에도 이와 동일한 아버지의 마음이 담겨 있다. 성막 문 앞까지 왔다면, 자신의 죄와 연약함은 그만 들여다보고 그 문에 새겨진 하나님이 나를 위해 행하신 일과 베푸신 은혜를 바라보라는 것이다. 누구라도, 무슨 짓을 했어도 기꺼이 용서하고 받아들일 준비가 되어 있으니 두려워하지 말고 들어오라는 것이다. 그래서 성막의 뜰 문은 누구나 손만 대면 쉽게 젖히고 들어올 수 있는 헝겊으로 만들어져 있다.

이제 다음과 같이 기도하자.

> 사랑의 하나님, 이제 하나밖에 없는 성막 문 앞에서 제 인생의 모든 문제를 해결하신 주님 외에는 다른 길이 없음을 고백하고 싶습니다. 이 길 앞에 설 때마다 "수고하고 무거운 짐을 진 나의 자녀야, 이 안으로 들어오너라. 내가 너를 쉬게 하겠다"라고 말씀하시는 주님의 음성을 믿음으로 듣게 하시옵소서. 그리고 "내 모습 이대로 날 받으옵소서. 날 위해 돌아가신 주 날 받으옵소서"라고 찬양하며 길과 진리와 생명이 되시는 그리스도 안으로 들어가게 하옵소서. 한 치의 의심도 없이, 저를 정죄의 사슬에서 자유케 하신 주님을 믿음으로 바라보게 하시고, 온전케 하시는 주님의 사랑에 감격하게 하옵소서. 주님, 무엇보다도 주님을 익숙한 눈으로 바라보지 않고 더욱 새로운 눈으로 만나게 하셔서, 주님과의 만남이 저의 기쁨과 행복의 근원이 되게 하옵소서. 아멘.

DAY 04
전방위적(total directional) 감사로 문을 열라

감사는 성막 문으로 들어가는 열쇠다. 감사 없이 성막 문으로 들어가는 것은 몸만 들어가는 것이나 다름없다. 다윗은 "감사함으로 그의 문에 들어가며"(시 100:4)라고 노래했다. 진정한 예배자의 마음에는 전방위 감사와 전천후 감사가 있다.

출애굽을 한 이후 이스라엘 백성의 광야 여정을 살펴보면, 눈을 씻고 찾아봐도 감사하는 모습을 발견할 수가 없다. 오히려 그들 속에는 원망과 불평이 가득했다. 그리고 이것이 마음의 쓴 뿌리로 자리 잡아, 결국 우상을 섬기는 독초가 되었다.

하나님은 이스라엘 백성을 애굽의 압제로부터 해방시키셨고, 광야를 여행하는 내내 먹을 것과 입을 것과 신을 것을 신실하게 공급하셨다. 구름기둥과 불기둥으로 인도하며 각종 이적과 기적으로 함께하셨다. 그런데도 이스라엘 백성은 원망하고 불평하며 지도자 모세를 죽이려고까지 했다. 힘들 때마다 "차라리 애굽이 낫겠다"며 노예 시절을 그리워하는 어리석은 짓을 했다. 자신들 스스로 홍해를 가르신 하나님을 생각해 내고 기도한 적은 단 한 번도 없는, 고래 심줄보다 더 질긴 고집과 이기주의로 똘똘 뭉친 사람들이었다. 결국 그 때문에 출애굽 1세대는 가나안 땅에 들어가지 못하고 광야에 묻히고 말았다.

원망과 불평은 마음의 독과 같다. 더 심각한 것은 관계의 문을 닫아 버린다는 점이다. 광야에 묻힌 출애굽 1세대는 처음부터 끝까지 하나님과 동행했지만, 결국 그분과의 관계가 끊어진 채 멸망의 길을 가고 말았다. 인류 역사상 누구도 경험해 보지 못한 놀라운 기적의 릴레이 한가운데 있었지만, 정작 그 기적을 베푼 분과 아무 상관없는 존재가 되어 버린 것이다. 주의 이름으로 놀라운 이적과 권능을 행하며 이름을 날렸음에도, 다시 오신 주님께 "너희는 도대체 누구냐? 나는 너희를 도무지 알지 못한다. 불법을 행하는 자들아, 내게서 떠나가라!"(마 7:22-23)고 배척당한 선지자들처럼 말이다.

감사는 상황과 환경을 뛰어넘어 하나님과의 관계의 문을 열고 유지하는 길이다. 하나님께 나아가기 원하는 사람은 결코 놓치지 말아야 할 필수 조건이다. 우리가 감사하며 문을 열고 나아가면, 하나님은 예수 그리스도처럼 단 하나뿐인 성막 문 앞에 서서 우리를 맞이해 주실 것이다. 다음 말씀을 묵상해 보자.

온 땅이여 여호와께 즐거운 찬송을 부를지어다 기쁨으로 여호와를 섬기며 노래하면서 그의 앞에 나아갈지어다 여호와가 우리 하나님이신 줄 너희는 알지어다 그는 우리를 지으신 이요 우리는 그의 것이니 그의 백성이요 그의 기르시는 양이로다 감사함으로 그의 문에 들어가며 찬송함으로 그의 궁정에 들어가서 그에게 감사하며 그의 이름을 송축할지어다 여호와는 선하시니 그의 인자하심이 영원하고 그의 성실하심이 대대에 이르리로다 (시 100편).

그때에 예수께서 대답하여 이르시되 천지의 주재이신 아버지여 이것을 지혜롭고 슬기 있는 자들에게는 숨기시고 어린 아이들에게는 나타내심을 감사하나이다 옳소이다 이렇게 된 것이 아버지의 뜻이니이다 내 아버지께서 모든 것을 내게 주셨으니 아버지 외에는 아들을 아는 자가 없고 아들과 또 아들의 소원대로 계시를 받는 자 외에는 아버지를 아는 자가 없느니라 수고하고 무거운 짐 진 자들아 다 내게로 오라 내가 너희를 쉬게 하리라 나는 마음이 온유하고 겸손하니 나의 멍에를 메고 내게 배우라 그리하면 너희 마음이 쉼을 얻으리니 이는 내 멍에는 쉽고 내 짐은 가벼움이라 하시니라 (마 11:25-30).

감사하는 사람은 동서남북이 모두 막힌 사면초가의 상황에서도 제5의 방향인 하늘을 바라보며 하나님을 먼저 생각하고(Think God first) 믿음과 소망을 얻는다. 그리고 어제까지 역사하셨고 오늘도 역사하실 하나님께 감사(Thank God)하며 미래의 문을 열어간다. 이와 같이 범사에 감사하라는 말씀은, '동서남북, 사방팔방, 위아래'를 따지지 말고 전방위적으로 감사하라는 명령이다.

Q. 당신은 하나님께 나아가 그분과 만나는 시간을 어떻게 시작하는가? 당신은 예배할 때, 말씀을 묵상할 때, 기도할 때 무엇으로 시작하는가?

위의 질문에 '감사'라는 대답이 나오지 않는다면, 성막의 네 가지 색깔을 통해 조건 없는 사랑을 베푸시는 하나님 아버지의 마음을 다시 한 번 깊이 묵상해 보기를 권한다. 감사는 은혜를 아는 사람이 할 수 있는 것이기 때문이다. 물론 어느 정도 훈련을 통해 감사하는 습관을 기를 수는 있지만, 내면 깊은 곳에서 나오는 감사는 받은 은혜가 은혜인 줄 깨달을 때에만 가능한 일이다.

이제 다음과 같이 기도하자.

> 사랑의 하나님, 제 모든 것이 주님의 소유이건만 그 안에 있는 비밀을 모른 채 좀 더 많은 것을 소유하고 싶은 욕심에 사로잡혀 있던 제 모습을 깨뜨리길 원합니다. 이 욕심이 비교의식을 낳을 때마다 제 마음은 지옥 같지만, 그럼에도 저도 모르게 비교하는 마음이 꿈틀거리곤 합니다. 그러한 저는 주님의 자녀의 자리를 떠난 탕자와도 같습니다. 이방 신전과 신상을 바라보는 가운데, 보이지 않으나 살아 계신 하나님 앞에서 비교했던 이스라엘 백성과 같은 모습이 제

안에 있습니다. 어느새 제 마음속에 금송아지를 만들어 놓고 있었습니다. 원망과 불평을 낳는 문제가 사방에서 휘몰아치더라도, 저를 소유하신 하나님을 바라보게 하시고, 그 문제를 통해 오히려 감사하고 합력하여 선을 이루게 하실 주님을 찬양하게 하소서. 전천후 감사의 주인공이 되게 하소서. 아멘.

DAY 05

번제단은 십자가다

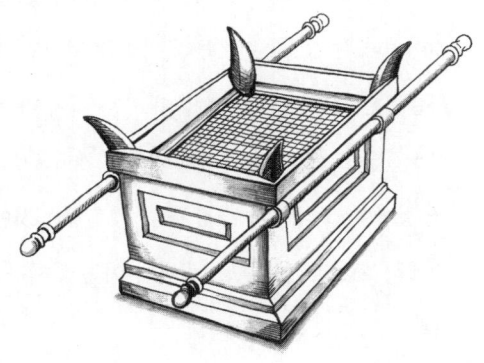

성막 안으로 들어서는 순간, 커다란 번제단이 눈에 들어온다. 하늘로부터 온 불이 타올라 모든 죄와 허물을 남김없이 태워 버리는 곳이다. 가까이 갈 수 없을 만큼 뜨겁고 숨이 막히지만, 이곳을 거치지 않으면 절대로 죄의 문제를 해결할 수 없다. 이제 다음의 본문을 통해 하나님이 죄를 어떻게 보시며, 어떻게 다루시는지 묵상해 보자.

여호와께서 회막에서 모세를 부르시고 그에게 말씀하여 이르시되 이스라엘 자손에게 말하여 이르라 너희 중에 누구든지 여호와께 예물을 드리려거든 가축 중에서 소나 양으로 예물을 드릴지니라 그 예물이 소의 번제이면 흠 없는 수컷으로 회막 문에서 여호와 앞에 기쁘게 받으시도록 드릴지니라 그는 번제물의 머리에 안수할지니 그를 위하여 기쁘게 받으심이 되어 그를 위하여 속죄가 될 것이라 그는 여호와 앞에서 그 수송아지를 잡을 것이요 아론의 자손 제사장들은 그 피를 가져다가 회막 문 앞 제단 사방에 뿌릴 것이며 그는 또 그 번제물의 가죽을 벗기고 각을 뜰 것이요 제사장 아론의 자손들은 제단 위에 불을 붙이고 불 위에 나무를 벌여 놓고 아론의 자손 제사장들은 그 뜬 각과 머리와 기름을 제단 위의 불 위에 있는 나무에 벌여 놓을 것이며 그 내장과 정강이를 물로 씻을 것이요 제사장은 그 전부를 제단 위에서 불살라 번제를 드릴지니 이는 화제라 여호와께 향기로운 냄새니라 (레 1:1-9).

그래서 우리는 번제단 앞에서 주님의 십자가를 바라본다. 우리 주님이 십자가에서 행하신 일이 바로 이것이다. 주님은 우리의 죄를 대신 지고 영원히, 단번에, 온전한 제사를 드리셨다.

이제 다음의 본문을 통해, 주님이 친히 어린 양이 되셔서 십자가에 달려 피 흘려 죽으신 현장을 묵상해 보자.

골고다 즉 해골의 곳이라는 곳에 이르러 쓸개 탄 포도주를 예수께 주어 마시게 하려 하였더니 예수께서 맛보시고 마시고자 하지 아니하시더라 그들이 예수를 십자가에 못 박은 후에 그 옷을 제비 뽑아 나누고 거기 앉아 지키더라 그 머리 위에 이는 유대인의 왕 예수라 쓴 죄패를 붙였더라 이때에 예수와 함께 강도 둘이 십자가에 못 박히니 하나는 우편에, 하나는 좌편에 있더라 지나가는 자들은 자기 머리를 흔들며 예수를 모욕하여 이르되 성전을 헐고 사흘에 짓는 자여 네가 만일 하나님의 아들이어든 자기를 구원하고 십자가에서 내려오라 하며 그와 같이 대제사장들도 서기관들과 장로들과 함께 희롱하여 이르되 그가 남은 구원하였으되 자기는 구원할 수 없도다 그가 이스라엘의 왕이로다 지금 십자가에서 내려올지어다 그리하면 우리가 믿겠노라 그가 하나님을 신뢰하니 하나님이 원하시면 이제 그를 구원하실지라 그의 말이 나는 하나님의 아들이라 하였도다 하며 함께 십자가에 못 박힌 강도들도 이와 같이 욕하더라 제육시로부터 온 땅에 어둠이 임하여 제구시까지 계속되더니 제구시쯤에 예수께서 크게 소리 질러 이르시되 엘리 엘리 라마 사박다니 하시니 이는 곧 나의 하나님, 나의 하나님, 어찌하여 나를 버리셨나이까 하는 뜻이라 거기 섰던 자 중 어떤 이들이 듣고 이르되 이 사람이 엘리야를 부른다 하고 그 중의 한 사람이 곧 달려가서 해면을 가져다가 신 포도주에 적시어 갈대에 꿰어 마시게 하거늘 그 남은 사람들이 이르되 가만 두라 엘리야가 와서 그를 구원하나 보자 하더라 예수께서 다시 크게 소리 지르시고 영혼이 떠나시니라 (마 27:33-50).

번제단에서 만난 주님의 십자가 앞에서 우리는 후회가 아니라 회개의 눈물을 흘리며, 십자가에서 흘러내리는 보혈의 강수에 자신을 담가야 한다. 문둥병에 걸린 아람의 군대장관 나아만이 요단강에 몸을 일곱 번 담그고 어린아이의 살결같이 깨끗하게 된 것처럼 말이다. 이와 같이 우리도 죄악의 문둥병에 걸려 만신창이가 된 영혼을 보혈의 강에서 씻어야 한다.

Q. 당신은 자신이 사망과 멸망으로부터 벗어날 수 없는 구제불능의 죄인이라는 것을 인정하는가? 그렇게 생각하는 이유는 무엇인가?

구약시대에 제사를 드리기 위해 제물을 어떻게 죽이고 처리했는지, 예수 그리스도가 어떤 고난과 죽음을 당하셨는지 살펴보는 것만으로도 우리가 얼마나 심각한 죄인인지 깨달을 수 있다. 하나님은 그렇게 할 수밖에 없었기 때문에 독생자를 십자가에 못 박으신 것이다. 우리가 십자가에 달려 죽어야 할 만큼 흉악한 죄인이기 때문에….

이제 다음과 같이 기도하자.

사랑과 은혜가 풍성하신 주님, 주님은 우리 때문에 세상에서 가장 흉측한 사형도구인 십자가에 달려 죽음의 저주를 받으셨습니다. 제가 받을 영멸의 저주를 영생의 축복으로 바꾸기 위해 죽음의 고난을 받으신 주님이 언제 어디서나 저의 죄악이 가져온 상처와 고통을 치유해 주시고 자유케 해주실 줄로 믿습니다. 주님의 고난으로 제 고통을 해결해 주신 그 놀라운 사랑 앞에서, 제가 그 은혜를 헛되이 하는 자로 살지 않게 해주소서. 주님의 은혜를 알면서도 제 마음속 욕심은 욕망이 되어 거품처럼 솟아오르곤 합니다. 불신자와 다를 바 없는 저의 죄악을 고백합니다. 죄의 중력의 법칙이 제 육체 안에 있는 육신의 정욕과 이 생의 자랑과 안목의 정욕을 끌어당길 때, 원하는 바 선은 행하지 아니하고 도리어 원하지 아니하는 바 악을 행하는 저는 회칠한 무덤과도 같은 존재였습니다. 마음으로 죄를 범하고, 마음으로 간음하고, 마음으로 비난하고, 마음으로 누군가를 미워했던 보이지 않는 죄에서부터 말과 행실로 그리스도의 아름다운 덕을 가렸던 더러운 모습들을 주님의 보혈로 깨끗하게 씻어 주옵소서. 지금 이 시간 이것들을 기억나게 하시는 성령께서 제 안에 회개의 영을 주셔서, 진심으로 회개하게 하옵소서(각자 성령의 도움 안에서 회개 기도를 한다). 제 중심에서 올라오는 입술의 모든 말과 마음의 묵상이 주님께 열납되길 원합니다. 아멘.

DAY 06
회개, 십자가를 통과하는 유일한 길

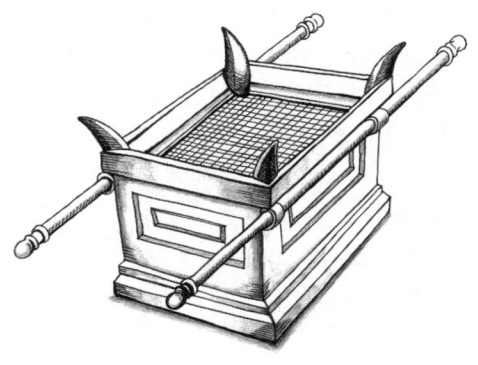

이제 다음의 본문을 통해 우리를 회개하게 하시고 정결케 하시는 하나님의 구원 역사를 묵상해 보자.

내가 지금 기뻐함은 너희로 근심하게 한 까닭이 아니요 도리어 너희가 근심함으로 회개함에 이른 까닭이라 너희가 하나님의 뜻대로 근심하게 된 것은 우리에게서 아무 해도 받지 않게 하려 함이라 하나님의 뜻대로 하는 근심은 후회할 것이 없는 구원에 이르게 하는 회개를 이루는 것이요 세상 근심은 사망을 이루는 것이니라 보라 하나님의 뜻대로 하게 된 이 근심이 너희로 얼마나 간절하게 하며 얼마나 변증하게 하며 얼마나 분하게 하며 얼마나 두렵게 하며 얼마나 사모하게 하며 얼마나 열심 있게 하며 얼마나 벌하게 하였는가 너희가 그 일에 대하여 일체 너희 자신의 깨끗함을 나타내었느니라 (고후 7:9-11).

회개의 역사와 열매는 자신의 노력이 아니라 하나님의 은혜로 말미암는다. 변화의 주체가 내가 아니라 하나님이시기 때문이다. 이제 인생의 모든 문제를 해결하신 십자가의 승리를 누리고 복음의 은총을 입은 자로서 이렇게 고백하고 선포해 보자.

"하나님 아버지, 저로 하여금 하나님의 공의로 그리스도 안에서 의롭게 되었음을 확신하게 해주셔서 감사합니다. 그리고 너 원수 사탄아! 너는 더 이상 나를 정죄할 수 없다. 이제 너는 내게 이빨 빠진 사자나 독사처럼, 조금도 두렵지 않은 존재다. 너는 더 이상 나의 영과 혼과 육을 억누르고 조종할 수 없다. 나는 믿음의 주요 나를 온전케 하시는 예수 그리스도를 바라보는 하나님의 자녀다. 나는 믿음으로 의롭게 되었다. 그러므로 너 거짓의 아비 사탄아, 너는 내 삶에 명함조차 내밀 수 없는 종이호랑이 같은 존재임을 믿음으로 선포한다!"

Q. 당신의 회개는 정죄감과 죄책감을 기반으로 하는가, 아니면 범죄함으로 사랑하는 하나님의 마음을 아프게 해 드린 것에 대한 슬픔과 안타까움을 기반으로 하는가? 당신은 하나님이 당신의 죄와 허물 때문에 근심하며 아파하신다고 생각해 본 적이 있는가?

하나님이 원하시는 회개는 자기 자신을 벌레만도 못한 죄인으로 찍어 눌러서 죄책감을 상쇄하는 것이 아니라, 하나님의 마음을 아프게 한 자기 모습을 깨닫고 애통하고 상한 마음을 갖는 것이다. 주님은 이렇게 진정한 회개를 드리는 사람을 용서하고 격려와 위로를 베푸신다. 그런 내용을 기록한 성경 본문을 참고로, 회개함으로 돌아오는 자녀를 향한 아버지 하나님의 마음을 헤아려 보자.

이번 묵상은 우리의 기도 대신 하나님의 마음을 담은 글을 읽으며 마무리하자.

> "사랑하는 자녀야. 네 삶에서 십자가는, 요단강을 건널 때 이스라엘 백성이 마른 강바닥에서 가져온 돌로 쌓은 기념비와 같다. 그곳에서 이스라엘 백성을 붙잡고 있던 모든 수치가 멀리 굴러가 버렸지. 십자가 위에서 네게 일어난 일처럼 말이야.
>
> 사랑하는 자녀야. 앞으로도 너는 많은 실수와 실패를 경험하게 될 거야. 하지만 그럴 때마다 너는 십자가 기념비를 세운 나를 기억하고 이곳으로 돌아와 다시 시작할 수 있단다. 그러니 언제 어디서나 회복의 자리인 십자가를 신앙과 삶의 중심으로 삼고 잊지 말거라.
>
> 가장 중요한 것은, 실수하고 실패할 때만이 아니라 날마다 십자가 앞에 나오는 것이다. 네 인생의 B.C.(주님을 만나기 전)와 A.D.(주님을 만난 이후)가 나뉘게 된 구원의 날에 네 육신의 정과 욕심이 십자가에 달려 죽었음을 믿고, 보혈의 강을 건너 생수의 강이 흐르는 내 보좌로 나아오너라. 지성소 안으로 말이다.
>
> 세상에는 의인이 단 한 명도 없고, 의인이 될 가능성을 가진 사람도 없단다.

날마다 그리스도와 함께 십자가에 달려 죽는 것 외에는 그리스도가 네 안에서 살 수 있는 길이 없단다. 그것이 예수 십자가로 죽고 예수 생명으로 사는 삶, 즉 변화된 삶(the transformed life)이야. 그러니 네 연약함으로 문제가 생길 때마다 구원의 역사를 성취한 십자가의 주님, 믿음의 주요 너를 온전하게 하는 그리스도를 바라보아라.

그리고 한 가지 명심했으면 하는 것이 있다. 십자가 앞에 선 뒤에도 끝까지 자신을 위해 사는 것은, 깊고 귀한 은혜를 값싼 싸구려로 전락시키는 것이란다. 안타깝게도 그런 사람은 끝까지 자기 죄를 먹고 마시다가 파멸하고 말거야. 십자가의 은혜는 오직 자기 하나님을 중심으로 사는 사람에게만, 날마다 새로운 회복과 변화를 안겨준단다.

사랑하는 자녀야. 이런 은혜를 원한다면, 이제는 십자가로 나왔다가 이전의 삶으로 돌아가는 '반복'에서 떠나거라. 은혜의 보좌, 만복의 근원 하나님이 임하시는 지성소로 나아오면, 반복이 아닌 축복의 삶을 누리게 될 것이다. 그렇게 할 때 너는 세상과 열방 가운데 나의 복을 흘려보내는 축복의 통로가 될 것이다. 그러므로 이제 뒤를 돌아보지 말고 물두멍으로 나아가자."

DAY 07

물두멍 앞으로

제사장들이 물두멍에서 짐승의 피와 기름, 잿가루 따위로 더러워진 손과 발을 수시로 씻은 것은, 그들이 섬기는 하나님이 거룩한 분이기 때문이다. 하나님의 성품의 핵심은 거룩함이다. 그래서 지금도 천사들은 하늘 보좌 주변에서 "거룩하다 거룩하다 거룩하다 만군의 여호와여 그의 영광이 온 땅에 충만하도다"(사 6:3)라고 하나님을 찬양하고 있다.

이제 다음의 본문을 통해 우리가 거룩하신 하나님께 어떻게 나아가야 하는지 묵상해 보자.

너는 물두멍을 놋으로 만들고 그 받침도 놋으로 만들어 씻게 하되 그것을 회막과 제단 사이에 두고 그 속에 물을 담으라 아론과 그의 아들들이 그 두멍에서 수족을 씻되 그들이 회막에 들어갈 때에 물로 씻어 죽기를 면할 것이요 제단에 가까이 가서 그 직분을 행하여 여호와 앞에 화제를 사를 때에도 그리 할지니라 이와 같이 그들이 그 수족을 씻어 죽기를 면할지니 이는 그와 그의 자손이 대대로 영원히 지킬 규례니라(출 30:18-21).

그리스도께서는 장래 좋은 일의 대제사장으로 오사 손으로 짓지 아니한 것 곧 이 창조에 속하지 아니한 더 크고 온전한 장막으로 말미암아 염소와 송아지의 피로 하지 아니하고 오직 자기의 피로 영원한 속죄를 이루사 단번에 성소에 들어가셨느니라 염소와 황소의 피와 및 암송아지의 재를 부정한 자에게 뿌려 그 육체를 정결하게 하여 거룩하게 하거든 하물며 영원하신 성령으로 말미암아 흠 없는 자기를 하나님께 드린 그리스도의 피가 어찌 너희 양심을 죽은 행실에서 깨끗하게 하고 살아 계신 하나님을 섬기게 하지 못하겠느냐(히 9:11-14).

우리가 거룩하신 하나님께 나아갈 수 있는 근거는 어린양 예수 그리스도의 보혈이다. 우리는 보혈의 공로로 거룩하신 하나님의 임재 가운데 들어간다. 고멜과 같은 우리 인생은 존귀하신 예수 그리스도의 보혈의 강에서 정결함을 입었다 해도, 매일 같이 여인들의 청동거울을 모아서 만든 물두멍에서 성령께서 밝히시는 죄를 깨끗하게 씻어야 한다. 살아가면서 말과 생각과 행동으로 지은 모든 죄를 자백하는 것이다. 믿음으로 자백한 죄는 용서함 받았음을 믿고 하나님의 임재 처소인 성소 안으로 그리스도의 보혈의 공로를 힘입어 들어갈 수 있다.

Q. 당신은 예수 그리스도의 보혈을 얼마나 의식하며 신앙생활을 하고 있는가? 예수 그리스도의 보혈은 당신의 예배 가운데 어떻게 기억되고 표현되고 있는가?

하지만 지금의 한국교회에서 주님의 보혈은 사순절이나 고난주간에나 언급하는 '비인기' 주제다. 하나님 앞에 나아갈 때마다 주님의 보혈을 의지해야 하지만, 그와 상관없이 죄를 고백하고 하나님의 용서를 선포하는 경우가 많다. 죄를 정결케 하는 것 말고는 주님의 보혈에 대해 아는 바가 없기 때문이다.

그러므로 이제 다음과 같이 기도하자.

> 사랑과 긍휼이 풍성하신 주님, 복음의 본질이 비본질적인 것으로 가리어지고 잊혀 가는 오늘날의 교회 현장 속에서 '복음이 다'라고 외칠 수 있는 복음의 능력을 체험하기를 원합니다. 무엇보다도 피에 대한 부정적인 인상 때문에 그리스도의 피 안에 흐르는 놀라운 하나님의 사랑을 간과했던 어리석음을 용서하옵소서. 주님, 때로는 저의 정서 안에 예수님의 피가 기독교를 무속화하는 것처럼 생각하며, 보혈의 능력을 마음으로 믿고 적극적으로 적용하지 못한 교만함이 있었음을 회개합니다. 이제 보혈에 대하여 공부할 때마다 성령의 계시로 그 능력의 실상을 알게 하시고 그 능력을 생활 속에 적용할 때에 그 능력의 위대함을 체험하게 하옵소서. 이제 보혈로 하루를 시작하고 보혈로 하루를 마치는 보혈을 의지하는 겸손함이 제 삶의 방식이 되게 하옵소서. 아멘.

DAY 08

말씀으로 거룩하게 되다

제사장들은 거룩한 성소에 들어가기 전에 두렵고 떨리는 마음으로 물두멍에 비친 자신을 점검하고 깨끗이 씻어야 했다. 이것은 우리의 자범죄를 정결케 하는 주의 보혈을 상징한다. 죄를 고백하고 주의 보혈로 정결케 되는 것을 물두멍에 비유하는 것은, 물두멍이 얼굴을 화장하고 옷매무새를 가다듬는 등 자신을 돌아보는 용도로 사용되는 여인들의 거울을 재료로 만들어졌고, 그 속에 주의 보혈을 상징하는 물이 담겨 있기 때문이다.

하지만 마음에 걸리는 것이 있다. 동일한 죄를 무한 반복으로 회개할 경우에는 어떻게 할 것인가? 더 나아가 주님의 무한 용서를 악용해서 자신의 탐욕을 추구한다면 어떻게 해야 하는가?

걱정할 필요는 없다. 이런 경우를 대비해서 주님이 물두멍에 또 하나의 상징을 심어 놓으셨기 때문이다. 그것은 바로 우리를 거룩하게 하시는 하나님의 말씀이다. 성경은 마치 거울이 우리의 얼굴과 몸을 보게 하듯, 하나님의 말씀도 우리의 영과 관절과 골수를 훤히 들여다본다고 증거한다(히 4:12). 말씀은 우리 심령의 거울이다. 또한 물두멍에 담긴 깨끗한 물 역시 성경에서 하나님의 말씀을 상징하는 표현이다. 말씀과 보혈이 우리를 거룩하게 하기에, 앞에서 제기한 문제들은 일어나지 않는다. 이것이 주님과 인격적인 관계 안에 사는 이 안에 있는 믿음의 고백이다.

다음의 성경 본문에서 거룩하게 하는 말씀의 능력을 묵상해 보자.

내가 아버지의 말씀을 그들에게 주었사오매 세상이 그들을 미워하였사오니 이는 내가 세상에 속하지 아니함 같이 그들도 세상에 속하지 아니함으로 인함이니이다 내가 비옵는 것은 그들을 세상에서 데려가시기를 위함이 아니요 다만 악에 빠지지 않게 보전하시기를 위함이니이다 내가 세상에 속하지 아니함 같이 그들도 세상에 속하지 아니하였사옵나이다 그들을 진리로 거룩하게 하옵소서 아버지의 말씀은 진리니이다 아버지께서 나를 세상에 보내신 것같이 나도 그들을 세상에 보내었고 또 그들을 위하여 내가 나를 거룩하게 하오니 이는 그들도 진리로 거룩함을 얻게 하려 함이니이다 (요 17:14-19).

그러므로 여러분이 일깨어 내가 삼 년이나 밤낮 쉬지 않고 눈물로 각 사람을 훈계하던 것을 기억하라 지금 내가 여러분을 주와 및 그 은혜의 말씀에 부탁하노니 그 말씀이 여러분을 능히 든든히 세우사 거룩하게 하심을 입은 모든 자 가운데 기업이 있게 하시리라(행 20:31-32).

거울과 같은 물두멍 앞에서 마음속 깊은 곳까지 성령의 빛으로 밝히는 말씀의 역사를 경험하면, 물로 씻어 말씀으로 깨끗하게 하사 거룩하게 되는 은혜를 덧입게 된다(엡 5:26). 그런데 어떻게 하나님의 말씀이 죄를 용서하는 것을 넘어 우리의 존재 자체를 거룩하게 한다는 것일까?

Q. 당신은 죄를 미워해 본 적이 있는가? 어떻게 해야 죄를 미워할 수 있을까?

성경은 하나님을 경외하는 것이 악을 미워하는 것이라고 정의한다(잠 8:13). 그러나 사실 이 말씀은 우리에게 별로 현실적으로 다가오지 않는다. '죄를 짓지 않으려고 노력한다'거나 '선한 행실에 힘쓴다'는 말이 차라리 실감난다. 도대체 본질적으로 진노의 자녀이자 죄인인 우리가 어떻게 죄를 미워할 수 있다는 말인가?

해답은 간단하다. 하나님을 사랑하면 된다. 사랑에 빠진 남녀는 요구하지 않아도 상대방이 싫어하는 행동을 절대로 하지 않는다. 설사 자기가 좋아하는 행동이라 할지라도 말이다. 하나님과의 관계에서도 마찬가지다. 하나님을 사랑하는 사람은 자기도 모르게 죄를 미워하게 된다. 하나님이 죄를 싫어하시기 때문이다. 하나님을 사랑하는 길은 그분의 말씀 속에 있다. 말씀을 통해 지속적으로 하나님을 알아 간다면, 그분을 사랑하게 되어 있다. 이것이 말씀이 우리를 거룩하게 한다는 의미다.

이제 다음과 같이 기도하자.

> 주님, 주님께서도 다 아시다시피 저는 주님이 싫어하시는 죄를 범하지 않으려고 애쓰고 힘을 썼지만, 그럴수록 죄가 저를 향해 거머리처럼 더욱 찰싹 달라붙는 것을 경험하게 됩니다. 허물과 죄로 죽었다가 주님의 부활 생명으로 살아났음에도, 여전히 저의 욕망은 죽은 생각과 행실을 불러들입니다. 마치 하수도의 구정물 같은 제 마음을 성령의 생수로 깨끗하게 해주옵소서. 그리하여 죄를 불러들이는 욕망들이 꼬리를 내리게 하옵소서. 죄와 싸워 이기려는 종교적 노력에 투자하던 열심을 성령과 능력의 충만함을 구하는 열정으로 바꾸어 주셔서, 하늘의 힘과 성품을 제 안에 가득 채워 주옵소서. 더는 죄가 제 안에 발을 들여놓지 못하도록 불같은 성령과 사랑을 부어 주소서. 아멘.

DAY 09
네 이웃과 화해하라

성막의 모든 것이 하나님과의 관계에 초점을 맞추고 있지만, 사실은 다른 사람과의 관계도 하나님과의 만남에 직접적인 영향을 끼친다. 주님도 우리가 다른 사람과 불화했다면, 예배드리기 전에 먼저 그들에게 가서 화해한 후에 예배드리라고 말씀하셨다. 얼마나 먼 곳에서 왔든, 어떤 짐승을 제물로 데리고 왔든 간에 다시 돌아가서 쌓인 것을 푸는 것이 지금 예배하는 것보다 중요하다는 이야기다. 이웃과의 관계가 비틀어지면, 하나님과의 관계도 가로막히는 법이다.

옛 사람에게 말한바 살인하지 말라 누구든지 살인하면 심판을 받게 되리라 하였다는 것을 너희가 들었으나 나는 너희에게 이르노니 형제에게 노하는 자마다 심판을 받게 되고 형제를 대하여 라가라 하는 자는 공회에 잡혀가게 되고 미련한 놈이라 하는 자는 지옥 불에 들어가게 되리라 그러므로 예물을 제단에 드리려다가 거기서 네 형제에게 원망들을 만한 일이 있는 것이 생각나거든 예물을 제단 앞에 두고 먼저 가서 형제와 화목하고 그 후에 와서 예물을 드리라 너를 고발하는 자와 함께 길에 있을 때에 급히 사화하라 그 고발하는 자가 너를 재판관에게 내어 주고 재판관이 옥리에게 내어 주어 옥에 가둘까 염려하라(마 5:21-25).

새 계명을 너희에게 주노니 서로 사랑하라 내가 너희를 사랑한 것같이 너희도 서로 사랑하라(요13:34).

하나님과의 관계를 소중히 여기는 것만큼 이웃과의 관계도 소중히 여겨야 한다. 하지만 사랑의 회로가 없는 까닭에 증오의 회로를 빌려 사랑해야 하는 우리가 과연 어떻게 그렇게 할 수 있을까?

지금까지 그랬던 것처럼, 그 답은 오직 주님 안에만 있다. 주님은 사랑 장애인인 우리에게 서로 사랑하라는 명령을 주셨다. 또한 이를 위해 '주님이 우리를 사랑하신 것같이' 하면 된다고도 알려 주신다. 그런데 우리가 보기에 이는 참으로 답답한 대답같다. 그러나 전혀 그렇지 않다. 이 말이 우리에게 답답하게 느껴지는 이유는 우리가 아직 주님의 십자가의 사랑의 깊이와 넓이와 높이를 모르기 때문이다. 이 사랑을 머리가 아닌 가슴으로 알게 될 때, 복음은 더 이상 개념이 아니라 능력이 되고 살이 된다. 그래서 우리는 그 사랑을 깨닫도록 "우리에게 주신 성령으로 말미암아 하나님의 사랑이 우리 마음에 부은 바"(롬 5:5)

되어야 한다. 그런 사람은 더 이상 증오 회로를 빌려 사랑하지 않는다.

Q. 다른 사람과의 관계에서 일어난 문제들을 먼저 해결하고 예배에 임한다면, 당신의 예배는 어떻게 달라질까?

이 세상의 가장 큰 문제는 인생의 가장 강력한 적(敵)인 자아(自我)를 처리해 준 십자가에 나타난 그리스도의 사랑을 모른다는 것이다. 그래서 이웃을 내 몸같이 사랑하지 못한다. 이제 십자가에 나타난 불같은 성령, 불같은 사랑을 구할 때다.

그러므로 이제 다음과 같이 기도하자.

> 사랑의 주님, 내가 너희를 사랑한 것같이 너희도 서로 사랑하라고 말씀하셨지만, 제 안에 그 사랑이 메마를 때가 너무 많습니다. 사랑하고 싶은 마음은 있으나 그 마음대로 사랑할 수 없는 저 자신을 볼 때마다 제가 주님의 새 계명 앞에 불의한 죄인임을 깨닫습니다. 그러나 주님, 이제 한 가지 아는 것은 십자가의 불같은 사랑이 제 안에 임하시면 불같은 성령으로 사랑하게 되는 은혜를 누리게 되리라는 사실입니다. 제 안에 제가 너무 많아 사랑치 못했던 저의 못된 자아가 날마다 그리스도의 죽음과 연합하게 하셔서, 그리스도와 함께 무덤에서 부활하게 하소서. 그리고 저와 주님이 달렸던 나무십자가를 가지고 번제단으로 나아가 저의 옛 자아를 태우는 땔감으로 삼게 하셔서, 주님의 불같은 사랑이 저의 안에 타오르게 하소서. 그로 말미암아 이웃을 제 몸같이 사랑하는 은혜를 주옵소서. 아멘.

DAY 10
성막 둘레의 널판과 은받침

조각목에 금을 입혀서 만든 성막 둘레의 널판은 전부 네 개의 띠로 연결되어 있었다. 이는 모든 성도가 그리스도 안에서 하나 되는 것을 상징한다. 신앙생활을 하다 보면, '서로 사랑하라'거나 '하나 되어야 한다'는 말을 수없이 듣는다. 일반 사회에서도 원만한 대인 관계를 유지하는 것이 중요한 덕목이기에, 하나 되라는 메시지는 영적인 성숙도와 관계없이 널리 받아들여지고 있다.

그러나 사실, 하나 됨이란 성도들에게 부담스러운 메시지다. 하나가 되려면 자신을 내려놓고 낮아져서 타인을 섬겨야 하기 때문이다. 이는 자기중심적인 인간의 본성을 정면으로 거스르는 행위다. 그래서 우리는 많은 노력과 헌신이 있어야 하나 됨을 이룰 수 있다고 생각한다. 하지만, 하나 됨은 우리의 노력으로 이룰 수 있는 일이 아니다.

너는 조각목으로 성막을 위하여 널판을 만들어 세우되 각 판의 길이는 열 규빗, 너비는 한 규빗 반으로 하고 각 판에 두 촉씩 내어 서로 연결하게 하되 너는 성막 널판을 다 그와 같이 하라 너는 성막을 위하여 널판을 만들되 남쪽을 위하여 널판 스무 개를 만들고 스무 널판 아래에 은 받침 마흔 개를 만들지니 이쪽 널판 아래에도 그 두 촉을 위하여 두 받침을 만들고 저쪽 널판 아래에도 그 두 촉을 위하여 두 받침을 만들지며 성막 다른 쪽 곧 그 북쪽을 위하여도 널판 스무 개로 하고 은 받침 마흔 개를 이쪽 널판 아래에도 두 받침, 저쪽 널판 아래에도 두 받침으로 하며 성막 뒤 곧 그 서쪽을 위하여는 널판 여섯 개를 만들고 성막 뒤 두 모퉁이 쪽을 위하여는 널판 두 개를 만들되 아래에서부터 위까지 각기 두 겹 두께로 하여 윗고리에 이르게 하고 두 모퉁이 쪽을 다 그리하며 그 여덟 널판에는 은 받침이 열여섯이니 이쪽 판 아래에도 두 받침이요 저쪽 판 아래에도 두 받침이니라 너는 조각목으로 띠를 만들지니 성막 이쪽 널판을 위하여 다섯 개요 성막 저쪽 널판을 위하여 다섯 개요 성막 뒤 곧 서쪽 널판을 위하여 다섯 개이며 널판 가운데에 있는 중간 띠는 이 끝에서 저 끝에 미치게 하고 그 널판들을 금으로 싸고 그 널판들의 띠를 꿸 금 고리를 만들고 그 띠를 금으로 싸라 너는 산에서 보인 양식대로 성막을 세울지니라(출 26:15-30).

그러므로 주 안에서 갇힌 내가 너희를 권하노니 너희가 부르심을 받은 일에 합당하게 행하여 모든 겸손과 온유로 하고 오래 참음으로 사랑 가운데서 서로 용납하고 평안의 매는 줄로 성령이 하나 되게 하신 것을 힘써 지키라 몸이 하나요 성령도 한 분이시니 이와 같이 너희가 부르심의 한 소망 안에서 부르심을 받았느니라 주도 한 분이시요 믿음도 하나요 세례도 하나요 하나님도 한 분이시니 곧 만유의 아버지시라 만유 위에 계시고 만유를 통일하시고 만유 가운데 계시도다(엡 4:1-6).

성경은 믿음이 하나이고, 세례가 하나이고, 하나님이 한 분이듯 우리도 동일한 부르심의 소망 가운데 부름 받았다고 이야기한다. 그것이 바로 '한 몸'이다. 그런데 흥미로운 것은 본문에는 한 몸이 되기 위해 우리가 해야 할 일들이 전혀 언급되어 있지 않다는 점이다. 아무리 눈을 씻고 봐도 더 사랑해야 한다든지, 더 노력해야 한다든지, 더 기도하자든지 하는 행동강령이 없다. 그렇다면 어떻게 이기적인 자아중심적인 본성을 수시로 드러내는 우리가 한 몸을 이룰 수 있다는 말인가?

Q. 당신은 성도들이 한 몸을 이루기 위해 무엇이 필요하고, 어떻게 해야 한다고 생각하는가?

한 몸을 위해 우리가 할 것은 아무것도 없다. 딱 하나, 이미 하나 된 것을 힘써 지키는 것뿐이다. 놀랍게도 성경은 우리가 이미 하나 되었다고 이말한다. 예수 그리스도를 구원자와 주님으로 영접한 사람들, 그분의 십자가를 통과한 사람들, 그분의 보혈을 힘입어 지성소로 나아가 은혜의 보좌 앞에 담대히 나아가는 사람들 모두 한 몸이라는 것이다.

어떻게 이런 일이 일어난 것일까? 이기적 자아가 십자가에 못 박혀 죽은 뒤, 우리 안에는 부활하신 예수 그리스도가 계신다. 그리고 보혜사 성령이 우리 가운데 거하시며 동행하신다. 같은 주님으로 살아났고 같은 성령으로 살아간다. 그래서 우리는 이미 한 몸이다. 나도 예수로 살고, 내 곁의 사람도 동일한 예수로 산다. 나도 성령을 받았고, 내 곁의 사람도 같은 성령을 받았다. 그래서 우리는 이미 하나다. 즉, 에베소서 본문은 "주님이 이미 너희를 하나로 만드셨다. 그러니 너희는 하나 된 상태를 지키고 유지하기만 하면 된다"라고 말하는 것이다.

이제 다음과 같이 기도하자.

> 사랑의 주님, 신앙생활이 생활신앙으로 살아지는 것은, 저의 믿음에서가 아니라 전적으로 믿음의 주요 우리를 온전케 하시는 주님이 십자가에서 다 이루신 것을 믿고 바라보는 데서부터 시작됨을 알게 하시니 감사합니다. 우리를 위한 주님의 보혈의 역사가 이 땅의 우리를 하나 되게 하신 것을 믿게 하옵소서. 믿음으로 살게 역사하시는 성령의 은혜 속에서 오메가(나중) 되시는 주님의 진리의 말씀을 따라 순종하게 하소서. 주님의 말씀에 순종함으로 주님처럼 평화의 도구가 되게 하소서. 아멘.

DAY 11
성막의 덮개들

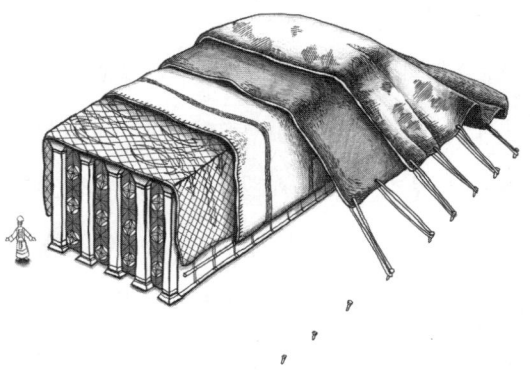

성막의 천장은 해달 가죽, 붉게 물들인 숫양 가죽, 흰 염소털 가죽, 네 가지 색깔의 실로 짠 세마포, 이렇게 네 겹으로 되어 있었다.

너는 성막을 만들되 가늘게 꼰 베 실과 청색 자색 홍색 실로 그룹을 정교하게 수 놓은 열 폭의 휘장을 만들지니 매 폭의 길이는 스물여덟 규빗, 너비는 네 규빗으로 각 폭의 장단을 같게 하고 그 휘장 다섯 폭을 서로 연결하며 다른 다섯 폭도 서로 연결하고 그 휘장을 이을 끝폭 가에 청색 고를 만들며 이어질 다른 끝폭 가에도 그와 같이 하고 휘장 끝폭 가에 고 쉰 개를 달며 다른 휘장 끝폭 가에도 고 쉰 개를 달고 그 고들을 서로 마주 보게 하고 금 갈고리 쉰 개를 만들고 그 갈고리로 휘장을 연결하게 한 성막을 이룰지며 그 성막을 덮는 막 곧 휘장을 염소털로 만들되 열한 폭을 만들지며 각 폭의 길이는 서른 규빗, 너비는 네 규빗으로 열한 폭의 길이를 같게 하고 그 휘장 다섯 폭을 서로 연결하며 또 여섯 폭을 서로 연결하고 그 여섯째 폭 절반은 성막 전면에 접어 드리우고 휘장을 이을 끝폭 가에 고 쉰 개를 달며 다른 이을 끝폭 가에도 고 쉰 개를 달고 놋 갈고리 쉰 개를 만들고 그 갈고리로 그 고를 꿰어 연결하여 한 막이 되게 하고 그 막 곧 휘장의 그 나머지 반 폭은 성막 뒤에 늘어뜨리고 막 곧 휘장의 길이의 남은 것은 이쪽에 한 규빗, 저쪽에 한 규빗씩 성막 좌우 양쪽에 덮어 늘어뜨리고 붉은 물 들인 숫양의 가죽으로 막의 덮개를 만들고 해달의 가죽으로 그 윗덮개를 만들지니라(출 26:1-14).

가장 바깥쪽 덮개인 해달 가죽은 색깔이 거무스름하고 볼품이 없어서, 마른 땅에서 나온 뿌리 같아서 고운 모양도 없고 풍채도 없고 보기에 흠모할 만한 아름다운 것이 없는 예수 그리스도를 예표했다. 그 아래에는 붉게 물들인 숫양 가죽이 있었는데, 이는 세상 죄를 구속하기 위해 십자가에서 피 흘려 죽으신 하나님의 어린양을 예표했다. 또 그 아래에는 "하나님이 죄를 알지도 못하신 자로 우리를 대신하여 죄를 삼으신 것은 우리로 하여금 저의 안에서 하나님의 의(義)가 되게 하려 하심이니라"는 말씀을 이루신 그리스도를 예표하는 흰 염소털 가죽이 있었다. 그리고 맨 마지막 덮개인 청실, 자색 실, 홍색 실, 백색의 가는 베실로 짠 세마포는 주님의 영광이 드러나는 천국을 예표했다.

이 네 가지 덮개는 주님의 각기 다른 모습을 표현한다. 평범한 사람의 모습으로 이 땅에 오신 주님, 우리를 구원하려고 십자가에서 보혈을 흘리신 주님, 죽으시고 부활하셔서 그분을 믿는 모든 자를 의롭게 하시는 주님, 그리고 장차 하나님 나라에서 만나게 될 주님을 말이다.

Q. 당신은 성막의 네 가지 덮개가 보여 주는 주님의 각기 다른 모습 중 어떤 것이 마음에 와 닿는가? 이 중 지금 당신이 만나야 할 주님의 모습은 무엇인가?

우리의 체질과 상황을 아시는 주님은, 각자에게 맞는 모습으로 찾아와 만나 주시고 인도하신다. 그러므로 두려워하지 말고, 그분을 찾는 이를 기뻐하시고 상 주시는 하나님께 나아가라.

다음과 같이 기도하자.

> 사랑하는 주님, 인생 광야에서 상하고 지친 모습 그대로 나아가도 거리감이 느껴지지 않도록 서 계시는 주님의 사랑과 배려에 감사드립니다. 주님 앞으로 한 걸음씩 나아갈수록 저를 말씀의 빛 가운데 밝히시며 보혈로 씻어 주셔서 감사드립니다. 저를 죄인이라고 정죄치 아니하시고 하나님의 의로 덧입혀 주시며 '너는 내 안에서 의인이다'라고 선포해 주셔서 감사합니다. 그리고 저를 하나님의 영광스러운 임재 안으로 초대해주시고, 주님의 신부가 입는 흰옷을 입게 하시며, 주님의 영광스러운 흰 옷자락 밑에 엎드려 경배와 찬양을 드리게 하시니 감사를 드립니다. 믿음의 눈을 열어 주셔서 영광의 주님을 예배하게 하시는 주님께 모든 영광과 존귀를 올려드립니다. 아멘.

DAY 12
두드려 만든 금등대

드디어 성소에 들어섰다. 네 겹의 덮개 덕분에 외부와 완벽하게 차단된 성소는, 금등대에 부은 감람유 불빛만이 희미하게 실내를 밝힌다.

금등대는 금을 녹여 거푸집에 붓는 주조(鑄造)대신 망치로 두들기는 단조(鍛造) 방식으로 만들었다. 여기에는 사랑하는 자신의 백성을 계획하신 자리로 이끌기 원하시는 하나님의 마음이 담겨 있다. 그런 단조 방법을 통해 하나님과의 관계가 놀랍도록 변화된 사람을 들라고 하면, 나는 구약성경의 욥이 떠오른다. 욥기는 하나님에 대해 듣기만 하다가 눈으로 보는 사람으로 단조된 이야기다. 욥은 온전하고 정직하여 하나님을 경외하며 악에서 떠난 자였다(욥 1:1, 8). 그런데 하나님의 망치질이 그의 인생 전체를 두드리기 시작했다. 도대체 욥 같은 사람의 인생 어디에 망치질해야 할 구석이 있었던 걸까?

욥은 비록 경건하고 온전했으나, 이웃의 무너짐에는 별 관심이 없었다. 그저 자기 자신과 가족 관리에 철저했다(욥 1:5). 처음 고난이 강타했을 때에 그는 '주신 분도 여호와, 다시 가져가신 분도 여호와'라고 고백하며 놀라울 만큼 경건한 반응을 보였다(욥 1:21). 결코 하나님을 원망하지 않았다. 하지만 깊어지는 고난과 위로하러 찾아온 친구들의 말이 그의 마음을 뒤집어 놓았고, 급기야 욥은 자기 의를 붙들고 "나는 죄가 없다!"며 항변하기 시작했다. 더 나아가 하나님을 향한 원망이 터져 나왔다.

바로 그때, 욥의 굳어진 심령을 깨뜨리기 위해 폭풍 속에 나타나신 하나님이 욥이 자신의 모습을 있는 그대로 보게 하셨다. 그제야 욥은 자신이 물질적인 복과 선한 행위를 의로 삼는 자기중심적 영성에 갇혀, 하나님의 중심과는 완전히 다른 방향으로 내달리고 있음을 보았다.

너는 순금으로 등잔대를 쳐 만들되 그 밑판과 줄기와 잔과 꽃받침과 꽃을 한 덩이로 연결하고 가지 여섯을 등잔대 곁에서 나오게 하되 다른 세 가지는 이쪽으로 나오고 다른 세 가지는 저쪽으로 나오게 하며 이쪽 가지에 살구꽃 형상의 잔 셋과 꽃받침과 꽃이 있게 하고 저쪽 가지에도 살구꽃 형상의 잔 셋과 꽃받침과 꽃이 있게 하여 등잔대에서 나온 가지 여섯을 같게 할지며 등잔대 줄기에는 살구꽃 형상의 잔 넷과 꽃받침과 꽃이 있게 하고 등잔대에서 나온 가지 여섯을 위하여 꽃받침이 있게 하되 두 가지 아래에 한 꽃받침이 있어 줄기와 연결하며 또 두 가지 아래에 한 꽃받침이 있어 줄기와 연결하며 또 두 가지 아래에 한 꽃받침이 있어 줄기와 연결하게 하고 그 꽃받침과 가지를 줄기와 연결하여 전부를 순금으로 쳐 만들고 등잔 일곱을 만들어 그 위에 두어 앞을 비추게 하며 그 불 집게와 불 똥 그릇도 순금으로 만들지니 등잔대와 이 모든 기구를 순금 한 달란트로 만들되 너는 삼가 이 산에서 네게 보인 양식대로 할지니라(출 25:31-40).

욥이 여호와께 대답하여 이르되 주께서는 못 하실 일이 없사오며 무슨 계획이든지 못 이루실 것이 없는 줄 아오니 무지한 말로 이치를 가리는 자가 누구니이까 나는 깨닫지도 못한 일을 말하였고 스스로 알 수도 없고 헤아리기도 어려운 일을 말하였나이다 내가 말하겠사오니 주는 들으시고 내가 주께 묻겠사오니 주여 내게 알게 하옵소서 내가 주께 대하여 귀로 듣기만 하였사오나 이제는 눈으로 주를 뵈옵나이다 그러므로 내가 스스로 거두어들이고 티끌과 재 가운데에서 회개하나이다(욥 42:1-6).

하나님은 욥이 하나님의 음성을 자기중심으로 적용하는 것을 안타까워하셨다. 그래서 하나님의 마음을 보는 눈을 열어 주기 위해 고난을 허락하셨다. 남에게 보여지는 줄기 영성의 완전함을 챙기며 악에서 떠나 있는 데는 적극적이었지만(욥 1:1) 악에게 지지 않고 선으로 악을 이기는 삶(롬 12:21)으로 이끄는 뿌리 영성에는 소극적이었던 욥은 고난 속에서 비로소 이웃을 향한 눈(가치)과 마음(중심)을 열어 주는 복음의 능력을 체험할 수 있었다. 하나님은 고난을 통해 욥의 영적 패러다임을 바꾸어 놓으셨다. 세상을 향해 빛을 비추는 금등대처럼 단조된 영성으로 거듭난 것이다.

Q. 당신의 신앙은 지식과 체험의 건강한 균형을 통해 자라나고 있는가? 당신은 예수 그리스도의 십자가를 배워서 아는가, 체험을 통해 아는가?

욥은 지식적이고 율법적인 신앙을 추구하며 복음이 필요한 세상의 소금과 빛으로써 복음과 함께 고난 받는 삶을 외면했다가 하나님의 인생 망치질을 경험했다. 이후 그는 선으로 악을 이기는 시대의 용장으로, 선교의 모델이 되는 삶을 살았을 것이다.

이제 다음과 같이 기도하자.

> 사랑의 주님, 읽기조차 부담스러웠던 욥기가 구약의 복음서로 다가오게 하심에 감사드립니다. 나 중심의 생존만 생각하고 주변 사람의 칭찬만 바라며 관상용처럼 가꾸던 온실영성 속에 갇혀 있던 제게 찾아오셔서, 저를 깨뜨리시고 고난의 용광로에서 녹여 단조해 주시는 주님의 손길에 감사를 드립니다. 이제는 저를 넘어 이웃과 역사의 고통을 주님의 시각으로 보게 하셔서, 그리스도의 제자로서 주님이 주신 비전을 따라 살며, 주님이 기뻐하시는 열매를 맺는 십자가의 길을 걷게 하옵소서. 저의 연약함과 체질과 기질을 아시는 전능하신 주님의 손에 저를 올려 드립니다. 아멘.

DAY 13

소금이 먼저인가, 빛이 먼저인가

성소 내부를 비추는 금등대의 불빛은 어두움을 몰아내는 진리와 생명과 구원과 사랑의 빛, 바로 하나님의 영광의 빛이다. 우리는 바로 이 영광의 빛을 세상에 비추어 주님께 영광을 돌리는 삶으로 부르심 받았다. 이러한 삶을 위해서는 빛과 같이 행하는(Doing) 것 이전에 하나님 앞에 나아가 머무르는(Being) 시간이 절대적으로 필요하다. 하나님 앞에 나아가 머무르며 그분의 성품의 맛에 저려져야 한다. 나는 녹고 그분만 세워지는 시간이….

> 나로 말미암아 너희를 욕하고 박해하고 거짓으로 너희를 거슬러 모든 악한 말을 할 때에는 너희에게 복이 있나니 기뻐하고 즐거워하라 하늘에서 너희의 상이 큼이라 너희 전에 있던 선지자들도 이같이 박해하였느니라 너희는

세상의 소금이니 소금이 만일 그 맛을 잃으면 무엇으로 짜게 하리요 후에는 아무 쓸 데 없어 다만 밖에 버려져 사람에게 밟힐 뿐이니라 너희는 세상의 빛이라 산 위에 있는 동네가 숨겨지지 못할 것이요 사람이 등불을 켜서 말 아래에 두지 아니하고 등경 위에 두나니 이러므로 집 안 모든 사람에게 비치느니라 이같이 너희 빛이 사람 앞에 비치게 하여 그들로 너희 착한 행실을 보고 하늘에 계신 너희 아버지께 영광을 돌리게 하라(마 5:11-16).

우리는 흔히 이 구절을 가지고 '빛과 소금'이 되라는 이야기를 한다. 그러나 주님은 드러나는 빛(행실)에 앞서서, 드러나지 않는 소금(성품의 맛)을 먼저 말씀하셨다. 진실로 하나님께 영광을 돌리기 위해서는, 소금에 절이어 자신이 먼저 녹아 내려야 한다. 김장배추가 소금에 절여진 모습을 생각해 보라. 마치 뻣뻣한 I(자아)가 C(Christ)로 죽은 모습 같지 않은가?

Q. 왜 우리는 성경 본문까지 바꿔 가며 빛과 소금이 되려고 애쓰는 것일까?

이 시대 그리스도인들을 짠맛을 잃어버린 소금에 비유하며 개탄하는 소리가 여기저기서 들려온다. 나는 이것이 주님의 말씀과 달리 소금보다 빛을 앞세웠기 때문이라고 믿는다. 우리 주님은 영광의 빛이 되시기 전에, 형체를 잃고 녹아야 짠 맛을 낼 수 있는 소금처럼 자신을 내어 주고 낮아져 섬기셨다. 그런데 그분의 길을 따른다는 우리가 소금보다 빛이 되려고 한다면 어떻게 되겠는가?

다음과 같이 기도하자.

> 참된 빛이 되심에도 낮아져 소금의 길을 걸으셔서 구원의 길을 내어 주신 주님, 소금보다 빛이 먼저 되려는 제 안의 욕심을 십자가에 못 박게 하옵소서. 빛이 되기 이전에 소금이 되게 하소서. 소금이 되어, 지성소같이 어두운 곳에 들어가 주님의 성품에 녹고 절여지게 하소서. 오늘날 맛을 상실한 기독교를 비난하는 소리가 높아지는 안타까운 현실을 제 가슴에 품고, 그 허물어진 영역으로 찾아들어가 결렬된 곳을 중보의 기도로 수보하게 하옵소서. 그리고 주님이 전하라시면 성벽에 올라 외치고, 성문을 열고 나아가라시면 세상 끝 날까지 내가 너희와 항상 함께하리라고 하신 주님과 동행함으로, 저를 통해 주님이 영광 받으시는 삶을 살게 하옵소서. 드러나는 행실보다 숨겨진 성품의 맛에 가치를 두고 사는 진정한 예배자로 세워 주소서. 아멘.

DAY 14

하나님의 말씀을 상징하는 떡상

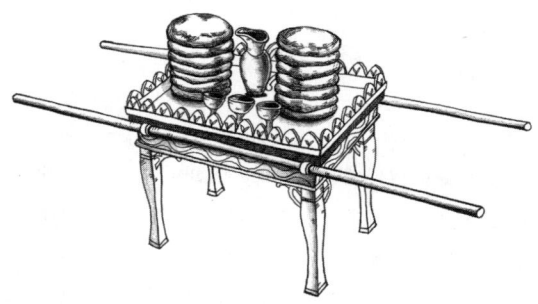

성소에서 제사장들이 먹는 떡과 그것을 진열한 상은, 우리에게 생명의 떡이 되어 주신 예수 그리스도를 상징한다. 또한 주님의 말씀을 의미하기도 한다.

너는 조각목으로 상을 만들되 길이는 두 규빗, 너비는 한 규빗, 높이는 한 규빗 반이 되게 하고 순금으로 싸고 주위에 금 테를 두르고 그 주위에 손바닥 넓이만한 턱을 만들고 그 턱 주위에 금으로 테를 만들고 그것을 위하여 금 고리 넷을 만들어 그 네 발 위 네 모퉁이에 달되 턱 곁에 붙이라 이는 상을 멜 채를 꿸 곳이며 또 조각목으로 그 채를 만들고 금으로 싸라 상을 이것으로 멜 것이니라 너는 대접과 숟가락과 병과 붓는 잔을 만들되 순금으로 만들며 상 위에 진설병을 두어 항상 내 앞에 있게 할지니라(출 25:23-30).

진실로 진실로 너희에게 이르노니 믿는 자는 영생을 가졌나니 내가 곧 생명의 떡이니라 너희 조상들은 광야에서 만나를 먹었어도 죽었거니와 이는 하늘에서 내려오는 떡이니 사람으로 하여금 먹고 죽지 아니하게 하는 것이니라 나는 하늘에서 내려온 살아 있는 떡이니 사람이 이 떡을 먹으면 영생하리라 내가 줄 떡은 곧 세상의 생명을 위한 내 살이니라 하시니라 그러므로 유대인들이 서로 다투어 이르되 이 사람이 어찌 능히 자기 살을 우리에게 주어 먹게 하겠느냐 예수께서 이르시되 내가 진실로 진실로 너희에게 이르노니 인자의 살을 먹지 아니하고 인자의 피를 마시지 아니하면 너희 속에 생명이 없느니라 내 살을 먹고 내 피를 마시는 자는 영생을 가졌고 마지막 날에 내가 그를 다시 살리리니 내 살은 참된 양식이요 내 피는 참된 음료로다 내 살을 먹고 내 피를 마시는 자는 내 안에 거하고 나도 그의 안에 거하나니 살아 계신 아버지께서 나를 보내시매 내가 아버지로 말미암아 사는 것같이 나를 먹는 그 사람도 나로 말미암아 살리라 이것은 하늘에서 내려온 떡이니 조상들이 먹고도 죽은 그것과 같지 아니하여 이 떡을 먹는 자는 영원히 살리라(요 6:47-58).

기독교는 현실 속에 임하는 하나님의 초자연적인 역사에 관한 신비로 가득하다. 말씀이신 주님이 그분의 삶과 사역을 통해 이를 입증해 주셨다. 믿음으로 순종하면 주님이 행하신 것보다 더 큰일도 할 수 있다고 말씀하셨다. 조건은 단 하나, 말씀의 언약을 믿음으로 붙잡고 그 말씀 위에서 행하는 것이다. 성령 사역도 마찬가지다. 하나님으로부터 말미암은 진정한 성령 사역은 말씀에 기초한다. 복음서를 살펴보면, 예수 그리스도의 성령 사역은 진리의 성령이 역사하는 말씀 사역이었다. 진리의 빛으로 어두움을 몰아내는 역사였다. 이를 통해 우리는 예수님이 복음의 메시지를 명확히 전달하는 데 집중하셨음을 볼 수 있다.

Q. 당신은 성령충만을 어떤 관점으로 바라보는가? 말씀에 대한 믿음을 기반으로 구하고 있는가? 당신이 간구하는 성령충만은 예수 그리스도의 십자가와 무슨 관계가 있는가?

사도 바울의 삶을 보면, 그는 "나를 믿는 자는 내가 하는 일을 그도 할 것이요 또한 그보다 큰일도 하리라"(요 14:12)는 주님의 약속의 말씀을 이루어 드리는 삶을 살았다. 그의 회심 이후, 말씀은 이제 자신의 의를 이루기 위해 행위를 재촉하는 것이 아니라 은혜와 진리 안에서 독생자 예수 그리스도의 영광으로 나아가게 하는 것이 되었다. 이렇듯 말씀을 성령의 기름부음 안에서 체험하였기에 그는 복음으로 낳은 에베소 교회 성도들과 이별하는 자리에서 그들을 하나님의 은혜의 말씀에 부탁했다(행 20:32). 말씀 안에서 분명한 방향(Direction)만 가지면 주님이 성령의 추진력(Driving forces)를 부어 주실 것임을 삶 속에서 경험했기 때문이다.

나는 이제 하나님과 그의 은혜로운 말씀에 여러분을 맡깁니다. 하나님의 말씀은 여러분을 튼튼히 세울 수 있고, 거룩하게 된 모든 사람들 가운데서 여러분으로 하여금 유업을 차지하게 할 수 있습니다(행 20:32, 새번역).

이제 다음과 같이 기도하자.

사랑의 주님, 건강한 청년은 식탁에서 돌아서면 배가 고프듯이 생명의 양식이신 주님의 말씀을 거룩한 갈증과 갈망으로 대하게 하시사 저의 영혼을 채워 주옵소서. 그러나 주님, 그 말씀들이 제 안에서 저 중심의 정보 파일을 만들어 율법적인 종교인이 되지 않게 하시고, 성령의 감동으로 기록된 말씀이 저를 깨뜨리어 사랑과 진리로 오신 생명 되신 예수 그리스도를 말씀 가운데 늘 만나게 하옵소서. 무엇보다 너는 나의 소유라고 하신 주님 앞에서 시편 119편 56절의 말씀처럼 "내 소유는 이것이니 곧 주의 법도들을 지킨 것이니이다"라는 고백이 저의 온전한 고백되게 하소서. 그리하여 세상에 속한 것을 소유하는 갈증에는 죽고 말씀을 소유하는 갈증에는 살게 하셔서, 주님이 쓰시는 축복의 통로로 이웃을 형통케 하는 왕 같은 제사장으로 세워 주소서. 아멘.

DAY 15

회심의 날

우리는 지금 번제단과 물두멍을 지나 금등대와 떡상, 금향단이 있는 성소까지 나아왔다. 지성소로 들어가 하나님을 만나기 전까지 주님의 고난과 십자가, 정결케 하는 주 보혈, 이 모든 능력의 기반이 되는 하나님의 말씀은 한 가지 목표를 향해 연결되어 있다. 그것은 바로 당신이 주님께 온전히 돌아가는 회심이다.

베드로가 이것을 보고 백성에게 말하되 이스라엘 사람들아 이 일을 왜 놀랍게 여기느냐 우리 개인의 권능과 경건으로 이 사람을 걷게 한 것처럼 왜 우리를 주목하느냐 아브라함과 이삭과 야곱의 하나님 곧 우리 조상의 하나님이 그의 종 예수를 영화롭게 하셨느니라 너희가 그를 넘겨 주고 빌라도가 놓아 주기로 결의한 것을 너희가 그 앞에서 거부하였으니 너희가 거룩하고 의로운 이를 거부하고 도리어 살인한 사람을 놓아 주기를 구하여 생명의 주를 죽였도다 그러나 하나님이 죽은 자 가운데서 그를 살리셨으니 우리가 이

일에 증인이라 그 이름을 믿으므로 그 이름이 너희가 보고 아는 이 사람을 성하게 하였나니 예수로 말미암아 난 믿음이 너희 모든 사람 앞에서 이같이 완전히 낫게 하였느니라 형제들아 너희가 알지 못하여서 그리하였으며 너희 관리들도 그리한 줄 아노라 그러나 하나님이 모든 선지자의 입을 통하여 자기의 그리스도께서 고난 받으실 일을 미리 알게 하신 것을 이와 같이 이루셨느니라 그러므로 너희가 회개하고 돌이켜 너희 죄 없이 함을 받으라 이같이 하면 새롭게 되는 날이 주 앞으로부터 이를 것이요(행 3:12-19).

베드로와 요한이 예루살렘 성전으로 올라가다가 태어날 때부터 걷지 못하던 장애인을 나사렛 예수의 이름으로 고쳐 주었다. 당시 성전에 있던 사람들이 그 기적을 보고 베드로와 요한에게 몰려왔다. 때는 제 구시, 즉 오후 3시였다. 안식일이 아닌(베드로와 요한이 장애인을 고쳐 준 것에 대해 안식일 논쟁이 벌어지지 않은 것을 보면 안식일은 아니다) 평일 한낮, 그것도 오후 일과를 시작하는 3시경에 많은 사람이 성전에 모여 있었다는 이야기다. 아마도 그들은 매일 제 삼시(오전 9시)와 제 육시(정오 12시), 제 구시(오후 3시)마다 기도하는 관습을 지키는 경건한 유대인들이었을 것이다. 베드로와 요한이 성전에 올라간 정확한 이유를 알 수는 없지만, 만약 그들이 많은 사람이 모인 곳에서 복음을 전하기 원했다면 아주 정확한 타이밍을 만난 것이다.

그런데 문제가 있었다. 몰려온 사람들의 반응이 베드로와 요한이 기대했던 바와는 완전히 달랐던 것이다. 그들은 기적의 배후에 계신 하나님이 아니라, 베드로와 요한을 주목했다. 두 사람의 경건과 권능으로 기적이 일어난 거라고 여긴 것이다. 매일 세 번이나 성전에 나아와 기도할 만큼 종교적 열심은 많았지만, 그들은 이미 오래전에 영적인 눈이 닫힌 사람들이었다. 기적을 행한 권능의 근원이 하나님에게서 비롯했을 거라는 생각을 조금도 하지 못했다는 사실이 그것을 뒷받침한다. 성육신으로 이 땅에 오신 주님이 자기들이 기대하던 메시아인 줄도 몰라보고 십자가에 못 박아 죽인 것도 그 때문이다.

여호와의 선민(善民)이라는 이스라엘 사람으로 태어났다. 종교를 선택할 기회도 없이 어릴 때부터 유대교 신앙을 받아들였다. 천국에 가고픈 종교적 열심이 많아서 늘 거룩하고 경건을 추구하며 신비한 일들을 사모하며 살았다. 하지만 살아 계신 하나님과의 인격적인 관계를 경험해 본 적은 없었다. 그래서 이들은 뜨겁지도 않고 차갑지도 않은 어중간한 신앙을 유지하고 있었다.

여기까지의 내용을 가만히 들여다보면, 왠지 모르게 친근하고 익숙한 느낌이 든다. 하나님께는 관심이 없으면서도 지옥에는 가기 싫어서 차마 떠나지 못하고 교회에 한 발을 걸치고 있는 명목상의 그리스도인, 지나친 헌신은 철저히 피해 가며 어떻게 해서든 신앙 연륜으로 구원받으려고 하는 모태신앙인들이 떠오르지 않는가?

베드로는 그런 사람들에게 감은 눈을 뜨고 예수 그리스도의 십자가 앞에 나아와 회개하고 돌이키라고 도전했고, 이때 믿은 사람들 중에 남자만 오천 명이나 되는 놀라운 역사가 일어났다.

비인격적인 관계를 추구하는 종교는 인격적인 관계를 기반으로 하는 생명의 역사 앞에 여지없이 무너지게 되어 있다. 이것이 우리가 해야 할 회심이다. 회심은 죄책감과 악한 행위를 털어 내는 데 그치는 고해성사나 양심선언이 아니라, 하나님과 나, 나와 나, 나와 다른 사람들, 나와 세상 사이의 비인격적 관계를 돌이켜 진리의 빛에 기반이 된 새로운 인격적 관계를 맺는 것이다.

Q. 당신은 예수 그리스도의 십자가 앞에서 회심했는가? 이는 곧 '다른 목적이나 필요 때문이 아니라 사랑하기 때문에 하나님께 나아가 그분과 친밀한 관계를 쌓고 있는가?'라는 질문이다. 만약 그렇지 않다면 당신의 회심을 다시 점검해 볼 필요가 있다. 회개는 하는데 회심은 안 된 종교인은 아닌가? 고해성사와 같은 의식적인 회개를 회심으로 착각하고 있는지도 모르니 말이다.

베드로와 요한이 성전 미문에 앉아 있던 장애인을 고쳐 준 날은, 베드로의 설교를 듣고 회심한 모든 이들에게 있어서 '돌이켜 새롭게 된' 날이었다. 영적인 면에서 이러한 회심의 역사는 옛사람의 옷(행실)을 벗어 버리고 새사람의 옷(행실)을 입는 것을 의미하기도 한다. 회심 이후 그를 다스리는 주체가 사탄에서 하나님으로 바뀌었기 때문이다. 우리가 외국에 가면 환전(Currency Exchange)을 하듯이 하나님 나라의 삶은 예수의 피값으로 산 새사람으로 옛사람과 바꾸어 살아야(exchanged new life) 한다. 그래야 의와 평강과 희락을 누린다.

이러한 새사람의 삶의 방식에 관해 사도 바울은 "내가 그리스도와 함께 십자가에 못 박혔나니 그런즉 이제는 내가 사는 것이 아니요 오직 내 안에 그리스도께서 사시는 것이라 이제 내가 육체 가운데 사는 것은 나를 사랑하사 나를 위하여 자기 자신을 버리신 하나님의 아들을 믿는 믿음 안에서 사는 것이라"(갈 2:20)고 고백했다.

십자가는 회심의 장소이자, 회심 이후 그리스도의 장성한 분량으로 자라가는 데 있어서 두렵고 떨림으로 구원을 이루는 보혈의 능력이 역사하는 회복의 자리다.

이제 다음과 같이 기도하자.

> 사랑의 주님, 날마다 저에게 새롭게 찾아오신 것처럼, 저도 주님을 향해 날마다 새롭게 다가가기를 원합니다. 그러나 주님, 주님을 날마다 새롭게 발견하기보다는 종교행위에 익숙해져서, 첫사랑의 감동마저 사라진 것 같습니다. 그 감동이 저의 인생에 회심을 가지고 온 진정한 변화인지 혼돈될 때가 있음을 고백합니다. 신앙의 유산에 감사하기보다는 그 문화 속에서 타성에 젖어, 새로움이란 제게 먼 이웃이 되고 말았습니다. 영적인 감동보다는 문화적 분위기 속에서 자라난 저의 영혼 속에 진정한 믿음과 회개가 동반된 회심이 있었는지 의심이 일어날 때도 있습니다. 제 영혼이 곤고합니다. 진리의 말씀의 빛 가운데 저의 전 존재가 밝히 드러나기를 원합니다. 진리로 자유케 되어, 묶여 있는 이웃을 자유케 하는 사랑과 진리의 사람으로 세워지기를 원하나이다. 아멘.

DAY 16

금향단, 중보기도의 향연

하나님께 분향하는 단인 금향단은 우리의 중보자 되시는 예수 그리스도를 예표한다.

제사장은 금향단에서 아침저녁으로 하나님께 향을 피웠다. 이것을 기분 전환을 위해 태우는 아로마향 정도로 생각하는 사람이 있을지 모르겠다. 하지만 하나님은 이것을 멈추지 말고 대대로 행하라고 명령하실 만큼 중요하게 여기셨다. 이 향단에서는 정해진 것 외의 다른 향을 피우거나 제물을 드리는 것도 금지되었다. 하나님은 이 향단이 '지극히' 거룩해야 한다고 강조하셨다. 도대체 이 단(壇)에 무슨 의미가 담겨 있기에 그런 것일까?

너는 분향할 제단을 만들지니 곧 조각목으로 만들되 길이가 한 규빗, 너비가 한 규빗으로 네모가 반듯하게 하고 높이는 두 규빗으로 하며 그 뿔을 그 것과 이어지게 하고 제단 상면과 전후 좌우 면과 뿔을 순금으로 싸고 주위에 금 테를 두를지며 금 테 아래 양쪽에 금 고리 둘을 만들되 곧 그 양쪽에 만들지니 이는 제단을 메는 채를 꿸 곳이며 그 채를 조각목으로 만들고 금으로 싸고 그 제단을 증거궤 위 속죄소 맞은편 곧 증거궤 앞에 있는 휘장 밖에 두라 그 속죄소는 내가 너와 만날 곳이며 아론이 아침마다 그 위에 향기로운 향을 사르되 등불을 손질할 때에 사를지며 또 저녁 때 등불을 켤 때에 사를지니 이 향은 너희가 대대로 여호와 앞에 끊지 못할지며 너희는 그 위에 다른 향을 사르지 말며 번제나 소제를 드리지 말며 전제의 술을 붓지 말며 아론이 일 년에 한 번씩 이 향단 뿔을 위하여 속죄하되 속죄제의 피로 일 년에 한 번씩 대대로 속죄할지니라 이 제단은 여호와께 지극히 거룩하니라 (출 30:1-10).

그런즉 이 일에 대하여 우리가 무슨 말 하리요 만일 하나님이 우리를 위하시면 누가 우리를 대적하리요 자기 아들을 아끼지 아니하시고 우리 모든 사람을 위하여 내주신 이가 어찌 그 아들과 함께 모든 것을 우리에게 주시지 아니하겠느냐 누가 능히 하나님께서 택하신 자들을 고발하리요 의롭다 하신 이는 하나님이시니 누가 정죄하리요 죽으실 뿐 아니라 다시 살아나신 이는 그리스도 예수시니 그는 하나님 우편에 계신 자요 우리를 위하여 간구하시는 자시니라 누가 우리를 그리스도의 사랑에서 끊으리요 환난이나 곤고

나 박해나 기근이나 적신이나 위험이나 칼이랴 기록된 바 우리가 종일 주를 위하여 죽임을 당하게 되며 도살 당할 양 같이 여김을 받았나이다 함과 같으니라 그러나 이 모든 일에 우리를 사랑하시는 이로 말미암아 우리가 넉넉히 이기느니라 내가 확신하노니 사망이나 생명이나 천사들이나 권세자들이나 현재 일이나 장래 일이나 능력이나 높음이나 깊음이나 다른 어떤 피조물이라도 우리를 우리 주 그리스도 예수 안에 있는 하나님의 사랑에서 끊을 수 없으리라(롬 8:31-39).

우리가 번제단(십자가)과 물두멍을 거쳐 하나님께 나아가는 것은, 결코 혼자의 생각이나 의지만으로 할 수 있는 일이 아니다. 우리가 하나님께 회개 자복하기까지, 우리가 하나님께 용서받기까지, 우리가 지성소로 나아가 하나님을 만나기까지, 그리고 우리가 성화의 길을 가는 지금까지도 우리를 위한 수많은 중보기도가 있었다.

회개는 언제 할 수 있는가? 우리는 어떻게 예수 그리스도의 십자가 앞에 서기로 결단하게 된 걸까? 회개는커녕 하나님에 대한 생각조차 하기 싫어하는 사람이 있는가 하면, 난생처음 교회에 나와서 단번에 회개하고 그리스도 안에 들어가는 사람도 있다. 이들의 차이는 도대체 무엇인가? 여러 가지 이유가 있겠지만, 나는 그것이 금향단에서 멈추지 않고 피어오르는 향연, 즉 성도들의 중보기도 덕분이라고 생각한다.

금향단에서 향연을 피우지 않으면 속죄의 제사를 완벽하게 끝낼 수 없다. 뜨거운 예배의 열정과 성령충만한 분위기 속에서도 회개하며 죄를 고백하는 사람이 단 한 명도 나오지 않을 수 있다. 끊임없이 피어올라 성소를 채우는 금향단의 향기처럼, 죄인을 번제단과 물두멍, 지성소로 나아가게 하는 중보의 기도가 있어야 한다. 당신과 나 역시 누군가의 기도가 있었기에, 회개와 용서, 구원의 자리로 나아갈 수 있었다. 우리의 회심과 성화는 전적으로 주님의 긍휼과 은혜인 동시에, 우리를 위해 중보기도한 이들이 누릴 기도 응답이다. 그래서 하나님은 멈추지 말고 계속해서 향을 피우라고, 즉 회심하지 않은 이들과 성화의 길을 가는 이들을 위해 멈추지 말고 기도하라고 하신 것이다. 주님이 지금도 하나님 보좌 우편에서 우리를 위해 중보하시는 것은 그 때문이다.

Q. 당신은 당신이 회개한 이유를 아는가? 당신이 회심하여 거듭나도록 기도로 도운 이들을 알고 있는가? 당신은 누구를 위해 기도하고 있는가? 하나님께 나아가 그분과의 관계를 회복하는 것 말고 다른 것을 놓고 중보하는 것은 아닌가?

구원에 이르고 성화로 나아가는 것은, 내 생각이 아니라 하나님의 뜻대로 드려지는 중보기도를 통해 성취되고 드러난다. 물론 당사자의 의지로 죄를 고백하고 하나님의 용서를 구하는 것은 필수다. 하지만 그것과 별도로 하나님은 성도들이 다른 사람을 위해 중보의 기도를 하기 원하신다.

금향단에서 피어 올라야 할 기도는 끝이 없다. 배우자와 자녀, 가족과 친구, 신앙 공동체에 속한 지체들, 그리고 사회에서 함께 지내는 이들을 위해 기도하자. 우리의 중보기도를 통해 더 많은 이들이 번제단과 물두멍으로 나아갈 것이다. 다른 사람의 구원과 영적 성숙을 위해 기도하다가 지친 이들이여, 힘을 내라. 하나님은 구원과 성화를 위한 중보기도를 기뻐하시며 반드시 응답하신다.

이제 다음과 같이 기도하자.

> 사랑의 주님, 저의 저 된 것은 주님의 은혜요, 저를 위해 기도로 섬긴 지체들의 기도 응답의 결과인 줄 믿습니다. 주님, 이제 저도 기도에 빚진 자로서 저의 이웃과 나라와 열방을 위해 결렬된 곳에 서서 간구하게 하옵소서. 성령의 민감함을 주셔서 제 안에 계신 성령께서 말할 수 없는 탄식으로 친히 간구하시는 중보의 사역을 감당케 하옵소서. 그리고 주님, 중보기도가 영적전쟁을 위한 강력한 도구임을 알게 하셔서 혼자보다는 함께 연합하여 기도하게 하옵소서. 사탄의 공격에 방어하는 기도가 아닌 사탄의 역사를 먼저 알고 공격하는 기도를 드리게 하시고, 기도의 지경을 넓히사 우리 사회의 정치, 경제, 교육, 매스컴, 예술, 종교, 가정, 과학까지 8가지 영역을 덮는 기도를 감당하게 하옵소서. 죄와 악은 미워하고, 인생을 사랑하는 그리스도의 마음을 품고 기도하게 하옵소서. 아멘!

DAY 17

하나님의 휘장, 나의 휘장

성막의 내부는 크게 성소와 지성소로 나뉜다. 성소와 지성소는 네 가지 색깔의 실을 짜서 만든 휘장으로 구분했는데, 이 휘장은 인간이 함부로 하나님께 나아갈 수 없음을 나타내기도 했다. 얼핏 생각하면 인간을 차단하고 배제하는 것처럼 느낄 수도 있지만, 하나님은 휘장이 '우리를 위한' 것이라고 분명하게 말씀하셨다. 죄의 문제를 해결하지 않고서 거룩하신 하나님을 만나면 죽게 되기 때문이다. 이렇게 성소와 지성소를 구분하는 휘장은 우리를 보호하고 살리기 위한 것이었다.

너는 청색 자색 홍색 실과 가늘게 꼰 베 실로 짜서 휘장을 만들고 그 위에 그룹들을 정교하게 수 놓아서 금 갈고리를 네 기둥 위에 늘어뜨리되 그 네 기둥을 조각목으로 만들고 금으로 싸서 네 은 받침 위에 둘지며 그 휘장을 갈고리 아래에 늘어뜨린 후에 증거궤를 그 휘장 안에 들여놓으라 그 휘장이 너희를 위하여 성소와 지성소를 구분하리라 너는 지성소에 있는 증거궤 위에 속죄소를 두고(출 26:31-34).

제육시로부터 온 땅에 어둠이 임하여 제구시까지 계속되더니 제구시쯤에 예수께서 크게 소리 질러 이르시되 엘리 엘리 라마 사박다니 하시니 이는 곧 나의 하나님, 나의 하나님, 어찌하여 나를 버리셨나이까 하는 뜻이라 거기 섰던 자 중 어떤 이들이 듣고 이르되 이 사람이 엘리야를 부른다 하고 그 중의 한 사람이 곧 달려가서 해면을 가져다가 신 포도주에 적시어 갈대에 꿰어 마시게 하거늘 그 남은 사람들이 이르되 가만 두라 엘리야가 와서 그를 구원하나 보자 하더라 예수께서 다시 크게 소리 지르시고 영혼이 떠나시니라 이에 성소 휘장이 위로부터 아래까지 찢어져 둘이 되고 땅이 진동하며 바위가 터지고 무덤들이 열리며 자던 성도의 몸이 많이 일어나되 예수의 부활 후에 그들이 무덤에서 나와서 거룩한 성에 들어가 많은 사람에게 보이니라(마 27:45-53).

지성소의 휘장은 하나님이 설치하게 하신 것이지만, 사실 하나님과의 관계에서 우리가 설치한 휘장도 있다. 에덴동산의 타락 사건 때부터 설치하기 시작한 이 휘장의 목적은 두 가지다. 첫째는 하나님을 피하고 그분으로부터 숨는 것, 둘째는 우리가 저지른 죄와 연약함을 가리고 완벽한 존재인 것처럼 포장하는 것이다. 물론 우리는 이 휘장을 하나님뿐 아니라 사람들에 대해서도 사용하고 있다.

Q. 당신은 하나님과의 관계에 어떤 휘장을 치고 있었는가? 그 휘장이 예수 그리스도 안에서 찢어졌는가?

성경은 주님이 이미 우리의 모든 죄와 슬픔과 고통과 수치를 지고 돌아가셨고, 그것들은 더는 우리에게 아무런 영향을 미치지 못한다고 이야기한다. 당신이 어떤 휘장을 설치했든 상관없이, 당신이 그리스도 안에 들어가는 순간 그 휘장들도 모두 찢어졌다. 그리스도 안에서 우리는 언제 어디서든 하나님께 나아갈 수 있을 뿐만 아니라, 숨거나 자신을 포장할 필요가 없다. 이제 다음과 같이 기도하자.

> 사랑의 주님, 의인이 아니라 저 같은 죄인을 부르러 오심에 감사드립니다. 주님께서 흘리신 보혈이 저를 의롭게 해주며, 왕 같은 제사장으로 세워 주심을 감사합니다. 이제 언제든지 믿음으로, 휘장 가운데로 열어 주신 새롭고 산 길을 따라 담대히 지성소로 들어가서 주님과 교제하는 복을 누리게 하심을 감사합니다. 특히 감사드리는 것은 보혈의 역사로 말미암아 휘장을 찢고 우리 가운데 와 계시는 주님을 보면서 제 삶에 적용하는 눈을 열어 주신 것입니다. 이제 제가 세상에 속하지 않으나 세상 안에서 소금과 빛으로 살도록 말씀과 성령으로 도우시는 주님을 찬양합니다. 아멘

DAY 18
법궤와 속죄소

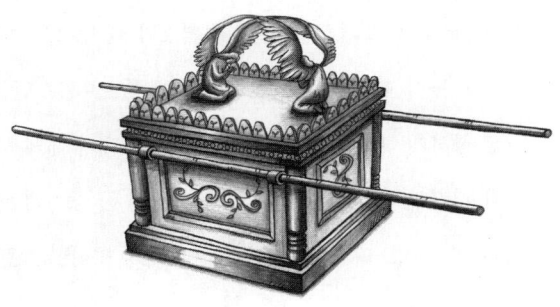

예배할 때나 묵상할 때, 기도할 때, 당신은 하나님께 무엇을 기대하는가? 그분과의 인격적인 만남인가? 아니면 지금 당신이 갖고 있는 문제에 대한 정답인가? 아니면 이른바 '은혜'라고 하는 일방적인 감동과 감격인가? 만약 그 시간들 가운데서 하나님의 음성을 듣게 된다면, 당신은 어떻게 반응하겠는가?

그들은 조각목으로 궤를 짜되 길이는 두 규빗 반, 너비는 한 규빗 반, 높이는 한 규빗 반이 되게 하고 너는 순금으로 그것을 싸되 그 안팎을 싸고 위쪽 가장자리로 돌아가며 금 테를 두르고 금 고리 넷을 부어 만들어 그 네 발에 달되 이쪽에 두 고리 저쪽에 두 고리를 달며 조각목으로 채를 만들어 금으로 싸고 그 채를 궤 양쪽 고리에 꿰어서 궤를 메게 하며 채를 궤의 고리에

펜 대로 두고 빼내지 말지며 내가 네게 줄 증거판을 궤 속에 둘지며 순금으로 속죄소를 만들되 길이는 두 규빗 반, 너비는 한 규빗 반이 되게 하고 금으로 그룹 둘을 속죄소 두 끝에 쳐서 만들되 한 그룹은 이 끝에, 또 한 그룹은 저 끝에 곧 속죄소 두 끝에 속죄소와 한 덩이로 연결할지며 그룹들은 그 날개를 높이 펴서 그 날개로 속죄소를 덮으며 그 얼굴을 서로 대하여 속죄소를 향하게 하고 속죄소를 궤 위에 얹고 내가 네게 줄 증거판을 궤 속에 넣으라 거기서 내가 너와 만나고 속죄소 위 곧 증거궤 위에 있는 두 그룹 사이에서 내가 이스라엘 자손을 위하여 네게 명령할 모든 일을 네게 이르리라 (출 25:10-22).

그러므로 우리에게 큰 대제사장이 계시니 승천하신 이 곧 하나님의 아들 예수시라 우리가 믿는 도리를 굳게 잡을지어다 우리에게 있는 대제사장은 우리의 연약함을 동정하지 못하실 이가 아니요 모든 일에 우리와 똑같이 시험을 받으신 이로되 죄는 없으시니라 그러므로 우리는 긍휼하심을 받고 때를 따라 돕는 은혜를 얻기 위하여 은혜의 보좌 앞에 담대히 나아갈 것이니라 (히 4:14-16).

하나님을 무서운 재판관이나 까다로운 직장 상사, 혹은 일방적으로 자기 생각을 강요하는 부모처럼 생각하는 사람이 있다. 이런 사람은 하나님을 만나는 것이 부담스러울 수밖에 없다. 하나님 근처에 가는 것까지는 괜찮지만, 모세처럼 대면하고 싶어 하지는 않는다. 듣기 싫은 잔소리를 속사포처럼 늘어놓거나 감당할 수 없는 요구를 내놓으실 것 같아서다. 따라서 하나님의 뜻을 구하거나 그분의 음성을 듣는 것에 관해서는 꿈도 꿔 보지 않았고, 시도조차 하지 않는다. 하지만 성경은 주님이 우리의 마음과 사정을 이해하신다고 말한다. 우리와 같은 입장에 서 보셨기 때문이다. 그러므로 두려워하기는커녕 긍휼과 은혜를 구하며 '뻔뻔하게' 하나님께 얼굴을 들이밀라고 권면한다.

Q. 당신은 하나님이 당신에게 말씀하시며, 당신도 그분의 음성을 들을 수 있다는 사실을 믿는가? 그렇지 않다면, 당신이 생각하는 하나님과의 만남이란 어떤 것인가?

하나님은 우리 편에 서서 우리를 위해 일하며 싸우시는 분이다. 그러므로 그분이 하시는 말씀은 모두 우리를 위한 것이다. 하나님이 법궤 위 속죄소에 관해 모세에게 하시는 말씀을 살펴보라. 그것은 모두 이스라엘 백성, 지금으로 말하면 당신과 나를 위한 말씀이었다. 율법이 주관하는 구약시대에도 말이다. 그렇다면 하나님을 두려워하며 그분의 음성을 피하거나 부담스러워 할 필요는 없지 않을까?

이제 다음과 같이 기도하자.

사랑의 주님, 계시라는 뜻이 뚜껑을 연다는 의미라고 들었습니다. 뚜껑이 덮인 우물 안에 있던 개구리같이 한정된 경험 속에 있던 저에게 계시의 주인이 되시는 주님이 찾아오셔서 뚜껑을 열어 주심에 감사합니다. 이제 우물 안에서 경험했던 것이 저의 고정관념이 되지 않게 하시옵소서. 우물 안으로 들어오는 빛을 받아 우물 밖으로 부르시는 주님의 음성을 듣게 하옵소서. 하나님에 대한 우물 안 개념을 부수어 주시고, 저를 위해 죽으신 주님의 온전한 사랑이 우물 안에서 생긴 모든 두려움을 몰아내게 해주옵소서. 이제 친히 우물의 뚜껑을 열고 내려와 저를 열린 세상으로 구원하신 주님과 동행하며 사는 행복의 시작이 날마다 주님과의 인격적인 나눔에서임을 알게 하심을 감사하나이다. 제가 언제나 "주의 음성을 내가 들으니 어찌 아니 기쁠까"라는 찬양의 행복을 누리게 하옵소서. 아멘.

DAY 19
인생의 주인을 바꾸라

성막은 예수 그리스도의 복음에 대한 상징으로 가득 차 있다. 이것을 들여다보면 우리가 지금까지 무엇의 노예로 살아왔는지, 그리고 이제부터 누구를 주인으로 섬기며 살아야 하는지를 깨닫게 된다.

내가 이르노니 너희는 성령을 따라 행하라 그리하면 육체의 욕심을 이루지 아니하리라 육체의 소욕은 성령을 거스르고 성령은 육체를 거스르나니 이 둘이 서로 대적함으로 너희가 원하는 것을 하지 못하게 하려 함이니라 너희가 만일 성령의 인도하시는 바가 되면 율법 아래에 있지 아니하리라 육체의 일은 분명하니 곧 음행과 더러운 것과 호색과 우상 숭배와 주술과 원수 맺는 것과 분쟁과 시기와 분냄과 당 짓는 것과 분열함과 이단과 투기와 술 취함과 방탕함과 또 그와 같은 것들이라 전에 너희에게 경계한 것같이 경계하노니 이런 일을 하는 자들은 하나님의 나라를 유업으로 받지 못할 것이요 오직 성령의 열매는 사랑과 희락과 화평과 오래 참음과 자비와 양선과 충성과 온유와 절제니 이같은 것을 금지할 법이 없느니라 그리스도 예수의 사람들은 육체와 함께 그 정욕과 탐심을 십자가에 못 박았느니라(갈 5:16-24).

그러므로 나의 사랑하는 자들아 너희가 나 있을 때뿐 아니라 더욱 지금 나 없을 때에도 항상 복종하여 두렵고 떨림으로 너희 구원을 이루라 너희 안에서 행하시는 이는 하나님이시니 자기의 기쁘신 뜻을 위하여 너희에게 소원을 두고 행하게 하시나니 모든 일을 원망과 시비가 없이 하라 이는 너희가 흠이 없고 순전하여 어그러지고 거스르는 세대 가운데서 하나님의 흠 없는 자녀로 세상에서 그들 가운데 빛들로 나타내며 생명의 말씀을 밝혀 나의 달음질이 헛되지 아니하고 수고도 헛되지 아니함으로 그리스도의 날에 내가 자랑할 것이 있게 하려 함이라(빌 2:12-16).

에덴동산의 선악을 알게 하는 나무 아래에서 인간은 고래 심줄보다 질긴 자아를 기쁘게 하고 만족시키기 위해 살게 되었다. 말 그대로 자아의 노예가 된 것이다. 그리고 골고다 언덕의 십자가 위에서 인간은 자아를 섬기던 삶에서 예수 그리스도를 주인으로 섬기는 삶으로 갈아타게 되었다. 이제는 예전에 자아의 노예로 살던 습관만 해결하면 된다. 그 방법은 주님의 십자가 앞에 나아가 변화된 영적 실상을 믿음으로 선포하는 것이다. "그리스도 예수께 속한 나는 내 육신의 정과 욕심을 십자가에 못 박았다!"

때로 우리의 믿음이 하루만 지나도 흔들리는 것처럼 느껴질 때가 있다. 그것은 우리가 육신을 입고 사는 연약한 존재이기 때문이다. 우리의 육신 안에 있는 옛사람의 소욕(desire)이 각종 죄와 상처에 의해 힘을 얻어서 꿈틀거릴 때 우리의 존재 자체가 마구 흔들리는 것처럼 느껴지기 때문이다. 이를 경험한 바울은 우리가 옛사람을 잘 다스리도록 자신의 승리담을 나누어 주었다.

형제들아 내가 그리스도 예수 우리 주 안에서 가진 바 너희에 대한 나의 자랑을 두고 단언하노니 나는 날마다 죽노라(고전 15:31).

Q. 그리스도 안에서 변화된 새 피조물의 삶을 누리는 정도는, 자신이 변화된 사실을 생각과 입으로 인식하는 횟수에 비례한다. 당신은 자신이 그리스도를 섬기는 존재로 변화되었음을 얼마나 자주 인식하는가?

자아를 섬기는 삶에서 그리스도를 섬기는 삶으로 변화되는 중심축에 서 있는 것이 바로 십자가다. 이 십자가에서 이전의 자아를 섬기는 삶으로 돌아가지 말아야 한다. 그것은 '회복'에서 '반복'으로 돌아가는 것이다. 이것을 반복하게 되면 결국에는 하나님을 경외하는 마음을 잃어버린 '종교인'이 되고 만다. 외식하는 위선자 말이다.
이제 다음과 같이 기도하자.

사랑의 주님, 멀리만 계셨던 주님이 이제는 저의 중심에 주인으로 임하심을 환영합니다. 이제부터 날마다 순간마다 주님의 뜻을 따라 순종할 신실한 종의 자세로 살아가기를 원합니다. 영원한 멸망에서 영생으로 옮겨 주신 주님 앞에 일평생 신실한 종으로 섬겨도 부족함이 없는데, 주님은 제가 주님의 말씀대로 순종하면 종이라고 하지 않고 친구라고 하겠다고까지 하시니 그 크신 하나님의 사랑에 할 말을 잃고 맙니다. 주님, 무엇보다도 저를 구원하신 은혜에 날마다 새로운 감격으로 감사의 제사를 드리며, 주님을 높이고 예배드리기를 원합니다. 주님, 세상의 시험과 유혹이 올 때마다 믿음의 주요 온전케 하시는 주님만을 바라보며 세상을 이기신 주님의 믿음으로 날마다 구원을 이루어 주님의 마음을 기쁘게 해 드리는 믿음의 용장으로 살게 하옵소서. 아멘.

DAY 20

십자가 복음으로 예배하라

아메리카 인디언은 어린이의 양심을 삼각형으로, 어른의 양심을 동그라미로 그린다. 그 이유는 어린 시절 죄를 지을 때면 날카로운 모서리가 돌아가면서 마음을 찌르다가, 그 과정을 반복하며 성장하는 가운데 모서리가 닳기 때문이다. 양심의 가책이 주는 아픔을 느낄 수 없는 상태가 된다는 말이다.

십자가는 회복의 자리다. 회복을 경험하고도 다시 이전의 삶으로 돌아간다면, 양심에 영적 장애가 일어난 것이다. 죄에 대한 무감각은 죽음으로 이끄는 심각한 장애다. 그래서 주님은 천국이 어린아이와 같은 사람의 것이라고 선언하셨다(눅 18:16).

중심에는 자아 중심(세상 중심), 십자가 중심, 하나님 중심(보좌 중심)이 있다. 십자가에서 회복된 사람이 다시 세상 중심으로 돌아가는 과정은 언제든 반복될 수 있다. 따라서 우리는 하나님의 보좌 앞으로 나아가, 자신을 이기고 세상을 이길 새 힘과 새 성품을 받아야 한다.

또한 성령이 우리에게 증언하시되 주께서 이르시되 그날 후로는 그들과 맺을 언약이 이것이라 하시고 내 법을 그들의 마음에 두고 그들의 생각에 기록하리라 하신 후에 또 그들의 죄와 그들의 불법을 내가 다시 기억하지 아니하리라 하셨으니 이것들을 사하셨은즉 다시 죄를 위하여 제사 드릴 것이 없느니라 그러므로 형제들아 우리가 예수의 피를 힘입어 성소에 들어갈 담력을 얻었나니 그 길은 우리를 위하여 휘장 가운데로 열어 놓으신 새로운 살 길이요 휘장은 곧 그의 육체니라 또 하나님의 집 다스리는 큰 제사장이 계시매 우리가 마음에 뿌림을 받아 악한 양심으로부터 벗어나고 몸은 맑은 물로 씻음을 받았으니 참 마음과 온전한 믿음으로 하나님께 나아가자(히 10:15-22).

심령에 금이 가고 깨지고 더러운 냄새가 나서 자기 자신도 견딜 수 없는 상태라 해도, 십자가 아래 흐르는 보혈의 강에서 씻으면 깨끗케 되어 누구나 지성소로 들어갈 수 있다. 아무리 형체를 알아보지 못할 정도로 무너진 인생이라 할지라도, 주님은 다시 창조하실 수 있다. 그러므로 우리는 보좌 앞으로 나아가 주님의 눈과 마음을 통해서 그분의 중심을 깨닫고 성령(새 성품)과 능력(새 힘)으로 충만해져야 한다.

Q. 예배는 하나님과의 만남이다. 그렇다면 예배에는 하나님과의 만남을 가능케 하는 예수 그리스도의 복음이 분명하게 드러나야 한다. 당신의 예배에는 어떤 복음의 요소가 들어 있는가?

선악과를 먹은 아담의 후예인 우리는 (구원받았다고 해도) 육신 속에 있는 선악과의 독을 해독(detoxification)하는 성화의 과정을 거쳐야 한다. 참 포도나무이신 예수 그리스도의 생명을 통해 하나님 성품의 열매를 맺어야 한다는 말이다. 하지만 이것은 우리의 노력이 아니라 하나님 앞에 나아가 영과 진리로 예배할 때 주어지는 것이다.

그러므로 당신의 예배를 새롭게 하라. 1장에서 살펴본 '예배 장애' 현상을 다시 읽어 보고, 현재 당신의 예배 생활에는 그런 모습이 없는지 살펴보라.

이제 다음과 같이 기도하자.

> 사랑의 주님, 하나님을 예배하는 것이 얼마나 놀라운 특권인지를 알게 하셔서 감사합니다. 날마다 영과 진리로 예배드릴 수 있도록 성령과 말씀으로 저에게 찾아오셔서 예배의 시작이 제가 아니라 하나님임을 알려 주신 것만으로도 저에게는 놀라운 계시적인 사건이었습니다. 이제 저의 소원을 충족시키는 저 중심의 예배에서 주님의 소원을 이루어드리는 예배로 저 자신을 드릴 수 있도록 십자가의 사랑에 감전되게 하옵소서. 주님, 때때로 제 안에서 일어나는 예배 장애가 바로 사랑 장애임을 알게 하셔서, 사랑이신 하나님 안에 머무르는 법을 배우게 하옵소서. 간절히 간구합니다, 주님, 주님으로부터 오는 가장 강력한 능력인 성령의 사랑으로 충만케 하시사 이웃과 세상을 주님처럼 품게 하옵소서. 나의 십자가를 지고 주님을 따르는 제자의 도의 열매를 맺게 하소서. 아멘.

DAY 21
복음이 나타나는 삶

성막은 예수 그리스도의 십자가 복음을 통해 회복에서 축복의 통로로 나아가는 길을 보여 주는 로드맵이다.

- 첫 번째 길은 우리의 몸을 거룩한 산 제물로 드리는 것이다. 성경은 이것이 우리가 마땅히 드려야 할 영적 예배라고 말한다. 십자가에서 주님과 함께 죽고, 주님의 부활 생명력으로 함께 살아나는 것이다.
- 두 번째 길은 마음의 변화를 받아 하나님이 기뻐하시는 온전한 뜻을 알고, 그 뜻에 순종하는 것이다. 이를 통해 세상 속에 드러내는 삶은 축복의 통로가 된다. 예수님이 바로 이 모델이셨다.

그러므로 형제들아 내가 하나님의 모든 자비하심으로 너희를 권하노니 너희 몸을 하나님이 기뻐하시는 거룩한 산 제물로 드리라 이는 너희가 드릴 영적 예배니라 너희는 이 세대를 본받지 말고 오직 마음을 새롭게 함으로 변화를 받아 하나님의 선하시고 기뻐하시고 온전하신 뜻이 무엇인지 분별하도록 하라(롬 12:1-2).

우리는 언젠가부터 종교적 문화와 분위기에 익숙해지는 것을 신앙이라고 착각하며 살아왔다. 하지만 참 신앙은 그것이 아니다. 자기를 부인하고 자기 십자가를 지고 예수를 따르는 것, 제자가 되는 것이다. 이 세대에 동화되지 않으나 이 세대를 주님의 눈과 마음으로 이해하고, 그 가운데서 주님의 뜻을 삶으로 드러내는 것이 복음이 나타나는 삶이다. 이 삶은 성막에 계시된 하나님의 사랑을 체험할 때 가능하다.

Q. 성막의 여러 요소들 가운데 담긴 복음의 메시지를 다시 한 번 묵상해 보라. 그 복음은 예배뿐 아니라 당신의 삶에도 드러나야 한다. '만남, 모든 사람을 향한 열린 마음, 용서, 화해, 하나님께로 인도함….' 이런 것들이 당신의 삶에 어떻게 드러나야 할지 생각해 보라.

지금은 그 어느 때보다 다리를 놓을 사람들이 필요한 때다. 하나님의 보좌(예배)와 세상(삶) 사이에 다리를 놓고, 결렬된 틈 사이에 들어가 기도와 섬김의 다리를 놓을 사람들 말이다. 이들은 하나님이 찾으시는 예배자와 중보자다. 한없는 하나님의 사랑을 보고 듣고 마음에 새겨 그 사랑이 몸속에 흐르는 사람들이기 때문에 사명이 의무가 아닌 특권이 된 자들이다. 하나님의 사랑 속에서 그분의 역사하심을 만날 때, 사명은 누림이자 행복의 터전이 된다. 바로 이러한 이들의 삶 속에서 복음 되신 예수 그리스도가 나타난다.

이제 다음과 같이 기도하자.

> 성막의 본체가 되신 사랑의 주님, 저주 가운데 사는 인생들에게 복음으로 오셔서 회개하고 복음을 믿게 하심을 감사합니다. 이 복음이 성막의 계시를 통해 우리의 가슴과 생활 속에 사랑의 능력으로 움트게 하심을 감사드립니다. 주님, 이제 저에게 성막은 구약의 구닥다리 종교 유물이 아니라 복음의 실체이신 예수 그리스도의 삶을 보게 하는 것임을 알게 하셔서 감사합니다. 예수 그리스도의 삶을 따르는 다이내믹한 힘의 근원이 사랑임을 알게 하셔서 감사드립니다. 성막은 영과 진리로 하나님을 예배케 하는 로드맵임을 저의 심비에 기록하게 하셨사오니 예배가 삶이 되고 삶이 예배되게 하실 줄 믿습니다. 주님, 무엇보다도 예배자의 삶에 임하시는 하나님이 저의 삶을 발등삼 삼으시고 임하셔서, 세상을 지배하고 정복하고 다스리라는 그 옛날의 문화대명령이 오늘의 선교대명령으로 뜨겁게 다가오게 하시사 영혼 구원 외에는 소망이 없다고 고백하며 주님의 소원을 이루어 드릴 수 있는 참 제자로 세워 주소서. 아멘.

CHAPTER 8
성막 복음,
예배의 로드맵을 체험한
엘리야의 회복 이야기

우리의 성막 여행도 막바지에 이르렀다. 숲을 보듯 성막 전체를 살펴보았고, 나무를 보듯 성막과 관련된 요소들을 한 가지씩 묵상했다. 하지만 그럼에도 이 책의 한계는 명확하다. 우리에게는 성막이 없다는 점이다. 성막의 의미와 원리를 알았는데, 이를 적용할 실체가 없다.

그래서 이번 마지막 장에서는 성막 제사와 관련 없는 성경 인물을 통해, 성막의 의미와 원리를 어떻게 우리 삶에 담아낼지 살펴보고자 한다. 그는 바로 구약시대 최고의 선지자 엘리야다. 엘리야는 회복에서 반복으로 돌아가지 않았다. 그는 복의 통로가 되는 삶을 살았고, 예배자와 중보자로서도 아름답고 멋진 발자국을 남긴 신앙의 선진이다. 그래서 이 책의 피날레를 장식하기에 충분하다.

방전된 엘리야의 영성과 내면

엘리야는 경천동지(驚天動地) 할 만한 선지자였지만, 우리와 동일한 성정을 가진 사람이었다(약 5:17).

인생은 불완전하다. 연약하고 실수가 많다. 그 때문에 종종 우리 삶 가운데 연약해서 갈라진 틈새를 통해 죄가 들어온다. 그렇다고 연약함 자체가 죄인 것은 아니다. 그 연약함이 하나님의 손에 붙들리면, 오히려 인생 가운데 그분의 강함을 나타내는 도구가 된다(고후 12:10).

문제는 연약하다는 사실이 아니라, 자신의 연약함을 인정하지 않는다는 데 있다. 우리는 어떻게든 자신의 불완전함을 숨기고 강한 척, 아는 척, 괜찮은 척하려고 애를 쓴다. 놀라운 것은 이런 가장됨 속에서 인간의 교만한 죄성이 뱀처럼 고개를 들고 일어난다는 점이다. 에덴동산에서 벌어진 범죄를 생각해 보라. 제사 때문에 형제 사이에서 벌어진 살인사건을 생각해 보라. 돈과 권력과 지위에 대해 우리가 얼마나 집착하는지 돌아보라. 이 모두 극단적인 완벽주의와 열등감 사이를 오가는 이기적인 자아에서 나온 것이 아닌가! 엘리야의 경우도 마찬가지다. 그의 문제는 자신이 연약하다는 사실을 인정하지 않은 것이었다. 교만이다.

사실 엘리야는 구약의 선지자들 중에서 가장 용맹하고 담대한 사람이었다. 아합 왕을 찾아가 서슴지 않고 "내가 섬기는 주 이스라엘의 하나님께서 살아 계심을 두고 맹세합니다. 내가 다시 입을 열기까지 앞으로 몇 해 동안은, 비는커녕 이슬 한 방울도 내리지 않을 것입니다"(왕상 17:1, 새번역)라고 말한 사람이었다.

이윽고 가뭄이 시작되자 엘리야는 아합 왕의 추적을 피해 도망했다. 아합 왕도 엘리야를 찾아 나섰으나, 결국 하나님이 엘리야를 숨겨 놓으신 장소를 찾을 수 없었다. 그러나 하나님의 때가 되자 엘리야는 모습을 드러냈고, 한걸음에 달려온 아합 왕에게 갈멜산에서 거짓 예언자들과 대결해 보겠다고 제안했다. 우리가 잘 알다시피 엘리야는 하늘에서 내린 불 덕분에 이 영적 대결에서 놀라운 승리를 거두었다.

그런데 문제는 여기서부터 생기기 시작했다. 계속해서 승승장구하고 있었지만 엘리야의 내면은 지쳐 가고 있었다. 더 심각한 문제는 엘리야 자신이 그 사실을 의식하지 못했다는 점이다. 종일 사용해서 방전된 휴대폰 배터리처럼, 모든 기능이 마비되기 직전이었다. 따라서 그는 자신의 영적 상태를 감지하고, 승리를 주신 하나님께 나아가 텅 빈 심령을 주의 은혜로 채워야만 했다. 하지만 그는 갈멜산에서의 승리와 자신의 영적 상태를 동일시하며, 스스로 강하다는 착각에 빠져 있었다.

그래서 엘리야는 하나님 앞에 나아가 머무르지 않았다. 오히려 다시 왕 앞에서 자신의 능력을 입증해 보이고 싶었던 그는 아합을 갈멜산정으로 밀어붙였다. 하나님의 기적적인 역사 속에 자기를 다시 밀어 넣는 교만이 고개를 쳐들었던 것이다.

엘리야가 아합에게 이르되 올라가서 먹고 마시소서 큰 비 소리가 있나이다 아합이 먹고 마시러 올라가니라 엘리야가 갈멜 산 꼭대기로 올라가서 땅에 꿇어 엎드려 그의 얼굴을 무릎 사이에 넣고 그의 사환에게 이르되 올라가 바다쪽을 바라보라 그가 올라가 바라보고 말하되 아무것도 없나이다 이르되 일곱 번까지 다시 가라 일곱 번째 이르러서는 그가 말하되 바다에서 사람의 손 만한 작은 구름이 일어나나이다 이르되 올라가 아합에게 말하기를 비에 막히지 아니하도록 마차를 갖추고 내려가소서 하라 하니라 조금 후에 구름과 바람이 일어나서 하늘이 캄캄해지며 큰 비가 내리는지라 아합이 마차를 타고 이스르엘로 가니 여호와의 능력이 엘리야에게 임하매 그가 허리를 동이고 이스르엘로 들어가는 곳까지 아합 앞에서 달려갔더라 (왕상 18:41-46).

자신감에 찬 엘리야는 무시하는 투로 아합 왕에게 "빗소리가 들리니 당신은 가서 밥이나 드시오"라는 말을 내뱉고, 고도 546m인 갈멜산 정상을 단숨에 올랐다. 그리고 꿇어 엎드려 무릎 사이에 얼굴을 넣고는 비를 구하는 기도를 올렸다. 하지만 그것은 하나님의 명령이나 성령의 감동으로 기도한 것이 아니었다. 엘리야의 입이 열렸기에 산에 올라가 기도하지 않아도 하나님이 비를 보내어 주시게끔 되어 있었다 (왕상 17:1). 엘리야가 기도했을 때 내린 비는 그가 기도에 대한 응답이 아니라 하나님이 이미 약속하신 것을 이행하신 결과였다. 하나님이 예정하신 시간을 앞당겨 조금은 빨리 응답되었을지는 몰라도 말이다.

드디어 장대 같은 비가 내리기 시작했고, 아합은 마차를 타고 이스르엘로 질주해 갔다. 이로서 엘리야의 모든 사역이 끝이 났다. 그때 하나님은 엘리야가 영적으로 소진되었음을 보시고는 새 힘으로 '급속충전'시켜 주셨다. 인생의 연약함 가운데 새 힘을 부으시는 하나님의 은혜였다(왕상 18:46).

그런데 문제는 엘리야가 이 새 힘을 엉뚱한 곳에 사용했다는 사실이다. 마차를 타고 달려 내려가는 아합 일행을 본 엘리야는 갑자기 허리를 질끈 동여매고 달리기 시작했다. 초자연적인 속도였다. 아합의 마차를 따라잡고 그의 눈앞에서 달리기 시작했다. 그는 이스르엘 입구까지 힘을 과시하듯이 달렸다. 하나님이 주신 귀한 힘을 자신을 과시하는 데 오용했던 것이다.

달리기 힘든 진흙탕 길을 마차보다 더 빨리, 그것도 24km여를 달린 결과는 뻔했다. '급속충전'된 새 힘이 '급속하강'되고 만 것이다. 그러나 엘리야는 자신의 능력을 입증했다는 흥분감에 휩싸여, 자신의 영적 상태가 바닥 났음을 모르고 있었다.

이스라엘의 온 땅이 생명의 단비를 머금고 살아난 그때, 이를 위해 사역한 엘리야의 심령은 정반대로 메말라 갈라 터지기 시작했다. 이때 엘리야의 앞을 가로막고 카운터펀치를 정통으로 날린 사람이 있었다. 바로 그 시대 사탄의 아이콘 같은 존재, 아합의 왕비 이세벨이었다.

엘리야, 십자가 앞에 서다

아합 왕에게서 사건의 전모를 들은 왕비 이세벨은 살기 가득한 기세로 엘리야에게 저주를 퍼부었다.

이세벨이 사신을 엘리야에게 보내어 이르되 내가 내일 이맘때에는 반드시 네 생명을 저 사람들 중 한 사람의 생명과 같게 하리라 그렇게 하지 아니하면 신들이 내게 벌 위에 벌을 내림이 마땅하니라 한지라(왕상 19:2).

이세벨의 세찬 증오와 미움에 겁을 집어먹은 엘리야는 더 이상 갈멜대첩의 용장이 아니었다. 그저 살아남기 위해 도망치는 약졸(弱卒)과 같았다(왕상 19:3). 하나님을 바라볼 힘조차 없을 정도로 소진되어 버린 그는 "형편을 보고"(왕상 19:3) 줄행랑쳤다. 그러나 정신없이 도망가는 그의 발걸음에도 함께하신 여호와 하나님은 그를 한곳으로 인도하셨다. 그곳은 광야의 로뎀나무 아래였다.

로뎀나무(Broom tree)는 팔레스타인과 시나이, 애굽 등지의 사막에서 볼 수 있는, 별로 크지 않는 관목 중 하나다. 잎은 거의 없고 잔가지가 많아서 여행자들에게 그늘을 제공해 준다. 그런데 로뎀이라는 이름의 의미가 이상하다. '시궁창'이라는 뜻이 있기 때문이다. 시궁창은 썩은 냄새가 역겹게 솟아올라 토할 수밖에 없는 더럽고 불결한 곳이다. 엘리야는 로뎀나무 아래에 앉아 있는 자신을 보고 우울증의 늪으로 빠져들어 가면서 자책하며 탄식하기 시작한다. 그리고 하나님께 모든 것을 내려놓고 이 자리에서 죽겠노라고 탄식한다.

여호와여 넉넉하오니 지금 내 생명을 거두시옵소서 나는 내 조상들보다 낫지 못하니이다(왕상 19:4).

하나님께서 엘리야를 시궁창이라는 뜻을 가진 로뎀나무 아래로 인도하신 데에는 이유가 있다. 엘리야는 850대 1의 영적전투에서 승리한 후, 그 승리가 하나님으로부터 온 영권에서 비롯된 것임을 망각하고 말았다. 따라서 이제 사역에서 예배로 들어가 재충전받았어야 했지만, 다시 사역으로 들어가 버리고 말았다. 이것이 바로 자아로 충만한 자의 교만한 행보(行步)다. 교만을 가장 싫어하시는 하나님은 결국 역겨운 냄새가 진동하는 시궁창으로 엘리야를 이끄셔서, 자신의 역겨운 죄를 토해 내게 하셨다.

'골고다'는 히브리어로 '해골'이라는 뜻이다. 헬라어로는 크라니온(κρανίον), 라틴어로는 갈바리아(calvaria)인데, 모두 같은 의미다. 흉악한 죄인들의 사형장으로 시체 썩는 냄새가 진동하던 그 골고다이다. 주님은 인류의 죄를 한 몸에 지고 영 단번(once for all)의 속죄 제물이 되셨다. 그때 흘리신 보혈의 능력이 온 세상의 모든 죄를 골고다 언덕 아래로 씻어 내렸다. 그러니 골고다 골짜기에서 올라오는 시궁창 냄새가 어떠했겠는가?

성령은 우리에게 죄악의 골짜기에서 풍겨 오는 자신의 죄 냄새를 맡게 하신다. 그 죄를 깨닫고 돌이키도록 회개의 영을 불어넣으신다. 그래서 우리는 자기 죄의 실상을 하나님 앞에 토해 놓는다. 엘리야가 그랬던 것처럼 말이다.

> 백성들아 시시로 그를 의지하고 그의 앞에 마음을 토하라 하나님은 우리의 피난처시로다(시 62:8).

로뎀나무는 엘리야에게 성막의 번제단이자, 주님의 십자가였다.

이후 평안을 되찾은 엘리야는 로뎀나무 그늘 아래서 잠이 들었다. 하나님은 두 번이나 천사를 보내어, 그에게 주님의 몸을 상징하는 떡과 주님의 보혈을 상징하는 물을 먹이셨다. 주님이 물과 피를 다 쏟으신 십자가를 상징하는 로뎀나무 아래에서 떡과 물을 먹이신 것이다. 그래서 십자가는 회복의 자리이며 회복의 중심이다.

이제 하나님은 번제단(십자가)를 넘어 새로운 자리로 엘리야를 인도하신다.

여호와의 천사가 또 다시 와서 어루만지며 이르되 일어나 먹으라 네가 갈 길을 다 가지 못할까 하노라 하는지라 이에 일어나 먹고 마시고 그 음식물의 힘을 의지하여 사십 주 사십 야를 가서 하나님의 산 호렙에 이르니라 (왕상 19:7).

엘리야는 천사가 가져다준 음식을 먹고, 힘을 얻었다. 놀랍게도 그 힘으로 밤낮 사십 일 동안 걸을 수 있었고, 그리하여 도착한 곳이 하나님의 산 호렙이었다. 하나님은 번제단, 즉 십자가에서 회복된 인생을 곧바로 세상으로 돌려보내지 않으신다. 그렇게 하면 또 다시 동일한 범죄와 연약함의 문제를 반복할 뿐이기 때문이다. 그래서 보좌로 부르신다. 엘리야에게 있어서 보좌는 호렙산 동굴이었다. 회복에서 죄의 반복으로 돌아가지 않고 축복의 통로로 세우기 위해 하나님은 그분의 임재가 있는 호렙산으로 엘리야를 부르셨다.

로뎀나무(십자가)에서 호렙산(하나님의 보좌)으로

하나님은 엘리야를 회복시킨 후에 곧바로 사역 현장으로 돌려보내지 않으셨다. 회복에서 반복으로가 아니라 회복에서 축복의 통로로 세워지도록 그분의 임재 안으로 불러 올리셨다. 그곳이 바로 호렙산(시내산)이었다.

엘리야에게 호렙산 동굴은 이세벨의 수색대를 피하여 숨을 수 있는 피난처였다. 그런데 그곳에 여호와 하나님이 찾아오셔서 "엘리야야 네가 어찌하여 여기 있느냐?"라고 물으셨다. 마치 불순종한 아담에게 "아담아 네가 어디에 있느냐"라고 질문하신 것과도 같았다. 하나님이 정말 몰라서 물으신 것이 아니었다. 이는 질문을 받은 이로 하여금 자신의 영적인 상태와 위치를 확인할 수 있게 하려는 주님의 대화법이다. 이 질문 앞에 엘리야는 자신의 상황을 이렇게 아뢰었다.

내가 만군의 하나님 여호와께 열심이 유별하오니 이는 이스라엘 자손이 주의 언약을 버리고 주의 제단을 헐며 칼로 주의 선지자들을 죽였음이오며 오직 나만 남았거늘 그들이 내 생명을 찾아 빼앗으려 하나이다(왕상 19:10).

사실, 이 대답 속에 흐르는 속내는 "하나님이시여, 제가 그렇게 죽도록 주님께 충성했는데, 결국 이렇게 어려워졌습니다. 이제 저만 홀로 남았는데, 저마저 죽으면 이스라엘은 어떻게 되겠습니까? 저를 돌아보소서. 통촉하옵소서"라는 탄식이었다.

엘리야의 탄식소리를 들으신 하나님은 그를 만나기 위해 이렇게 말씀하셨다.

이제 곧 나 주가 지나갈 것이니, 너는 나가서, 산 위에, 주 앞에 서 있어라(왕상 19:11).

말씀하시기가 무섭게 갑자기 크고 강한 바람이 산을 쪼개고, 바위를 부수었다. 그러나 바람 속에 주님은 계시지 않았다. 그 바람이 지나가고 난 뒤에 지축을 흔드는 지진이 일었지만, 그 지진 속에도 계시지 않았다. 지진 후에 불이 있었으나 그 불 속에도 역시 계시지 않았다. 그 불이 있은 후에 부드럽게 속삭이는 소리가 들렸다.

엘리야야, 너는 여기에서 무엇을 하고 있느냐(왕상 19:13).

그 두 번째 질문에 엘리야는 동일하게 대답했다.

내가 만군의 하나님 여호와께 열심이 유별하오니 이는 이스라엘 자손이 주의 언약을 버리고 주의 제단을 헐며 칼로 주의 선지자들을 죽였음이오며 오직 나만 남았거늘 그들이 내 생명을 찾아 빼앗으려 하나이다(왕상 19:14).

하나님은 엘리야의 두 번째 탄식을 들으셨다. 그리고 사역자에게 있어서 성령과 능력으로 기름부으심을 받는 것이 얼마나 중요한지를 가르치실 겸, 기름붓는 사역으로 그를 부르셨다.

너는 돌이켜, 광야길로 해서 다마스쿠스로 가거라. 거기에 이르거든, 하사엘에게 기름을 부어서, 시리아의 왕으로 세우고, 또 님시의 아들 예후에게 기름을 부어서, 이스라엘의 왕으로 세워라. 그리고 아벨므홀라 출신인 사밧의 아들 엘리사에게 기름을 부어서, 네 뒤를 이을 예언자로 세워라. 하사엘의 칼을 피해서 도망하는 사람은 예후가 죽일 것이고, 예후의 칼을 피해서 도망하는 사람은 엘리사가 죽일 것이다. 그러나 나는 이스라엘에 칠천 명을 남겨 놓을 터인데, 그들은 모두 바알에게 무릎을 꿇지도 아니하고, 입을 맞추지도 아니한 사람이다(왕상 19:15-18, 새번역).

엘리야는 하나님 앞에 나아가 머무르면서 그분의 뜻을 알고 순종하기보다는 자신의 종교적 열심으로만 사역에서 사역으로 나아갔다. 그래서 사역 속에 나타난 초자연적인 역사로 말미암아 자신의 영혼이 소진되어 버렸음을 전혀 인식하지 못했다. 갈멜산에서 승리를 거둔 후 하나님께 영광을 돌리는 감사제도 드리지 않았고, 자신의 영혼을 다시 충만케 해주시는 주님 앞으로 나아가 머무르는 시간도 갖지 않았다. 그러다 보니 자기 의로 충만해져, "오직 나만 혼자 남았나이다"라고 착각하게 된 것이다. 그때 주님은 바알에게 무릎 꿇지 않은 예배자가 7천 명이나 남아 있음을 알려 주셨다. 마음의 동기를 보시는 하나님은 우리의 연약함을 품으시고 세우시고 격려하시는 좋으신 하나님이다.

약할 때일수록 듣고
믿음으로 사는 예배자가 되라

하나님은 엘리야 역시 우리와 같은 연약한 성정을 갖춘 인생임을 아셨다(약 5:17). 그러나 하나님을 사랑하는 엘리야의 마음을 아시기에 그의 연약함에서 나온 실수가 실패로 끝나도록 방치하지 않으셨다. 오히려 그 연약함이 합력해서 선을 이루도록 역사하셨다.

> 우리가 알거니와 하나님을 사랑하는 자 곧 그의 뜻대로 부르심을 입은 자들에게는 모든 것이 합력하여 선을 이루느니라(롬 8:28).

엘리야의 호렙산 경험은 오늘날 우리에게 지성소의 경험이다. 그곳에 임하신 하나님이 우리에게 말씀하신다. 하나님은 하나님 나라를 위해 산 제물로 드려진 영적 예배의 삶을 사는 자가 십자가(번제단) 앞에 나아와 그분의 발등상인 법궤(언약궤, 증거궤) 앞에 엎드릴 때 말씀하신다. 자아와 욕심이 십자가에서 그리스도와 함께 못 박혔음을 날마다 믿음으로 선언하고, 그 고백 속에서 살기 위해 지성소로 들어가는 예배자에게 선하시고 기뻐하시고 온전하신 뜻을 들려주신다. 그러므로 참된 예배자는 신비를 따라가는 신비주의에 절대로 빠지지 않는다. 오히려 그의 삶의 현장에 신비가 따라온다. 이것이 바로 하나님의 영광을 나타내는 간증의 역사다. 이러한 역사는 오늘도 살아 계셔서 우리에게 말씀하시는 주님, 그분의 말씀을 듣고 순종하는 이들에게 복 주기를 기뻐하시는 주님의 은혜다.

히브리어 사전에는 순종이라는 단어가 없다고 하는데, 그 이유가 놀랍다. '듣는다'(쉐마)라는 히브리어 안에 이미 순종한다는 의미가 포함되어 있기 때문이라고 한다. 즉, 하나님의 마음에는 주의 백성이 그 음성을 들으면 즉시 기쁘게 온전하게 순종하기를 원하는 아버지의 생각이 넘치고 있다. 잠언 1장 33절 말씀을 이러한 면에서 묵상해 보라.

오직 내 말을 듣는 자는 평안히 살며 재앙의 두려움이 없이 안전하리라.

성경은 "믿음은 들음에서 나며 들음은 그리스도의 말씀으로 말미암았느니라"(롬 10:17)고 강조한다. 진정한 마음으로 들으면 믿음이 생기고, 그 믿음이 들은 메시지를 따라 행하게 해준다는 말이다. 마음과 뜻과 성품과 힘을 다해 하나님을 사랑하는 자, 그분의 계명을 지키는 자에게는 사명을 감당케 하는 힘이 흘러 들어온다. 그러므로 사명은 하나님을 사랑함으로 자연스럽게 담당하게 되는 하나님의 은혜다. 자아가 강하면 이 힘의 은혜에서 멀어진다. 엘리야 역시 승리에 도취된 나머지 자신이 강하다는 착각에 빠졌고, 이때부터 문제가 시작되었다.

하나님이 찾으시는 예배자는 그리스도의 멍에를 메고 그 앞에서 배우는 사람이다. 듣는다는 말이다. 진실로 전 인격을 다해 사랑하는(예배하는) 하나님의 음성이 들리면, 자신도 모르게 그 뜻을 따라 행하게 된다. 사랑에 빠진 연인은 상대방의 말을 이성과 합리성의 저울에 올려놓고 따지지 않는다. 그저 자연스럽게 상대방의 뜻을 따라 행하게 된다. 사랑하기 때문이다. 그러므로 온전히 마음을 다하고 뜻을 다하고 성품을 다하고 힘을 다하여 하나님을 사랑하는 사람은 온전히 하나님의 뜻을 따를 수 있으며, 하나님은 이러한 예배자를 찾으신다.

진실로 하나님이 찾으시는 예배자가 되고 싶은가? 진실로 하나님을 사랑하고 싶은가? 그렇다면 성막으로 나아가라. 성막으로 나아가면 하나님의 사랑에 깊이 빠질 수 있다. 하나님은 우리에게 보혈의 공로를 덧입어 지성소로 들어오라고 하신다. 그리고 그곳에서 하나님의 깊은 속내를 드러내신다. 지성소에 들어가기 전부터 하나님은 이미 우리를 종이 아니라 친구로 받아들이셨다. 그분 앞으로 나아갈 때, 하나님은 우리를 지혜와 계시의 정신(Spirit)으로 충만하며 자연스럽고 자유한, 에덴을 회복한 인생으로 만들어 주신다. 하나님은 이러한 우리를 세상의 소금과 빛으로 세우기 원하신다. 세상 사람들까지 "저 사람은 진실로 소금과 빛과 같은, 맛과 멋이 있는 사람이다"라고 인정하는 사람, 종교적인 냄새가 나지 않고 오로지 그리스도의 향기만을 퍼뜨리는 사람, 주님의 편지와 흔적을 가진 사람, 하나님은 그런 사람을 찾으신다.

이렇듯 하나님이 찾으시는 사람, 즉 예배(사랑)가 삶이 되고 삶이 예배(사랑)가 된 예배자의 삶은 그 자체로 사명(선교)을 이루는 하나님의 도구가 된다. 이러한 예배자의 중심에는 시편 기자의 기도가 있다. 애쓰고 힘쓰지 않아도 사랑의 관계 안에서 생각과 생각이, 마음과 마음이 하나 되어 주님께 열납되는 예배자의 중심에 말이다.

나의 반석이시요 나의 구속자이신 여호와여 내 입의 말과 마음의 묵상이 주님 앞에 열납되기를 원하나이다(시 19:14).

오늘날에도 여전히 성막은 골동품 같은 유물이 아니다. 복음이신 예수 그리스도를 보게 하는 그림자이며, 그 그림자는 예배의 대상이 되시는 주님을 만나게 되는 복음의 로드맵이다. 이를 아는 사람은 하나님이 찾으시는 예배자이자, 이 시대의 용장으로 쓰임 받는 하나님의 동역자다.

그 집, 그 깊은 곳에서 하나님이 친히 세워 주시는 동역자 말이다.

그리스도의 십자가 앞에 서게 하는 성막 묵상
그 집에서 만난 복음

지은이   김진호

2014년 3월 20일 1판 1쇄 펴냄

펴낸곳   도서출판 예수전도단
출판 등록   1989년 2월 24일(제2-761호)
주소   경기도 고양시 일산동구 호수로 340-11 (백석동) 301호
전화   031-901-9812 · **팩스** 031-901-9851
전자우편   publ@ywam.co.kr
홈페이지   www.ywam.kr
주문   전화 031-908-9987 · 팩스 031-908-9986

ISBN 978-89-5536-441-5

책값은 뒤표지에 있습니다.
잘못된 책은 바꾸어 드립니다.